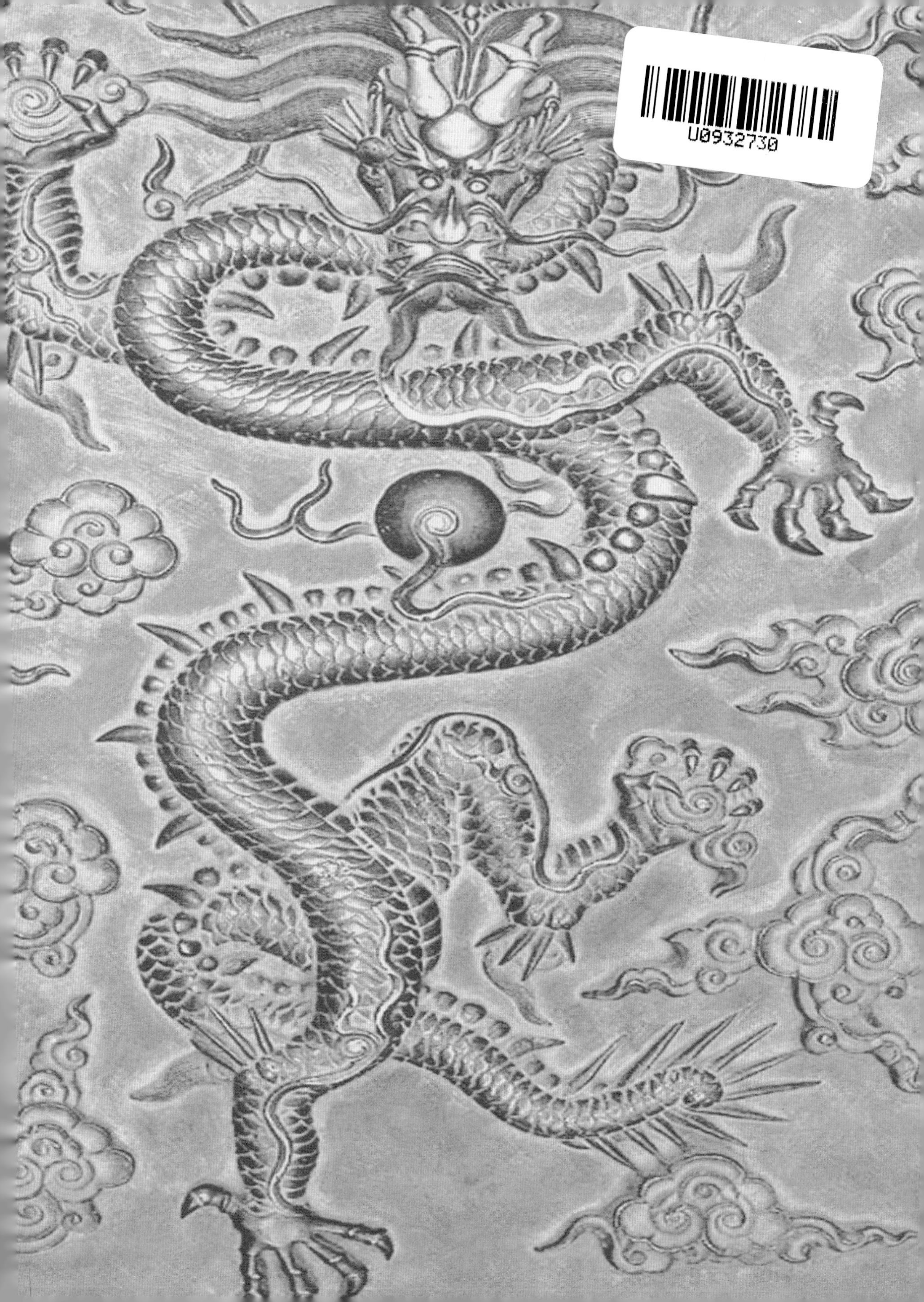

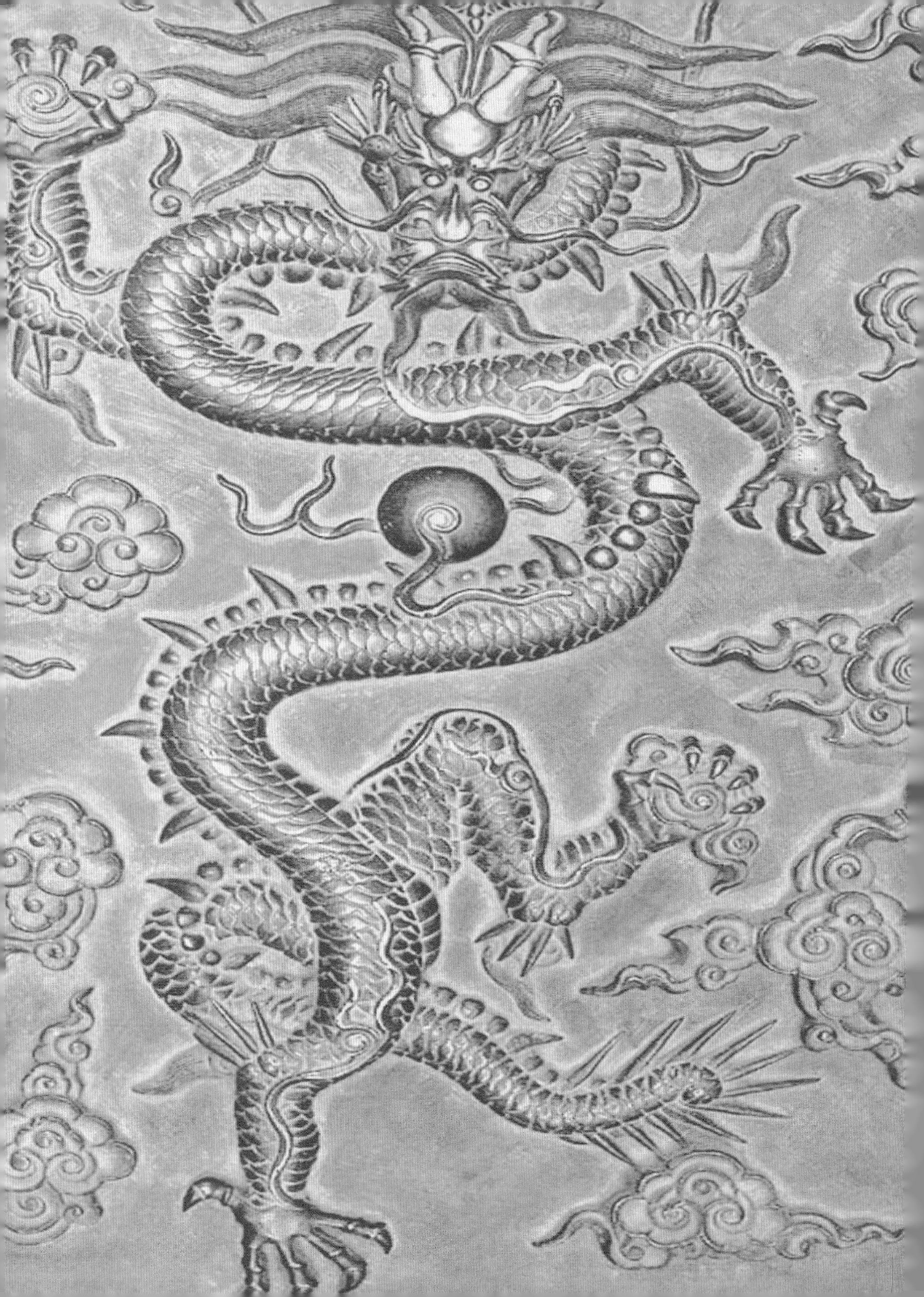

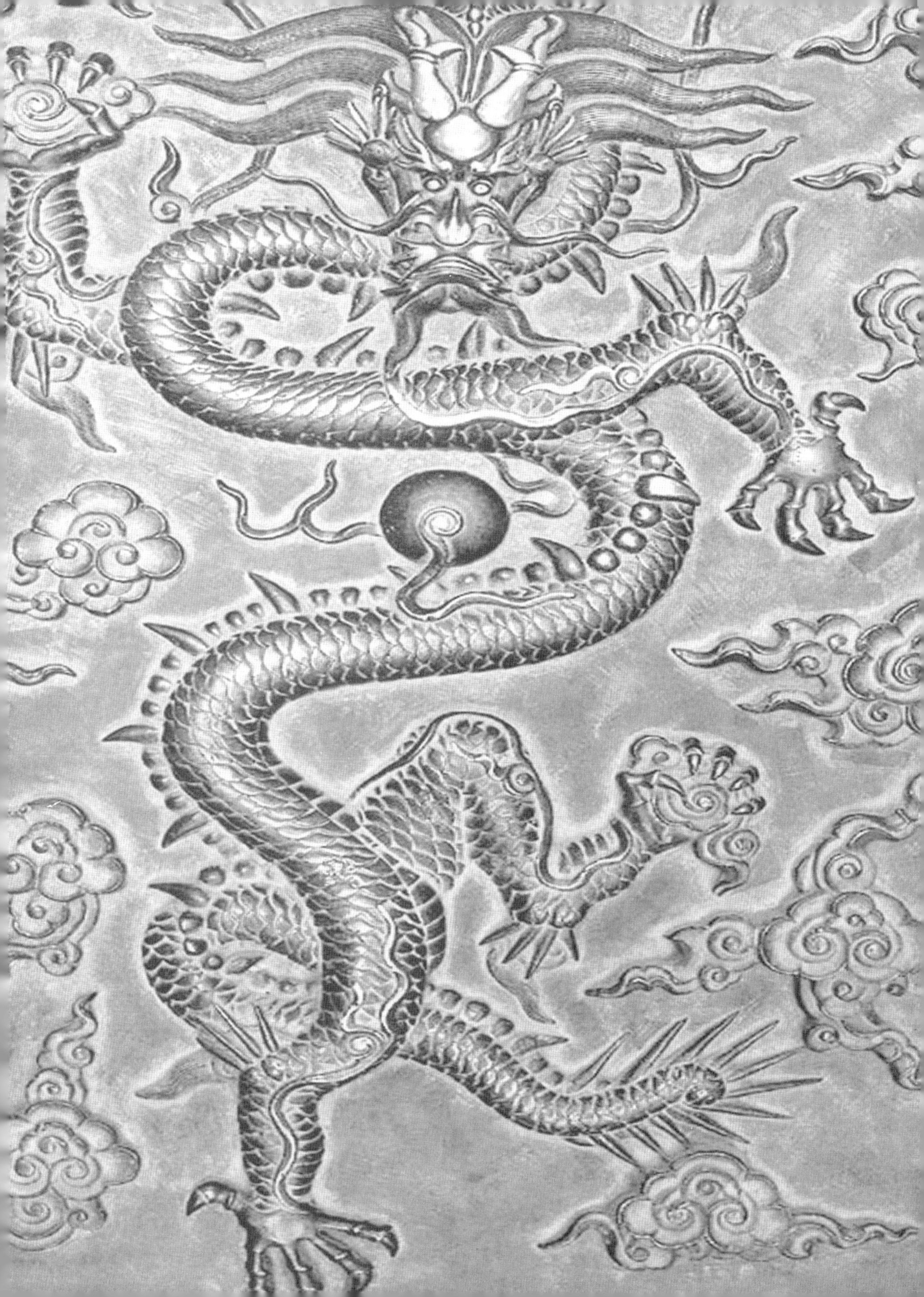

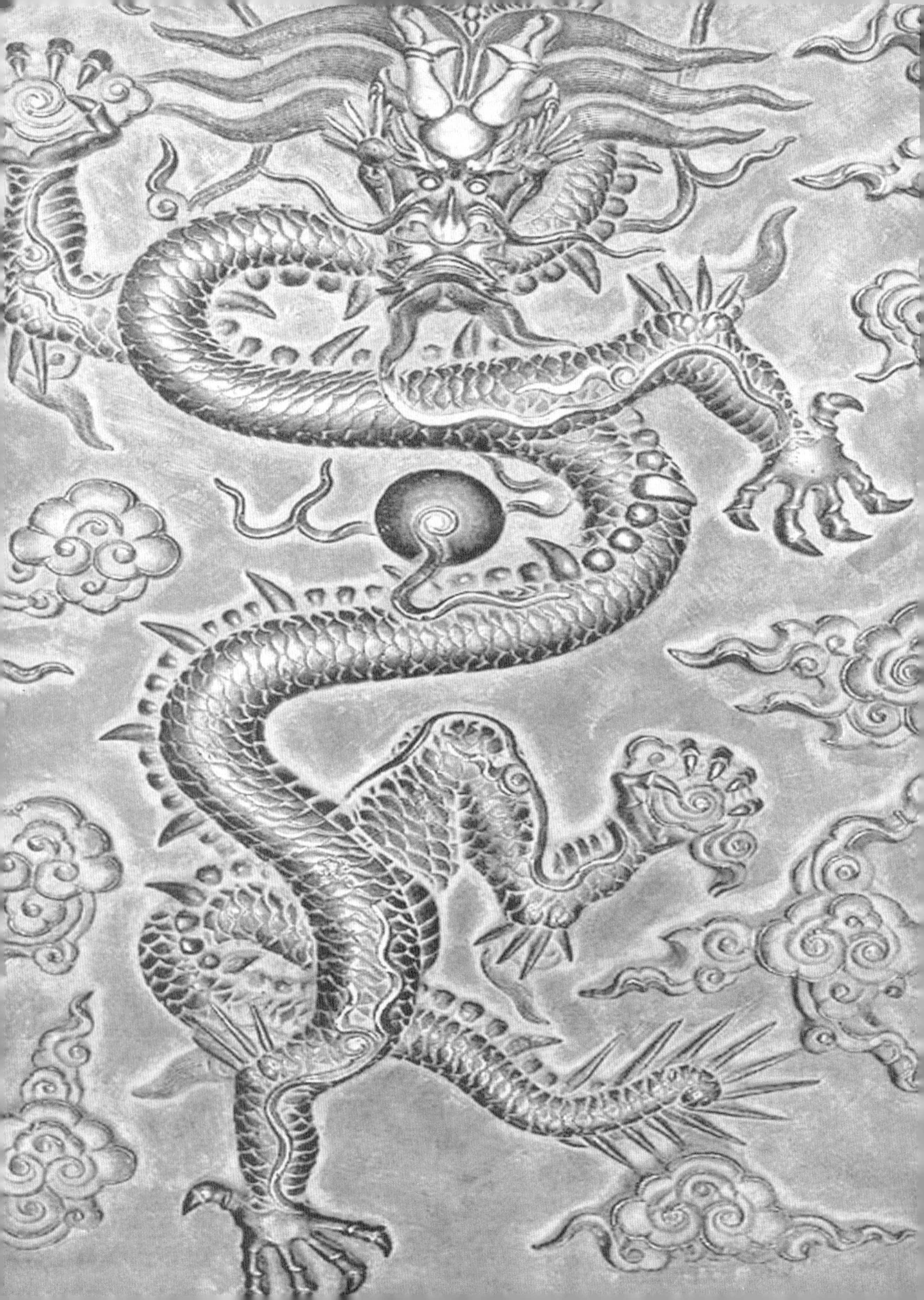

帝王与道教

李国荣 著

人民出版社

责任编辑:王怡石

图书在版编目(CIP)数据

帝王与道教/李国荣 著. —北京:人民出版社,2018.9
ISBN 978 - 7 - 01 - 012462 - 9

Ⅰ.①帝… Ⅱ.①李… Ⅲ.①道教史-中国 Ⅳ.①B959.2

中国版本图书馆 CIP 数据核字(2013)第 197933 号

帝王与道教

DIWANG YU DAOJIAO

李国荣 著

人民出版社 出版发行
(100706 北京市东城区隆福寺街 99 号)

北京盛通印刷股份有限公司印刷 新华书店经销

2018 年 9 月第 1 版 2018 年 9 月北京第 1 次印刷
开本:787 毫米×1092 毫米 1/16 印张:17
字数:375 千字

ISBN 978 - 7 - 01 - 012462 - 9 定价:55.00 元

邮购地址 100706 北京市东城区隆福寺街 99 号
人民东方图书销售中心 电话 (010)65250042 65289539

序言

道教是中国土生土长的宗教。道教的前身是产生于春秋战国时代的道家学派。春秋末年的老子，被公认是道家学说的创始人。

在历史悠久的中国传统思想文化中，始终存在着两条主要的脉络：一个是以孔孟思想为核心的儒家学说，这是中国文化的正统；另一个就是以老庄思想为代表的道家学说，以及在其基础上产生的道教。儒道互补，再加上外来的佛教，构成近两千年来中国传统文化中三教鼎立的基本格局。

那么，究竟什么是道教？大致说来，道教是以战国时代流行的神仙信仰为根基，兼蓄融收我国古代流传的巫术禁忌、鬼神祭祀、民俗信仰、神话传说和各种方技术数，以道家黄老之学为旗帜和理论支柱，杂取儒家、墨家、阴阳家、神仙家、医家等诸家学派的修炼理论、伦理观念和宗教信仰成分，企图通过个人修炼而达到度世救人、长生成仙、合道通神的一种宗教。因此，道教具有浓厚的民间性、原始性。道教出现的最初形式，是东汉顺帝时张陵创立的“五斗米道”。此后，道教在理论和组织形式上逐渐完善，上至帝王百官下至布衣百姓的社会各阶层都普遍地对它感兴趣，而且经久不衰。道教的神仙信仰和道家崇尚自然无为的思想，对中国文学艺术浪漫主义色彩和自然主义审美观念的形成，影响尤深。道教的俗神崇拜活动与中国普通民众的日常生活和文化娱乐水乳交融，息息相关。道教的服药炼丹方术，对中国古代化学和药物学的发展有着重要贡献。其行气、房中、存神、内丹等养生方术，则与中国传统医学和人体科学有着密切关系。道教中所具有的这些优秀的文化遗产，至今仍吸引着许许多多的中国民

众。正如鲁迅先生所说：“中国的根底全在道教。”

道教同佛教、基督教、伊斯兰教这三大世界宗教相比，它的最大特点是：重人生，乐人世。三大世界宗教都鼓励人们追求死后天国的乐园生活，认为现世生活是苦海无涯，以冷漠的态度对待现实社会和今生今世，追求的只是灵魂的解脱。道教却直接否定死亡，认为光阴易逝，人生难得，只有尽早下手修仙，才能享受到神仙的永久幸福和快乐。道教的根本追求是肉身成仙、长生久世。道教中的神仙不同于一般的鬼神，不是生活在冥冥之中的精灵，而是现实活人个体生命的无限延伸和直接升华。这里的神仙的有两大特征：其一，形如常人而能长生不死，有灵有肉；其二，逍遥自在，具有无所不能的广大神通。道家所向望的神仙世界，是由彩云华宇、雕梁画栋构筑起来的，天上有神灵居住的天堂，地下有得道成仙的福地。拥戴在神仙周围的，是金童玉女；神仙的生活方式是凭虚御风、琼液金丹、随欲所之。这种神仙信仰是道教的核心，因此道教也常被称为“仙道”。道教所宣扬的这一修道成仙、长生不老的说教，恰恰是帝王们所梦寐以求的。

现在，就让我们穿越历史的时空，来看看古代帝王与道教牵手走过的大致轨迹吧！

从先秦的道家发展为东汉的道教，经历了数百年的时间，这也正是中国古代帝王求仙的始创时期。古代帝王的求仙活动，是在黄老学说的笼罩下，从战国时开始的。那时，在北方临海的燕、齐等国兴起了神仙说，纷纷传言，在大海的仙岛上，有一种神通广大的神仙，这些神仙靠服用仙药来保持长生不死，世间凡人如果得到这些仙药，服食之后也能永生不死。于是，齐国的宣王、威王和燕国的昭王都曾派人入海寻找仙人居住的三神山，以求仙药。秦始皇统一中国后，也做起了长生梦，几次派人去海上访仙求药，但都没有成功。到了汉武帝时，更确信“人也能成仙”，以致被“仙人”“仙药”折腾了一生，糊涂了一世。不过，在汉初文帝、景帝时期，以道家的黄老无为思想治天下，求得历史上的“文景之治”，也成为道家学说发展史的一段佳话。

东汉至魏晋南北朝，是道教形成和确立的时期，而道教从它产生的那天开始就走进了帝王之家。道教从早期太平道、五斗米道等民间原始教团，逐渐演变为受到皇室关注和支持的正统宗教。这个时期的帝王，为求得王朝的国运长久和个人的长生久视，对道家方士情有独钟，甚至是盲目接纳，宫闱禁地常常出现道家术士的身影。三国时，曹操遍招天下术士，将甘始、左慈、华陀等一大批方士收养在身边，习炼养性法。东吴孙权，在方山营建洞玄观，专门请来高道葛玄炼制仙丹。两晋，宫廷养生修炼日盛，西晋贾皇后“饮金屑酒而死”，东晋哀帝“饵长生药”丧命。南北朝时期的乱世帝王，为显示皇权神授，为证明皇位来得正统，崇尚仙道的热情有增无减。刘宋小朝廷请来庐山道士陆修静，让他入宫讲道治病，几进又几出。梁武帝更是将茅山道士陶弘景视为“山中宰相”，就连国号都是由这个道士起的。北魏太武帝则把嵩山高道寇谦之奉为神灵，心甘情愿地接受了“太平真君”的封号。经过一代又一代高道的自觉改造，道教基本实现了由民间宗教向官方宗教的转变，从而更加适合统治者的口味了。道家方士们迎合帝王用神话稳固皇位和企求长生的心理，常常成为皇家的座上客，从而把道教带入皇宫，而且使道教深深地扎根于帝王之家。

隋唐两朝，道教完全成为神化皇权的工具，由于以帝王为代表的统治阶层的特殊尊崇，道教迎来了它的黄金时期。隋代虽是短命王朝，但帝室的仙道活动却是异常活跃的。隋朝的开国皇帝杨坚，其开国年号就是从《道德经》上抄下的“开皇”二字。隋文帝曾用宝车把华山道士王延迎入皇宫，又是斋戒，又是率百官行弟子之礼。隋炀帝不仅在东都洛阳仿造“三神山”，还把在茅山隐居修行的高

道王远知请下山来，先后两次召见面谈。隋炀帝还指派嵩山道士潘诞率数千劳役“合炼金丹”，长达6年之久。开创大唐江山的李渊、李世民父子，原本出身于北朝鲜卑的军户，不是什么名门望族，所以在他们起兵争夺天下之时，为了抬高其门第，争取上层贵族的支持，便巧妙地利用道教祖师老子姓李的巧合，干脆把老子李耳认作自家的老祖宗，并进而把道教作为国教来崇奉。同时，道家的长生方术也深深地影响着大唐的天子们。一代英主唐太宗，晚年服食“药石”，结果恰是长生药要了唐太宗的命。唐高宗继位，笃信长生有术，与道士刘道合、潘师正，叶法善及孙思邈等往来密切，请其“合还丹”“炼黄白”。唐高宗时期，皇家女儿太平公主，为了悼念外祖母杨氏——武则天的母亲，竟舍身度为女道士。高宗死后，武则天代唐称帝，这个中国历史上唯一的女皇，出于夺位的需要，推翻李唐崇道的国策，自称是弥勒佛化生，冷眼看老子，道教一度失宠。但武则天的两个孙女西城公主和隆昌公主，为死去的祖母武则天“追福”，竟度为女道，这确成为道家津津乐道的事。接下来的唐明皇李隆基，在道教圣地茅山和嵩山设立了两个御用炼丹点，并且在宫中亲手开炉炼丹。唐明皇还通晓内丹，曾分别垂询张果的“息气法”、司马承祯的“辟谷术”以及叶法善的“摄养法”。唐明皇与极其宠爱的杨贵妃双双求仙，成为一个地地道道的“道士皇帝”。唐朝后期，丹道气氛更加笼罩宫廷，皇帝奉道求丹一个赛过一个，结果相继有宪宗、穆宗、敬宗、武宗、宣宗5位皇帝死于丹药中毒。这正是，李唐皇室的大力扶植把道教推向辉煌鼎盛，而繁荣的道家丹术给大唐皇帝带来的却是重重悲剧。

五代十国，政权更迭，乱云飞渡，立王称帝者继承李唐的遗风，对仙道方术兴致颇浓。前蜀王建，请来道士杜光庭做太子的老师。后蜀孟昶，秘学金丹口诀，向道人程晓垂问长生之法。南唐烈祖李昪，探问女道王栖霞的道法，并服丹中毒身亡。北方赵王，兴师动众，“合炼仙丹”。燕王刘守光父子也曾召请道士，“合仙丹，讲求法要”。东南闽王，则“求大还丹”，“极土木之盛”。还有后周世宗，请来名道陈抟，询问“黄白修养之事”。

到了两宋，道教发生重大变革。在教义上，道教较之以往有了两个显著的不同，一是宣扬儒佛道三教合一，二是强调内外双修。道教在这一特定时期的新特点，一方面与帝王的倡导和利用密切相关，另一方面又反过来影响着皇权和皇室。赵宋皇帝崇奉仙道，注重的便是内外双修。北宋太祖赵匡胤，一度宠用擅长服气的道士刘若拙，又召见高道苏澄隐，问以养生秘术，得到的回答是“无为”“无欲”。宋太宗访求仙术，与道家隐士张守真、丁少微、种放、王昭素、陈抟等往来频繁，这些高道所谈的大都是治世安民、寡欲养身的道理。宋真宗重道法，轻炼养，竟搞了3次“天书下降”，这背后或许还有其他隐情。宋徽宗崇奉仙道掀起狂潮，他先是向茅山道祖刘混康、龙虎山道祖张继先、泰州道士徐神翁等索取“灵丹”“仙饵”，接着又宠用道士王老志、林灵素，演出了天神降临、自称“教主道君皇帝”的种种闹剧，直至误国，成为金人的阶下囚。南宋第一位皇帝高宗，在临安(杭州)落脚稍稳，便屡屡召请道家“真人”，因为宋高宗认为，道教论说对于养生与治国是有效的。在南宋，重视道家炼养方术最为突出的当是宋理宗，他先后召见过正一道天师张可大、茅山第38代宗师蒋宗瑛、融内丹与符箓于一体的清微派大师黄舜申等，他更为《太上感应篇》御笔题字“诸恶莫作，众善奉行”，以帝王之力弘扬劝善惩恶、修身养性的内炼思想，这实际是三教同旨的一次典型体现。

金元时期，铁骑纵横、血火纷飞，女真和蒙古作为异族入主中原。出于治世和养生的双重需要，金元统治者对中原的道教很快就接受和容纳了。金熙宗把太一教始祖萧抱珍请入内廷，为皇后治病。金世宗“博访高道，求保养

之术”，为此先后接见过大道教教主刘德仁、太一教第二祖萧道熙、全真道“真人”王处一、丘处机。金章宗时，不仅皇帝召见王处一、刘处玄等道家名流，还有元妃李氏向高道丘处机等颁赐道经，太一教第三祖萧虚寂并在宫中为女官治病。一代天骄成吉思汗，以铁骑踏出大元帝国，他还在西域征伐时，就把丘处机千里迢迢地迎入雪山行宫，“问长生久视之道”，丘处机以“清心寡欲为要”奉答劝诫。元世祖忽必烈唯道必求，博采众道之术，广交诸派教祖，他先后召见太一教第五祖萧居寿、第六祖萧全祐、第七祖萧天祐，宠用正一教天师张可大、张宗演父子及其随行弟子张留孙，与真大道第六祖孙德福、第七祖李德和、第八祖岳德文往来甚密，忽必烈还请上清派四十三代宗师许道杞为他治病，对大讲内丹修炼的全真道更有好感，多有册封。忽必烈还曾把将内丹与符箓融合于一起的神霄派道士莫月鼎、清微派第十代宗师黄舜申请入大元的内廷。忽必烈这个大元皇帝，真可以说是撒向道家都是爱。

明清两代五百余年，中国封建社会进入晚期，作为传统文化三大支柱的儒佛道三教也停滞僵化。这个时期的帝王，对道教更多的是方术的利用。明太祖朱元璋，年轻时曾一度出家，称帝后他广召方士，炼制“金火大丹”，并曾服食道人周颠仙炼制的仙丹。

明清时期的道教，呈现出这样三个特点：一是，其理论说教因循守旧，缺乏创新，社会影响日益减弱，陷入停滞和衰落的态势；二是，道士们更多的是隐遁清修，而忽略济世兴教，道教已经失去统治者的扶植，由此逐渐退出宫廷；三是，以斋醮、符箓、丹药为主要特征的道教方术，还抱残守缺，并有一席之地，甚至还不时受到明清帝王的青睐，成为这个时期的道教还偶尔活跃在皇室的象征。朱明王朝的开国皇帝朱元璋，虽是个农民出身的粗人，却很会与道教打交道，称帝前他巧妙地利用道教制造神明保佑的政治神话，硬说自己本是圣人降世；登基后，朱元璋大讲风水，最听风水军师刘伯温的话，从金陵宫殿到死后墓地，都是刘伯温看“龙脉”选定的，明代人对风水术的迷信也超过以往历代。永乐皇帝朱棣，在金銮宝座上待了22年，竟有长达12年的时间把心思放在武当山，道士张三丰也因为永乐帝的苦苦寻访而名声大震。明朝皇帝崇信道教最突出的一点是，对丹药走火入魔，有明一代服食丹药中毒而死的皇帝先后有5位，他们是明仁宗、明宪宗、明孝宗、明世宗、明光宗，这些大明皇帝或是金丹纵欲伤龙体，或是企求长生反送命，以致引出海瑞抬着棺材骂昏君的历史典故。

清朝皇帝，在崇奉仙道上略有收敛。满清贵族本来是不信奉道教的，入关前满族信奉的是萨满教，入关后清室主要尊奉黄教——藏传佛教。对道教，清初统治者主要是从宠络汉人、稳定中原统治的角度出发，大体沿用明朝旧制进行管理和保护。对道教尽管已不像从前那样重视，但清朝皇帝仍是程度不同地与仙道有所接触的。顺治帝就曾敕封白云观的方丈王常月为“国师”，使沉寂了多年的全真龙门派又渐渐红火起来。康熙大帝对内丹大师朱方旦先是恩宠有加，可是翻脸不认人，转眼就御笔处斩了。雍正算是清代最为迷信道教的皇帝，他又是在起居办公的养心殿、乾清宫和太和殿安放道教符板，又是召请道士在圆明园炼丹，以致成为中国历史上最后一位死于丹药中毒的皇帝。乾隆以后，清朝皇室逐渐走向衰微，道教也日趋衰落，清帝与道士的往来明显减少了。乾隆帝下令，把道士赶出随朝臣叩贺的队列。到道光年间，干脆取消了道教“真人”的称号，不准道士来京朝觐，从而关闭了清朝皇室与道教之间往来的大门。道教终于淡出社会政治舞台，从庙堂退隐山林了。

纵观古代帝王与道教牵手的历史，我们可以看到，道教为提升自身的地位，特别是为了在与佛教的较量中更有分量，一直是主动地投靠皇室，挖空心思地服务皇权，以

博取帝王对道教的尊崇和扶持。而一朝又一朝、一代又一代的帝王变着花样地崇奉道教，大致说来不外乎这样几种情况：一是，用道教的迷信说法来神化皇权。历史上，在改朝换代政权更迭的关键时刻，道家为求得新王朝的青睐，往往制造种种皇权神授的迷信说法，为新的君主寻找合法正统的依据。同时，新的帝王为了表明自己夺位登基是顺乎天意，也往往主动与道教套近乎，利用道教为其统治制造合法的理论根据。历代帝王还常用道教的斋醮法事来祈福禳灾，祷告天下太平。二是，用道教的无为主张来治理天下。道家提出的清心寡欲、无为而治的说教，影响了不少的帝王，甚至一度成为他们治国理政的理念。三是，用道教的养生方术来追求长生不死。道教主张，通过各种方术修仙得道便可享受到神仙生活，于是贵为天子的帝王们为了不死，为了成仙，便纷纷走上崇奉仙道的道途，并且把道家各种方术引入皇宫。帝王与道教正是由于有这种相互之间的需要，使得彼此贴得很近，并演绎出多少跌宕起伏的秘史珍闻。

回首古代中国历朝历代的帝王，一直伴有黄老仙道的踪影。这其中到底有多少奥秘？本书依据翔实的历史典籍和可靠的宫中秘档，沿着历史的足迹，披陈古代帝王崇道、用道乃至毁道的隐秘真情，探寻道家仙学对皇权和宫闱的神幻影响，旨在揭示古代帝王与道教的历史渊源与发展轨迹。

是为序。

2018年春日　北京石室

目录

第一章　远古帝王的求仙梦

第二章　道教走进帝王家

第三章　皇权与道教合璧的黄金时期

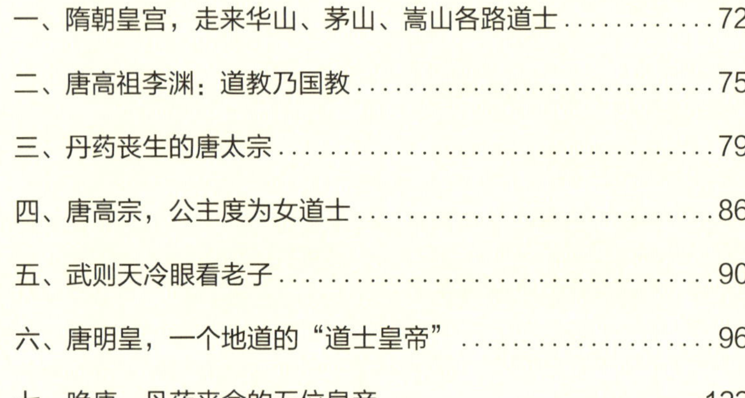

第四章　皇权下的“三教合一”与“内外双修”

第五章　落日皇宫的道家方士

第一章
远古帝王的求仙梦

从先秦的道家发展为东汉的道教，经历了数百年的时间，这也正是中国古代帝王求仙的始创时期。

古代帝王的求仙活动，是在黄老学说的笼罩下，从战国时开始的。那时，在北方临海的燕、齐等国兴起了神仙说：在海上的仙岛上，有一种神仙，他们神通广大。这些神仙靠服用仙药来保持长生不死。凡人如果得到这些仙药，服食之后也能永生不死。于是，齐国的宣王、威王和燕国的昭王都曾派人入海寻找仙人居住的三神山，以求仙药。秦始皇统一中国后，也做起了长生梦，几次派人去海上访仙求药，但都没有成功。到了汉武帝时，更确信“人也能成仙”，以致被“仙人”、“仙药”折腾了一生，糊涂了一世。这就是远古帝王幻想长生不死的求仙梦。

不过，在汉初文帝、景帝时期，以道家的黄老无为思想治天下，求得历史上的文景之治，也成为道家学说发展史的一段佳话。

一、黄帝访道成仙的传说

黄帝，传说姓姬，号轩辕氏，是华夏祖先的象征。我们开宗明义，所谓黄帝访道也好，炼丹也罢，乃至其成仙云云，均属传说，或者说是后人追加到黄帝名下的。那么，人们为什么要把“道”、“仙”一类神妙之事附会于黄帝的身上呢？这就在于黄帝那神圣的民族之祖的崇高地位。

古代传说，黄帝的母亲梦见闪电绕北斗枢星，遂感而怀孕，两年后的戊巳日生下了他。按照五行的说法，这个时辰有土德之瑞，土是黄色，所以称为黄帝。传说中，黄帝不仅得到各部落的拥护，还从九天玄女那里得到灵宝五符、道术、兵法和《阴符经》，终于将炎帝打败，消灭了蚩尤，统一了天下，成为华夏民族共同拥戴祖神。

正是由于黄帝有着民族之祖这样崇高的地位，因此，神话传说中的许多发明创造，或附会，或假托，都与他牵挂上。这样，一方面，黄帝变得越来越神乎其神；另一方面，人们从不同的需要出发，广泛地利用着黄帝这个神圣。比如，医师尊黄帝为“医药神”，现今留存的《黄帝内经》本是后人撰

写的，却托名黄帝，其目的无非是想使这部医书能有些神性，产生较大的影响罢了。进入战国以后，黄帝作为华夏祖神的地位已经得到了公认，经过阴阳五行家的渲染，黄帝的头衔越来越多。他成了舟楫、弓箭、乐器、衣服、臼杵等物件的发明者，因此而成为农民、渔民、船夫、赶车夫、裁缝等行业崇拜的神。在传说中，黄帝被说成精通兵法，具有行云布雾，呼风唤雨，支配鬼神，指挥猛兽等神性。黄帝还被人推崇为阴阳历数占卜的大师，曾有人伪托黄帝之名，作了《黄帝五家历》和《黄帝阴阳》等书。了解了这些涂抹在黄帝身上的种种神话迷信色彩，我们也就不难理解黄帝又是怎样被神仙方术家们尊为仙道鼻祖的了！

据传，黄帝统一华夏后，决心寻访天下贤能之士，以帮助自己治国安邦。他听说西方的崆峒山有高人广成子在那里修炼，便不远万里前去问道。已是100岁的黄帝，独自一人踏上去崆峒山之路。一路上含辛茹苦，鞋穿烂了，脚磨破了，他就用两膝跪着走。后来双膝也被砂石磨破，他仍然继续忍受着剧痛慢慢爬行。黄帝的执着感动了广成子，他派遣金龙将黄帝接上山来。黄帝请教修炼身心的长生之道和关于治理天下的良策，广成子答道："至道之精，深藏

轩辕问道图卷
（明）石锐

图绘黄帝轩辕氏到崆峒山向广成子问道的场景。图中山峰如障，苍松劲挺，殿宇于山坳丛林间隐约可见。黄帝、广成子二人相对而坐，倾心论道，周围侍从或近前侍立，或忙忙碌碌，准备饭菜。

广成子腾云驾雾

莫测；至道之极，听不到看不到。无视无听，抱神以静，形体自然健康，关键在于潜心修道，不受外界的干扰。心力花费得越多，失败也就越多。治身如此，治国也如此。”经广成子一番点拨，黄帝心中豁然开朗，明白了如何运用天道自然的法则修身治国的道理。他按照广成子的传授，清静坐修长生之道，运用天道自然的思想来治理国家，无为而治天下，终于使天下大治。

相传，黄帝曾在黄山炼丹。黄山位于安徽南部。素有“五岳归来不看山，黄山归来不看岳”的美誉。没有到过黄山的人，往往猜想，黄山大概是黄颜色的吧？否则怎么叫黄山。可惜猜错了！其实，黄山从前叫黟山，黟是黑的意思，也就是说，黄山是紫铜色和铁青色混在一起的颜色。那么，为什么偏偏要叫黄山呢？相传，我们的祖先轩辕黄帝曾经漫游天下，当见到这座山时，便十分惊奇，这儿的山峰很多很高，高出云头；这儿的山谷很陡很深，深到海底。白云像绸子一样，整天绕着山峰飘来荡去，真是人间仙境！黄帝带着术士容成子和仙人浮丘公进山游玩，他们发现这里有仙气，遂说是炼神丹妙药的好地方，还说炼出的丹，人吃了便可长生不老。这样，他们就住进山里，炼起丹来。他们先在一座山峰上炼，后来又在温泉附近的山涧里炼，他们蹲在溪水上的一块大石头上，磨呀，研呀，炼呀，竟把这块大石头磨出个大洞来，像一口小小的石上井。最后，轩辕黄帝和容成子、浮丘公终于把神丹炼出来了，他们吃了神丹以后，果然长生不老了。据说，黄山云端里的轩辕峰、容成峰、浮丘峰就是他们永久的化身。而当年炼丹的那座山峰，现在就叫炼丹峰；当年炼丹的那块石头上的小凹洞，现在就叫作丹井。黄帝炼丹的“遗址”成为今人旅游的胜地。也正因为黄帝喜爱这座山，并在这里成功地炼丹，后人才把它叫作黄山。

历史上，更有黄帝炉前炼丹的形象记载，见于汉末魏伯阳的《周易参同契》，该书以“写实”的手法，把黄帝率人炼丹的一举一动惟妙惟肖地展现在读者面前：“黄帝临炉，太乙执火；八公捣炼，淮南调合。”

史籍上，不仅有着黄帝炼丹成仙的诸多记述，而且还有黄帝的“九鼎丹法”被后人张道陵承继的传说。张道陵，又名张陵，东汉时沛国丰人（今江苏丰县），五斗米道的创始人。关于他得黄帝“丹法”的记载有不少，这里列举一二。

东晋大丹家葛洪的《神仙传》卷四称：“张道陵，沛国人也。太学生，博通五经。晚年叹曰：‘此无益于年命’，遂学长生之道，得黄帝九鼎丹法，欲为之，用药皆靡费钱帛。”因“陵家素贫”，即入川传教，获财物许多，可资购买药材烧炼金丹，终将丹药炼成。葛洪笔下透露出两点：一是所谓黄帝的“九鼎丹法”是求“长生之道”，它是西汉末东汉初这段时期的方士托黄帝之名编制的。二是烧炼金丹耗资巨大，费用颇高，非贫寒人士所能为。

△张天师像 （清）樊沂

明朝宋濂的《汉天师世家》则更进一步，他经过认真“考证”，认为张道陵竟是黄帝的“直系亲属”。该书谈道：“张出自姬姓。轩辕（黄帝）子青阳氏第五子挥弓矢，主祀弧星，世掌其职，赐姓张氏。（张）平生（张）良（字子房）……生二子，侍中（张）辟强与（张）不疑。不疑嗣（留文成）侯，生二子典（与）高……（张）仁生皓，（张）皓生纲，（张）纲生桐柏真人大顺，（张）大顺生汉天师道陵，是为玄教之宗。”张道陵曾拜巴郡江州令，但他“弃官隐洛阳北邙山，修炼形之术。策杖游淮，入鄱阳，上龙虎山，合九天神丹。”最终，“往嵩山石室，得黄帝九鼎丹书。”如此说来，黄帝的“丹法”，对张道陵乃是“祖传秘方”。真可谓黄帝炼丹，家传不断！

黄帝登峨眉访道天真皇人的仙话，影响也很是不小。峨眉山是历代仙家聚会之地，相传，最早有大神仙家天真皇人在峨眉十字洞内论道。赵万里辑的《元一统志》记载：“十字洞，在嘉定府峨眉县三十里，洞门为‘十’字，昕昏出云气，乃天真皇人论道之地。旧有观宇，今为荆棘。”《符文经》及《三皇经》则记载：“皇人在峨眉山北绝岩之下，苍玉为屋。”关于黄帝在峨眉山修炼问道天真皇人的故事，在许多方志、道教经典，甚至一些正史中都有记载。史料出于正史的，如《魏书·释老志》记载：“道家之原，出于老子……授轩辕于峨眉，教帝喾于牧德。”有出于方志的，如《峨眉县志》、《峨眉山志》和其他方志都有“轩辕黄帝至峨眉山，求道于天真皇人”的记述。有出于道教经典的，如道教权威著作晋代葛洪的《抱朴子》记有：“黄帝……到峨眉山，见天真皇人于玉堂，请问真一之道。”

△葛洪，字稚川。广东罗浮山的稚川丹灶

黄帝访道峨眉山，留下了不少的景观。相传，圣积寺（老宝楼），乃轩辕黄帝问道处。凤凰坪，又名宋皇坪，传为轩辕黄帝在此求道于天真皇人，古有授道台、道纪堂，另有幽馆别室350间。清人谭钟岳有诗记述这里：

> 宋皇坪外耸高台，旧是轩辕访道台。
> 三百五间遗室渺，洞天何日更重开。

三望坡中峰寺左倾，传说轩辕黄帝访道天真皇人时，三次在此望祭而得名。清音阁双飞桥，古名三皇桥，传说左桥为轩辕游胜峰（峨眉山）时所造。九老洞，传为黄帝访天真皇人至此，见一老人在洞外，问有侣乎？答以九人，故名。天皇台仙峰寺有一副对联："此地天皇问道，好山仙洞长春。"此即天皇台得名的由来。看来，巍巍峨眉山上，到处都留下了黄帝访道求仙的遗迹。

黄帝不仅登峨眉，而且还到过青城山。相传黄帝访道青城山，拜仙人宁封子为师学道。宁封子为五岳丈人，统管五岳鬼神。轩皇台就是传说中当年黄帝与宁封真人论道处遗址。那里山色幽深，仙气弥漫，富藏物华天宝。《青城甲记》说："天仓诸峰，屹然三十有六；灵仙所宅，祥异甚多，有瑶林琼树，金沙玉田，甘露芝草，天地醴泉之异焉。"难怪黄帝到青城访道求仙了。

还有黄帝修炼成仙的记载。见于《史记·封禅书》：

青城山外景

四川青城山为道教第五洞天，是第一代张天师隐居归真之处。

帝（黄帝）得宝鼎神策，是岁己酉朔旦冬至，得天之纪，终而复始。于是，黄帝迎日推策，后率二十岁复朔旦冬至，凡二十推，三百八十年，黄帝仙登于天。

黄帝像（明）绘画

所谓仙，本来就是神仙方术家们幻想的一种超脱尘世、有神通变化之道、长生不死的人。他们为了推行自己的“仙术”，把祖神黄帝打扮成仙，来进行鼓吹和渲染，其影响确实不小。不仅如此，聪明的方士道士们还假黄帝之名，写了《黄帝杂子步引》12卷、《黄帝岐伯按摩》10卷、《黄帝杂子芝菌》18卷和《黄帝三玉养阳方》20卷等书，推荐给皇帝和贵族们，以行其“长生不老”之仙术。

相传，黄帝120岁时，命人炼取首山之铜在荆山下浇铸宝鼎。鼎成之日，空中霞光万道，仙乐悠扬，一条黄龙自天而降。黄帝知道那是天帝派来接自己上天的，于是从容地跨上了龙背升天成仙了。就在黄龙将要腾空的时候，元妃急忙拽住黄帝的衣裳也要跟着上去。群臣看到黄帝成仙，连元妃都沾了光，也忙不迭地要跟着他上天。不过，最终只有手脚利索的七十多人跨上了龙背。没有跟上趟的百姓和臣子，望着渐渐远去的黄龙，禁不住泪如雨注，淤集成湖，把宝鼎都淹没了。后来，人们就把这个地方叫作“鼎湖”。这里，便成了黄帝成仙的圣地。

当然，黄帝这些仙道活动都不过是传说而已，是后世的道家术士们为了抬高仙道的地位，而刻意附会到黄帝的身上的。就是靠这些臆想和假托，使黄帝如同黄袍加身一般，当上了道教的鼻祖。再接下来，道家高手们硬把传说中的黄帝与真实的老子拉在一起，这就产生了“黄老道家”。

二、走上道家神坛的老子

如果说黄帝是道教的始祖，仅仅是一种传说的话，那么，老子开创了“道”则是真的了。人们公认，道家学派是道教的前身。道家，产生于春秋战国时代，是当时“诸子百家”中的一个重要学派。春秋末年的老子，是道家学说的创始人。

那么，老子是何许人也?

据《史记·老子列传》记载，被人们称颂的老子，叫李耳，字伯阳，又称老聃，是春秋时代楚国苦县（今河南鹿邑）人。公元前551年前后，朝廷史官空缺时，老子被选中，担任了守藏吏，是管理王室典籍图书的小官吏，由此被称为周王朝的柱下史。因为从事图书档案的管理，老子得以博览群书，成为一名精通周礼理论和制度的学者。作为史官，老子还有记录官场重大活动的职责。

老子的年龄比孔子略大一些，孔子曾几次拜见老子。据载，公元前535年，老子因为与执掌朝政的甘简公不合，被免去了史官之职。免职后，老子出游鲁国。同年，孔子专门前往拜见，跟从老子“助葬于巷党”。公元前530年，周王室甘平公登基，老子被召回继续管理典籍。几年后，孔子到周王室，再次向老子请教。

公元前520年，周王室内乱，王子朝被众诸侯赶下台，携带大批周朝典籍逃往楚国，老子因此被追究失职之责，再次被免职，回到阔别多年的故乡。

孔子问道图

描绘孔子向老子求教的历史典故。

老子出关图

在故乡，老子目睹了连年战火带来的恶果：土地荒芜，满目疮痍，民不聊生。这使他更加痛恨朝政的腐败，对“仁义”的看法彻底动摇，毅然与周礼决裂。从此，老子把对现行制度的批判以及救世方略的思考，升华为对宇宙生成及万物本原的探索，成为先秦伟大的思想家、道家学派的创始人。

据说，老子云游天下，向西来到函谷关，遇见关令尹喜，留请老子著书立说。老子于是著书上下两篇，共五千余字。上篇言宇宙本根，因以“道可道，非常道；名可名，非常名”起首，被后人称为“道经”。下篇言处世之方，因以“上德不德，是以有德；下德不失德，是以无德”开头，被后人称为“德经”。因这部书通篇“言道德之意”，于是后世就称为《道德经》，也叫《老子》，成为道家的经典巨著。

在《道德经》这部书中，老子最早提出：宇宙间的天地万物，都来源于一个神秘玄妙的母体——“道”。老子所说的“道”，具有自然无为，无形无名，既看不见摸不着，又不可言说的特性；它是天地开辟之前宇宙混沌混一的原初形态，又是超越一切有形事物的最高自然法则。大道无形无名，却蕴含着一切有形事物生成发展的玄机。老子说：“道生一，一生二，二生三，三生万物。万物负阴而抱阳，冲气以为和。”就是说，从空虚无形的道首先生出混沌的元气，元气分为阴阳二气，阴阳二气交感冲和而化生天地万物。这就是道家关于宇宙生成演化的基本理论。

“道”与“德”是老子论说中密切相关的两个概念。老子所论说的“道德”，并不是指人们共同生活及其行为的道德规范和准则，而是有专门的特定的含义。“道”是指构成宇宙万物的本体、本原，即作为“天地之始”、“万物之母”的那种原始物质，“德”就是得道，即认识和体验道，按照道的自然法则修身治国。老子把道看作神秘的世界本源，体认道的方法是，闭目塞听，绝圣弃知，涤除玄览，致虚守静。也就是，闭塞感官与外部事物的接触，放弃主观成见，使内心清静无欲，达到与自然之道完全相合的境界。这样才能体悟到万物皆根源于道，并最终复归于道。

老子的《道德经》虽然只有五千字，但内容极其丰富，是我国哲学史上

第一部具有完整体系的经典巨著，它深邃的哲理和惊人的智慧，不仅在我国历代的哲学、政治、军事、经济、医学、养生等诸多领域产生了深刻而巨大的影响，而且还突破民族和国家的界限，引起国外的广泛关注和重视。早在20世纪初期，《道德经》的外文译本就有七八十种之多，世界上每一种语言至少都有一种译本。据联合国教科文组织统计，在西方，除了《圣经》外，就属《道德经》的译本种类最多了。

老子的思想，反映了春秋时代一些贵族学者在社会大变革中希望恢复社会秩序，减少战乱争夺的心情。他主张圣人治国修身，皆应效法天道自然，遏制贪欲，贵柔守雌，清静无为。反对儒墨两家倡导礼义，尚贤有为的政治伦理学说，认为这是造成道德沦丧，使人民争夺难治的原因。他的政治理想是回到古代小国寡民，风俗淳朴，人民自足常乐，与世无争的社会状态。

帛书《道德经》

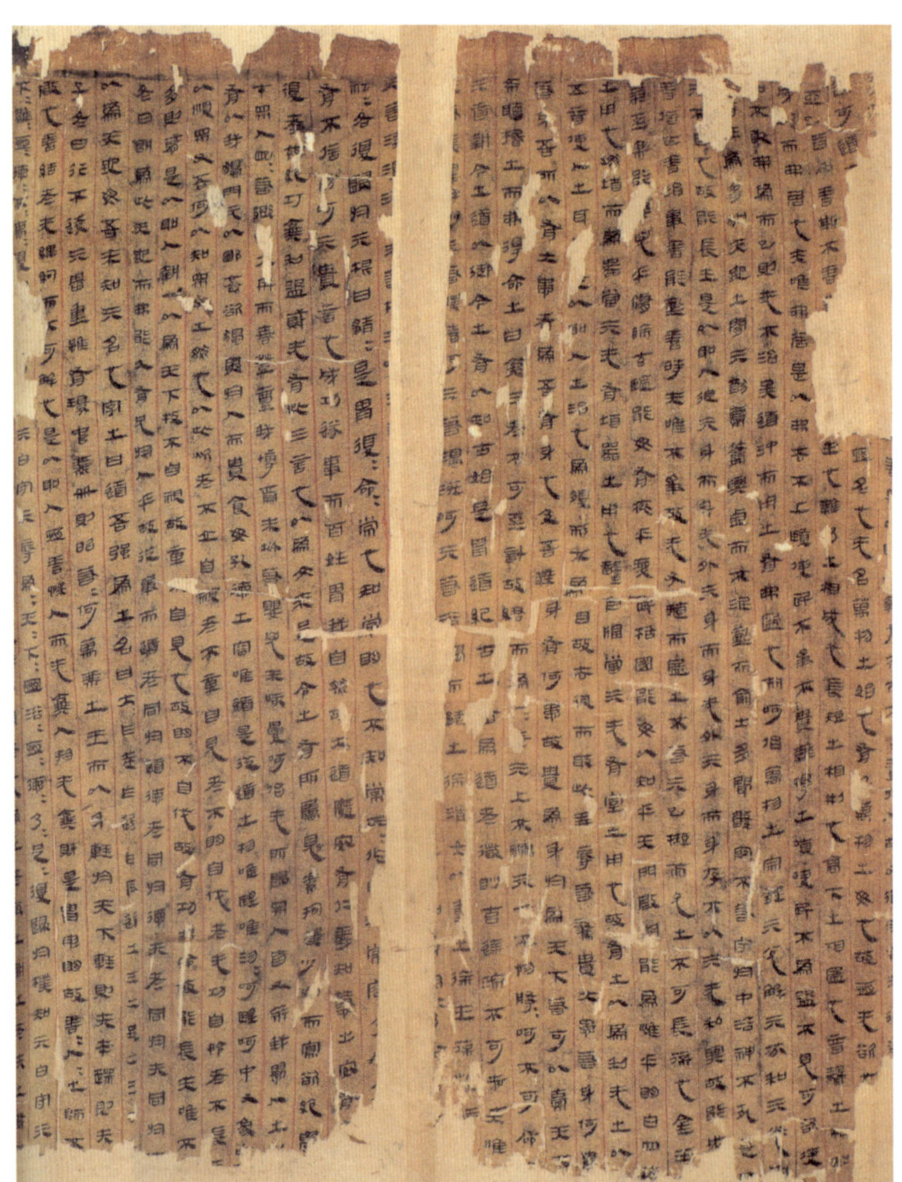

据说，老子后来离开函谷关进入秦国，遍游秦国各地的名山大川，最后隐居于扶风一带讲学，传播他的道家思想。老子高寿，又活了好多年，终老于扶风。由于老子学识高深，宽以待人，深受当地百姓爱戴，所以前来吊唁的人不少。老子曾在槐里讲学，那里的百姓怀念他，将他葬于槐里，就是现在陕西省周至县东南的终南山麓。

就这样，老子原本是个人，起初是周王室看管典籍的史官，后来是个云游四方的思想者、学者。可是，恐怕连老子自己都没想到，他后来竟成了神，成了道教里的太上老君。把老子送上神坛的是东汉人张陵。东汉末年，沛县人张陵创立早期道教。由于当时佛教已经传入中国，张陵心里很清楚，如果自命祖师，不仅自己的名气不够，而且与佛祖释迦牟尼相比，辈分也低了许多。为了抬高道教的身价，经过反复比较，最终选中了老子。

△老子传铅汞仙丹之道图

图中所绘为老子坐于崖下石台之上，面前有一炼丹用的三足鼎，鼎中开一圆孔，孔内放出一道黄色光柱，黄光中浮着一粒金丹。弟子立于炉前，倾听炼丹之道。

老子被抬上道教祖师爷的座椅，张陵之流们是费了一番思量的，不外乎有这样几种考虑：第一，老子的名气大，老子本来就是道家的创始人，学问深，修养高，影响大，即使是儒家创始人孔子，也曾向老子请教过礼法并对老子的高深学问赞叹不已。第二，老子的辈分高，他与佛祖释迦牟尼同代，即使论资排辈也绝不亚于佛祖。第三，老子主张的清静无为和养生之道，恰恰可成为道教乐人世、求长生的理论根据。而且从寿命上说，传说老子活到一百六十岁有余甚至二百余岁，与道教宣扬的长生久视说也相一致。第四，老子在《道德经》中所讲的“道”，玄之又玄，与宗教思想十分接近，道徒们解释起来非常得心应手，有进一步发挥的空间。第五，从行踪上说，老子出关后，写《史记》的司马迁也搞不清他去了哪里，只是说“莫知其所终”，与道教传说中神仙行踪飘忽说暗合。第六，从形象上看，传说中的老子耳长七寸，眉长五寸，与道教所传的仙人有仙体的说法吻合。

△太上老君及弟子（明）海澄绘

这样，到了汉代，老子摇身一变，从一个俗人成了太上老君，被奉为道教的开山始祖。此后，老子的名气便越来越大，其形象也不断被后人包装，老子越来越神化了。关于老子的降生，道徒们编造的神话说，他的母亲是感受了从天而降的神灵所化之气而怀孕，一怀就是整整81年。关于老子的形象，晋代葛洪的《抱朴子·杂应篇》精心勾画：身长九尺，眉长五寸，耳垂齐肩。关于老子的最终归处，道士们巧妙利用《史记》中老子西出函谷关“莫知其所终”的说法，编造出“老子化胡说”，说老子出关后并没有当隐士，而是到西方教化胡人去了，甚至说老子就是佛祖释迦牟尼的师父，想以此抬高道教的地位，与佛教相抗衡。当然，佛家弟子不能容忍这种说法，于是引发了道、佛二门一场历时千年之久的争论。

说到老子，我们不能不提到庄子。因为老子的学说，后来被庄子发展了。庄子本名庄周，是战国中期宋国（今河南商丘）人。曾做过地方的小官吏，生活穷愁潦倒，而志趣高尚，傲视王侯。《史记·老子列传》称，庄子著书十余万言，其文剽剥儒、墨，汪洋自恣。他的学说继承了老子以道为万物本源的宇宙论，以及对立面相互依存、相互转化的辩证法思想，并且引申发挥，从而得出万物齐同，物我为一的“齐物论”思想。

庄子认为，事物彼此之间的差别，人们关于是非善恶的争论，都是因为观察事物的立场和评判标准不同而致，并非客观事物本身的性质有什么不同。如果站在“道”的高度来观察，则万物相通为一，是非难分，彼此无别；大小多少、远近高低、美丑贵贱、生死成毁，这些都无所谓不同。既然万物都相通为一，所以人们就不必分辨彼此，争论是非。庄子希望人的认识能够达到混同物

我，泯灭是非，彻底忘掉一切矛盾和差别的境界，这即是“坐忘”。

庄子与老子一样，在政治上也主张顺乎自然，无为而治，反对儒家标榜的圣王之治。认为儒家标榜的“仁义”，不过是统治者掩盖其窃国行为的遮羞布。他向往的理想社会，是人民与禽兽杂居，不知有君子小人之别的“至德之世”。

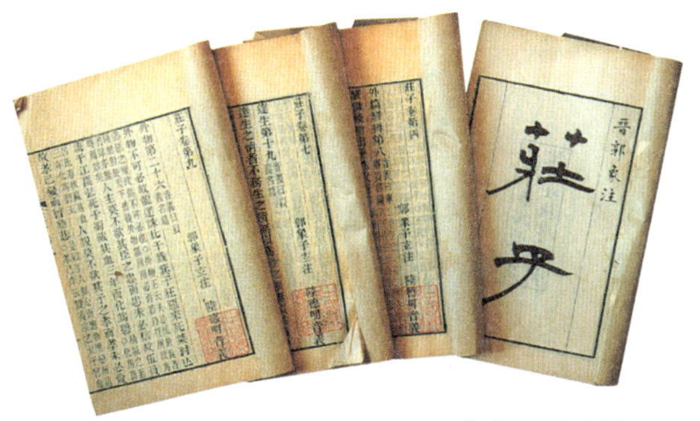
《庄子》书影

老子与庄子的道家学说，被后人合称为“老庄道学”，它反映了春秋战国时代某些知识分子在动乱变革中悲凉痛苦的心情。他们以过人的才华，清醒地看到了文明社会所带来的负面影响——“人为物役”。人类为自己创造的技术、财富和权势所役使，物欲横流，以致丧失了内心平静和纯朴自然的本性，陷入无休止的战乱争夺；被自以为是的偏见所束缚，以致无法相互理解沟通，陷入无聊的争辩。生命不得保障，精神不得自由快乐，这样的社会和人生是多么可悲可痛。“夫哀莫大于心死”。庄子的内心比老子有着更深的悲哀，他对文明异化的批判也更为愤激，对精神自由和人生高尚境界的追求更加迫切。老庄所提出的顺其自然，与世无争，无为而治的修身治国思想，虽然难免有消极保守的局限性，但是其中所包含的深刻智慧，也吸引了后世许多善良的人们。

正是由于道家学说具有这种多面性，历代帝王便出于不同的考虑，对道教有的是利用、有的则是限制，有的是尊崇、而有的则是贬抑。所以帝王们在与道教打交道的过程中，忽冷忽热，飘忽不定。

庄子

三、燕齐“三神山”与荆楚“不死之药”

神仙家的信仰和方术，是道教教义的另一主要来源。神仙家，是战国时期的诸子百家之一。战国时期的诸侯王们竞相寻找不死之药，梦寐以求地去做活神仙的种种痴狂举动，是与神仙说教的盛行密不可分的。

伏羲女娲图
（唐）佚名 绢本

关于“神仙”的产生，现在一般认为，是在战国时期。但追根溯源，则要从远古谈起。在原始社会中，人类还没有制服自然的能力，对接触的各种自然现象和灾害，感到不可理解和难以抗拒，因而产生“万物有灵”的观念，并对这种超自然的力量产生迷信和崇拜，认为是有神在主宰；而且认为人是有灵魂的，幻想人死后灵魂便脱离肉体到另一个世界中去生活。在商代，那时的人认为疾病和死亡是一种“祸祟”，而“祸祟”是祖宗、神鬼的惩罚或蛊的作怪。所以他们治疗疾病主要是通过祈祷，希望得到祖宗的护佑和祈求神的宽宥，并用龟甲、兽骨进行占卜，据说这是沟通人与神的途径，占卜的吉凶就体现了神和祖先的意志。因此至今所发现的卜辞中只记录了一些疾病，而没有用药的记载。祝告祖先、祭祀鬼神以祛疾病是当时人们单方面的一种愿望，然而祖先、神鬼却是在“另一个世界”，只可幻想，而不可以交往，于是稍后就又出现了巫术和巫医，那些巫人（女者称巫，男者称觋）自称既“下晓人事”又“上通鬼神”。所以巫的出现是符合当时人们的要求、愿望的。巫者出现后，他们就用祝祷、驱神、符咒等迷信活动与鬼神“通话”，偶尔也再结合一些药物和手术来为人治病，这就是巫医。他们的这些活动也叫“祝由术”。巫的起源在中国是很早的，在奴隶社会出现前已经很盛行，到商代更盛。从卜辞龟骨文和钟鼎文可知，主持占卜的巫

人社会地位相当高，权力相当大，是神权的掌管者。

到了战国时期，百家争鸣，在巫的基础上，神仙家也作为一家出现了。神仙家们所鼓吹的神仙，不同于以往一般的鬼神，不是生活在冥冥之中的精灵，而是现实活人个体生命的无限延伸和直接升华。神仙的最大特点是：其一，形如常人，而能长生不死，永远享受现世的快乐；其二，逍遥自在，神通广大，能实现凡人可望而不可得的一切愿望；其三，只要找到长生不死的仙药，求得超凡脱俗的神仙，普通人便也可以实现永世生存这一非凡的目的。这当然是人们无限向往的。于是，神仙之说大兴，寻药与求仙活动接连展开，而作为战国时期威震一方的诸侯王们，则要利用手中的特殊权力首先达到这一理想境地。在这方面，或许是由于受燕齐文化和荆楚文化的影响，这里的诸侯王们为求不死成仙而格外地卖力。

琴高乘鲤图 （明）李在

该画揭示了古人对求仙得道的渴望。

燕国、齐国的沿海地区，是神仙方术出现最早的地方，这有着其特定的地理原因。在胶东半岛的北部，辽东半岛的南端，有一个由许多岛屿组成的庙岛群岛。在山东省蓬莱县，经常可以望见庙岛群岛出现的“海市蜃楼”幻景。沈括在他写的《梦溪笔谈》中说：“登州海中，时有云气，如宫室、台观、城堞、人物、车马、冠盖，历历可见，谓之‘海市’。”直到今天，人们也还经常见到这种奇特的景观。这种自然现象，是由于光线经过不同密度的空气层，发生显著的折射（有时会伴有全反射），当这种折射发生在一定的地理环境和气象条件下，往往会把远处的景物显示在空中或地面上，随即出现“海市蜃楼”的奇异幻景。在蓬莱县海边，由于当地特殊的地理环境和气象条件，经常可以见到庙岛群岛的“蜃景”。当这种幻景世代相传，并为众多居民亲眼目睹所证实，而他们还无法理解产生“海市蜃楼”的物理原因的时候，这就正好拨动了他们渴望长生不老的心弦。的确，这不是做梦，海面上的亭台楼阁，完全都是“真实”的，甚至还可以看见有许多人在那里活动。不过，当人们走到它显现的地方时，却是虚无缥缈，空空如也。这种奇妙的现象，使生活在这一带的古人思索起来：眼前发生的究竟是什么？为什

瀛山图卷（局部）　（北宋）王诜　绢本

此图所绘右水左山，有数只小舟荡水游春，山色青翠，青松直立。用勾勒青绿填染画山，古朴清雅。卷末山石上自识曰：“保宁赐第王晋卿瀛山既觉，因图梦中所见，甲辰春正月梦游者。”

么祖祖辈辈传说的内容相同？这大约就是传说中的那个“永恒”世界吧？

面对常常出现的海市蜃楼奇观，战国时的神仙家、方术士们出来解释说：渤海上有蓬莱、方丈、瀛洲三座神山，神山上的宫殿都是用黄金、白银打造成的，有白色的飞禽和走兽，还住着许多仙人，那里有一种吃了能使人长生不死的仙药。不过，他们又说，普通人要去神山并不容易，因为远望时神山如彩云般飘忽不定，近看时又居于水下，只有他们这些得道之人能到达神山。方士们正是借此鼓吹寻仙求药，不断引发人们长生不死的欲望，从而掀起一股出海寻找仙药的热潮。经过神仙家和方士们一而再、再而三地鼓吹，海中有“三神山”，“三神山”有不死之药的说法，传得越来越广，变得越来越“真”。

近水楼台先得月。燕齐地临大海，与“三神山”仅是咫尺之遥，得天独厚的条件，使燕齐诸王跃跃欲试，他们纷纷派出人马寻仙求药，渴望有一天也能吃上“不死药”而飞升上天。齐国，在方士驺衍等人的说教下，齐威王、齐宣王时期（公元前356—301），多次派人入海求三神山及神药，当然均未成功，派去的人再也没有回来。燕国，有方士宋毋忌、正伯侨、充尚、羡门高等，“为方仙道，形解销化，依于鬼神之事”。《韩非子·外储说左上》曾提到，“客有教燕王为不死之道者”。方士们迎合燕昭王贪生怕死的心理，极力宣扬东海神药。燕昭王听信其无稽之谈，也派出臣民东入大海求药，结果亦是一无所获。然而，“怪迁阿谀苟合之徒自此而兴，不可胜数也。”

对于齐燕诸王派人入海求仙讨药之事，司马迁的《史记·封禅书》中有明确记载：

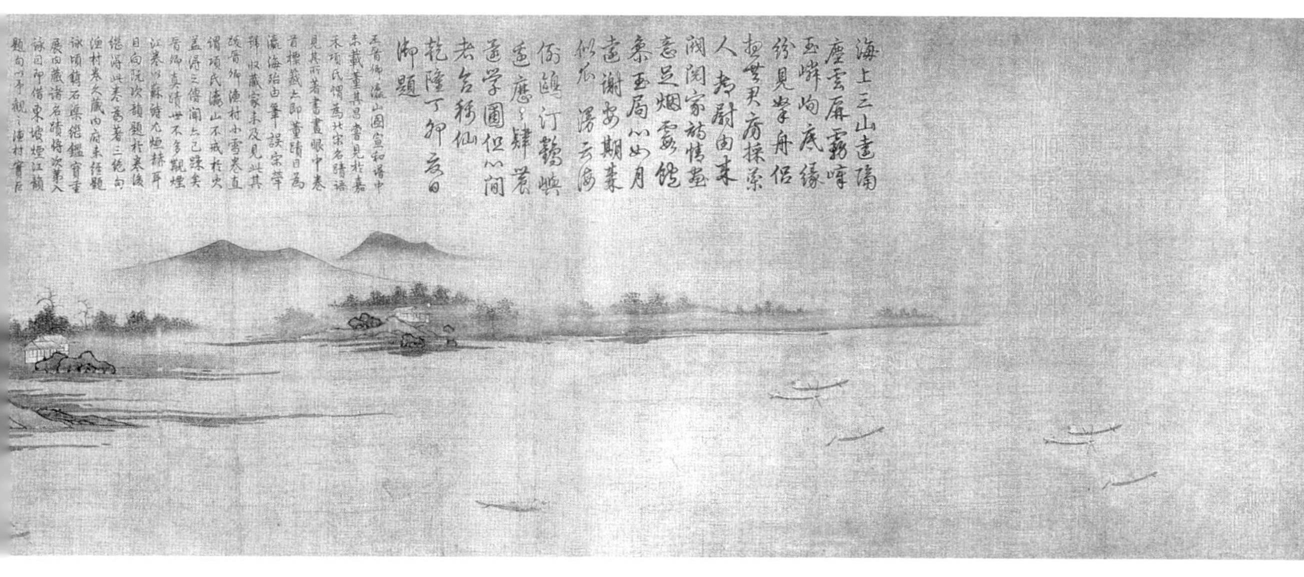

> 自威、宣、燕昭使人入海，求蓬莱、方丈、瀛洲。此三神山者，其传在渤海中，去人不远，患且至，则船风引而去。盖尝有至者，诸仙人及不死之药皆在焉。其物禽兽尽白，而黄金银为宫阙。未至，望之如云；及到，三神山反居水下；临至，乃辄引去，终莫能至云。世主莫不甘心焉……

司马迁留下的这一“可以置信”的材料，一方面说明了渤海有“三神山”和“不死之药”这一传说的范围之广和影响之大；另一方面也证实了齐燕诸王确曾有过遣人入海寻仙求药的举动。

关于神仙、神药的传说，并不限于燕齐一带，其他地方，特别是荆楚大地，有关传闻也很盛行，这在一些历史典籍中分别有着不同的记载和反映。

《庄子》书中有许多关于“神人”、“至人”、“真人”、“圣人”的文字，是对神仙形象最初的生动描述。如其中的《逍遥游》说：“藐姑射之山，有神人居焉，肌肤若冰雪，绰约若处子，不食五谷，吸风饮露，乘云气，御飞龙，而游乎四海之外。”《齐物论》篇也说：“至人神矣，大泽焚而不能热，河汉冱而不能寒，疾雷破山，飘风振海而不能惊，若然者，乘云气，骑日月，而游

老庄像　（清）任熊

画中表现了“庄生游逍遥，老子守元默”的情形。

乎四海之外，死生无变于己。”庄子不仅描述了“神人”、“至人”不食人间烟火，不怕水火侵害，腾云驾雾，自由遨游的形象，而且还记载了彭祖等古代“真人”修炼成仙的方术，如辟谷、服气等。

诗人屈原的《楚辞》，也有生动浪漫的神游故事。他在《离骚》中想象自己升天，“前望舒使先驱兮，后飞廉使奔属，鸾皇为余先戒兮，雷师告余以未具，吾令凤凰飞腾兮，又继之以日夜。”《九章》则吟道：“驾青虬兮骖白螭，吾与重华游兮瑶之圃。登昆仑兮食玉英，与天地兮比寿，与日月兮齐光。”后人描绘的神仙生活，大体上不离乎此。

《战国策·楚策》内，则记载了“客有献不死之药于荆王”的故事。荆，为楚国的旧称。“荆王”即指楚国的顷襄王。故事的梗概大意是：有人进献长生不死药给楚国的顷襄王。侍从官拿着药进殿去，有个带弓箭的卫官问道：“此药可以吃吗？”回答说：“可以吃。”因而抢过来就吃了。

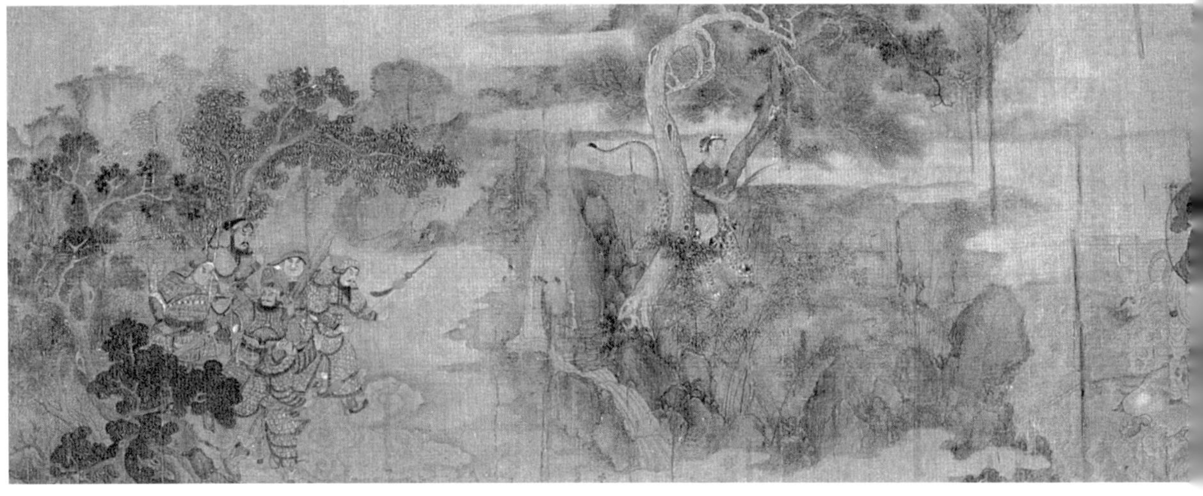

顷襄王知道后非常愤怒，就派人去斩杀那个卫官。那个卫官连忙托人去向顷襄王说："我问侍官，侍官说'可以吃'，所以我才吃了它。这在我并没有罪过，而罪在侍官呀。况且人家敬献的是长生不死的药，我吃了，大王要杀死我，则说明这是催死的药啊！大王杀没有罪的臣子，却是表明了献不死之药的人是欺骗大王呀。"顷襄王听了这番话，怕日后没人再敢进献不死之药，便下令把那个卫官放了。

九歌图卷（上图）（清）汪汉 绢本

此画卷取材自屈原名篇《九歌》。屈原(约前339—约前278)，名平，字灵均，楚国公族，学问广博，举贤授能，为怀王所信用。

屈原在流放期间，长期与百姓接触，深谙当地的民俗，写就《离骚》《九章》《九歌》等名著，开楚辞之体。本图中卷首各神云集，群巫载歌载舞迎神，取景布局颇为讲究，云海涌动，山势峥嵘，苍松古木如龙盘虎踞。人物刻画精细，以工笔重彩见长。

△王母娘娘降瑶池　（清）任薰

这个故事巧妙地揭穿了“献不死之药”的骗局。故事没有说“不死之药”是否是人工炼制的，但从中我们却可以看到，战国时期，投诸侯王所好，进献“不死之药”者确是大有人在。

在《山海经》这部古代著名的神话书中，也多次提到“不死国”、“不死山”、“不死树”、“不死药”，贯穿了长生不死的思想。

还有战国时仙人王栩的传说。据说，王栩号曰鬼谷子，自幼入云梦山采药，得道成仙，后云游到嵩山，这里重山叠峰，烟云缭绕，历来被认为是神灵出没和仙人得道的好地方。山上观星台东北的鬼谷宅，相传就是当年鬼谷子的住处。

另据“仙经”传说，嵩山、王屋山、女儿山等名山上有“正神”掌管，“精思”可以“合作”仙药。《诗纬含神雾》、《孝经纬授神契》也说太屋山上有“仙室”，少室山间有“灵药”。

西王母的传说，亦颇有趣。据说，西方昆仑之虚有大山，山上有神人西王母，披发戴胜，虎齿豹尾。后来，昆仑山便成为神仙家经常提到的仙境，与东方海上的三神山齐名。

总之，关于神仙、长生不老药的种种传说，在战国时期已广泛流行于东方沿海及南方荆楚地区。神仙家和方士们大力宣扬世上有长生不死、自由变化的神仙存在，并幻想通过寻仙服药达到长生不死、飞升成仙的目的。最热衷于这种理想境地的则是诸侯王们，据史料记载，现今有据可查的，齐威王、齐宣王、燕昭王以及楚国的顷襄王在寻仙求药上已付诸行动。

四、秦始皇的三千童男童女

唐代大诗人李白有一首《古风》诗，这样写道：

秦王扫六合，虎视何雄哉！
挥剑决浮云，诸侯尽西来。
铭功会稽岭，骋望琅琊台。
刑徒七十万，起土骊山隈。
尚采不死药，茫然使心哀。
连弩射海鱼，长鲸正崔嵬。
额鼻象五岳，扬波喷云雷。
鬐鬣蔽青天，何由睹蓬莱！
徐市载秦女，楼船几时回？
但见三泉下，金棺葬寒灰。

李白在诗中讽刺雄才大略、声威显赫的秦始皇帝，在扫灭六国一统天下之后，劳民伤财，妄求仙药之事。中国封建社会的第一位皇帝秦始皇，也是历史上第一位迷恋神仙的皇帝；换句话说，自从“皇帝”在中国历史上产生的那一天开始，便与寻仙药求长生结下了不解之缘。

关于秦始皇求仙的故事，见于《史记·秦始皇本纪》。据载，公元前219年，秦始皇统一中国后的第三年，东巡郡县，到山东泰山、琅玡等地封禅祭神，刻石记功。所谓封禅，就是接受天命的帝王在泰山（或别的山）顶上和山下举行祭祀天神和地神的大典，目的是通神。或许秦始皇封禅时，已经祈求神仙保佑他长生不死。封禅后，秦始皇去沿海各地旅行，一路祭祀名山大川和八神，“求仙人羡门之属”。秦皇岛就因秦始皇曾在此驻跸而得名。当时，山东一带有徐福（又作徐市，市音fú）等许多方士上书，言海中有蓬莱、方丈、瀛洲三神山，是神仙居住之处，在那里可以采到长生不死的仙药。

秦始皇封禅泰山

秦始皇登临泰山封禅时，于半山坡曾遇暴风骤雨，不得不避雨于山腰的大松树之下。霎时雨过天晴，秦始皇愁眉一展，立刻在百官面前兴高采烈地称赞松树为他提供避雨有功，特封这棵松树为五大夫松。

秦始皇听信方士之言，令徐福等方士斋戒，率三千童男童女前往三神山求不死之药。据说，秦始皇认为，见神必须清除身上的不洁之物，命徐福等斋戒就是为了这一目的。带上纯洁的童男童女也许出自同样目的，但也可能是做神仙的祭品。秦始皇为了表示求仙药之虔诚，亲自送别船队，从琅玡一直送到成山头（今山东半岛的成山角），并宣称要在成山头修建一座直通仙山瀛洲的大桥，为日后经常地求取不死之药提供便利。

传说，徐福一行由崂山启程入海。崂山，古称劳山、牢山，位于山东半岛西南部，在今青岛市东北，它濒临黄海，海山相连，一边是雄峰险壑，一边是海阔天空。居山观海，山势既峻峭挺拔，涧壑纵横，海面亦淼茫无涯，或水天一色相连，或碧波白云相映，其山岚水气，雄奇壮阔，变化无穷，极富有神奇色彩。《齐记》等古代典籍就有“泰山虽云高，不如东海崂”的说法。崂山古属齐国，处于蓬莱神仙境界的中心地带，战国时的齐燕方士，曾把崂山誉为“神窟仙室”，此外又有“灵异之府”的称号，那时就有寻仙求药的方士在这里活动。蒲松龄的《聊斋志异》，有一些篇章即是在崂山太清宫写就的。秦始皇选择崂山作为徐福去从事神圣使命的出发站，或许就是考虑到这里风水独好。今天，崂山南部有两个岛屿，分别叫大福、小福，据说就是徐福启程寻求仙药的入海处。

徐福一行数千男女的船队，浩浩荡荡地出征了，时间是秦始皇二十八年（公元前219），目的地即是那虚无缥缈的蓬莱、方丈、瀛洲三神山，任务就是寻仙觅药。这大约是中国历史上最早的一次远航，也是人类史上最具有神奇色彩的一次远航。年仅36岁的徐福所率领的船队，其成员包括弩射手、长短兵器手、童工、女工（养蚕、纺织）、木匠、铜匠、铁匠、棹手、舵手、造船工匠、航海手（天文、气象）等，这些人员组成本身就是一个小世界了。船开人走，可是今日复明日，过了一天又一天，不仅不死仙药没有取回，就连几千少男少女也未能复返。有人说他们真的成了海神的祭品，更多的人则愿意相信，徐福的船队战胜惊涛骇浪，东行巡仙，最终到达了日本，数千男女便在日本这个岛国分别结为夫妻并繁衍生息下来。

阿房宫

秦始皇兴建的规模宏大如同仙境的阿房宫。

▲蓬壶春晓图扇页
（清）王云 纸本
此图绘古代传说中的蓬莱仙境。史载东海有蓬莱、方丈、瀛洲三座仙山，其中蓬莱山形似壶，故又称“蓬壶”。画面上二仙人于雕梁画栋的亭台楼阁之中坐谈论道，楼畔惊涛拍岸，烟云缭绕之中，二鹤飘然而来。构图平中见奇，静中有动。

持徐福到达日本之说的人认为，徐福的船队从渤海湾东经朝鲜半岛西海岸南下，再经过济州岛到达了北九州和其他地方。韩国的南海郡锦州山的摩崖石刻有“徐市起礼日出”六字。济州岛西南海岸西归浦市正房瀑布的绝壁上又刻有“徐市过此”四个大字。又相传济州市之三姓穴，古时从穴中出现了高、良、夫三位神仙，和东海岸的三位仙姬结了婚。现在济州岛姓高、良、夫的都自称他们是徐福的子孙。而且，直到今天，日本和歌山县的新宫里还有徐福墓，青森县小泊村仍挂有徐福像。日本史学家水野明说：“我们可以推论说，徐福所率领的船队确实到达了日本……徐福这一支大船队把中国的先进文化同时带到了日本。他们促成了日本原生国家的产生，把秦王朝统一中国的模式带到了日本。”水野明还进一步论证说，春秋时越国已有“舟师”三百艘，从会稽到琅玡，秦时更具有了较高的造船和航海技术，徐福船队也有东渡日本的远航能力。由此看来，不管怎样，秦始皇派徐福入海寻仙求药之举，倒是意想不到地为中日友好关系史写下了第一页——且无论徐福的船队是否果真到达日本，这件事都已成为中日两国人民的一段佳话。

徐福虽未归，秦始皇求仙之心，却是不死。据《史记·秦始皇本纪》载，公元前216年，秦始皇东游至碣石（今河北昌黎），“使燕人卢生求羡门、高

誓（传说中的古仙人）。”“使韩终、侯公、石生求仙人不死之药。”据西汉桓宽《盐铁论》载：“当此之时，燕齐之士释锄耒，争言神仙方士，于是趣咸阳者以千数，言仙人食金饮珠，然后寿与天地相保。”各投秦始皇所好。可是，卢生等这些好为大言的燕齐方士根本不可能真的找到什么仙人仙药，便不得不编造谎话来欺骗秦始皇。

方士卢生一伙从海上归来，奏称：臣等寻找灵芝奇药及仙人，常弗得，因有“恶鬼”为害之故，现在皇上应隐秘行踪，以避恶鬼，恶鬼避则真人至，若“人主所居而人臣知之，则害于神。”“愿上所居宫毋令人知，然后不死之药殆可得也。”秦始皇对这套鬼话深信不疑，下令京师咸阳二百里内行宫270座，皆以甬道相连，围以帷幄，内置钟鼓、美人，皇帝每日巡幸，从者不得泄露其居处，“有言其处者罪死”。一天，秦始皇幸梁山宫，望见山下丞相李斯出行，车骑甚众，很不满意，显出不快的样子。随从中有人把这一情况密告李斯，其后李斯外出时便有意减损车骑。秦始皇察觉到有人泄露其语，大怒，立即下令逮捕当日在身边的所有随从，因查不出是谁泄露的，便把这些从人通通杀掉了。从此，臣下们谁也不知道皇上每日的行踪居处了。秦始皇还相信方士们的胡言乱语，自称起“真人”来，虽未吃上丹药，也强行成“仙”了。

秦始皇嬴政

卢生等为弥补求药不得的罪过，还编造了一本《录图书》，进献给秦始皇，自称是到海上求不死之药时遇有鬼神赐予的。该书已失传，故不知其详细内容。据说书中有“亡秦者胡”几个字，引起了秦始皇的极大注意。秦始皇把“胡”理解为北方匈奴，于是派名将蒙恬率三十万大军讨伐匈奴，后又筑万里长城，以阻止神仙预言的实现。但不幸的是，秦始皇误解了“神书”，“胡”系指二世皇帝“胡亥”。后来果然不出预言所料，秦朝由于胡亥的失政而灭亡。因此，方士卢生的《录图书》或许可以作为纬书之先例。

方士卢生虽然骗得秦始皇的一时宠信，但心里仍惴惴不安。因为他知道，按秦朝法律，方士两次进献方术不灵，便要杀头。他与侯生私下计议：始皇为人天性刚愎自用，专断政事，不纳用博士、大臣之言，而亲信狱吏，乐以刑杀为威，使

天下之人皆畏罪持禄，不敢尽忠，“贪于权势至此，未可为求仙药。”于是，卢生在愚弄秦始皇数年后，偷偷逃走了。秦始皇听说方士卢生逃之夭夭，顿时勃然大怒，他痛恨方士空费大量钱财，而终不得仙药，到头来还竟敢诽谤自己。秦始皇派人四处搜寻，抓不到卢生，便迁怒于在京的儒生，认为他们也犯有“妖言以乱黔首”之罪，乃下令御史严刑拷问儒生。儒生们受刑不过，转相告发，竟牵连出460人犯禁，遂于公元前212年将他们全部坑杀于咸阳。这便是历史上著名的“坑儒”事件。秦始皇讨丹药不成，而坑杀儒生泄愤，从这点上讲，他不能不算是一代昏庸透顶的君主了！

△秦始皇焚书坑儒图（清）

这件清代帛画以想象的方式向我们展现了秦始皇当年焚书坑儒的情形。图中，在朝堂之上，秦始皇巍然高坐，腐儒战战兢兢求命于下，朝堂之外已有许多儒士被系，或被杀入坑中，或被押在坑边，大量书籍在熊熊烈火中焚烧。

秦始皇迷信方士，上了大当，仍不肯醒悟。公元前210年，秦始皇最后一次出巡，随行的有丞相李斯和太子胡亥等人，他们先去江南，来到茅山采药。茅山，在今江苏省西南部，句容县城东南。其山形如“己”字，主峰大茅峰和二茅峰、三茅峰递次降低。茅山多奇峰、异洞、名泉、美池。古代风水家习惯以人体比拟地理状况，而把茅山又叫作地肺山，意思是指昆仑山地脉绵延至此，茅山如地中之肺，茅山四周多山洞，如肺叶，地穴之水在肺叶中终日沸腾不止。奇异的自然生态环境，吸引着历代帝王方士，早在夏、周和春秋战国时期，这里已是帝王巡游和方士采药的名山。相传夏禹巡视天下时，曾临茅山以朝群臣，研讨治水计划，称“会稽”，会稽郡也就成为此后相当长一段时期苏、皖、浙一带的统称。周朝开国君主周文王、姬昌的两位伯父太伯和仲雍为了给父亲治病，也带着方士登上茅山采药。茅山的名贵药材的确很多，著名医学家李时珍曾到茅山收集药材，他写的《本草纲目》，其中与茅山有关的药材就多达380多种。秦时，在茅山上采药炼丹的方士已有不少，较出名的是叫李明真人的方士，相传他在山上采药服食，修炼多年，而且还掘井炼丹，至今茅山乾元观还存有李明真人的炼丹井。秦始皇此次东巡，亦慕名而登临茅山，希望采到不死之药。仙药没找到，便刻石留念。《茅山志》记载："始皇三十七年（即公元前210）东游会稽，刻石颂德而还，遂登句曲北垂山（即茅山），埋石璧一双。"

始皇兵马俑·秦

从茅山下来，秦始皇渡海北上琅玡。正在琅琊的一些御用方士，因多年入海求仙，耗资巨大而未得仙药，恐受谴责治罪，乃向秦始皇诈称："蓬莱药可得，然常为大鲛鱼所苦，故不得至。愿请善射者与俱，见则以连弩射之。"方士们夸下海口，说除掉在海上阻拦的大鲛鱼，便可到达仙山，取得仙药。恰好秦始皇这时做一梦，梦见与海神作战，问占梦，博士奏称：水神不可见，恐怕是大鱼、蛟龙作怪，应除此恶神，则善神可至。于是，秦始皇下令，再次组建一支船队，凡入海者均携带可捕捉大鱼的工具，并准备好连弩（发射连珠箭的大弓），候大鱼出而捕射之。秦始皇本人也迫不及待地登上大船，守候在连弩手之旁，亲自监督这场海战。这支以斩除恶神（大鱼、蛟龙）寻觅仙药为目的的船队，从琅玡北上，路过芝罘（今烟台），在海上巡游了三天三夜，果然见到水中有一条巨形大鱼，随即乱箭射杀。大鱼是捕杀了，但是终究也没有找到仙人、丹药的踪影。秦始皇这时极为扫兴，从海上怏怏归来。在返回咸阳途中，秦始皇生了重病，走到河北沙丘平台时便暴死

天尽头

在山东省最东端的荣成县成山头。据传，秦始皇巡游至此，见海中巨石凸立，令修桥至东海仙岛，求长生不老药，故又有“秦桥遗址”之称。

了。年仅49岁。秦始皇并吞六国，统一天下，可谓英明一世，但为了寻仙药求长生，却受方士欺骗，一再被愚弄，至死不悟。

综观秦始皇在位的37年，无休止地寻求仙药，一直做着“不死”的美梦，何以如此？有史学家认为，这固然是秦始皇想永享既得的快乐生活，但更重要的是，大秦王朝需要他长寿。当时虽说天下已经统一，但六国残党尚隐藏在各地伺机东山再起，国内形势也不稳定，秦始皇为其后代接班而忧心忡忡，为了进一步巩固国家根基，使大秦江山自始皇而至万世传下去，他深感自己必须长寿。然而，事与愿违，派往东海求仙的徐福没有回来，身边寻药的方士也逃得无影无踪，最终盼望长生不死的秦始皇却落得个“英年早逝”的结果，这不能不说是一大富有戏剧性的讽刺！

五、汉初朝政的黄老术

汉高祖刘邦打下了大汉王朝。但在西汉初年，民生凋敝，亟须革除秦朝暴政苛法，使人民休养生息，社会恢复安定。于是，黄老道家的治国理论，在这个时期得到大力提倡。

相传，汉初名臣曹参曾向黄老学者盖公请教治国安民之道。盖公告诉他：“治道贵清静而民自定。”曹参接替萧何做了汉朝中央的丞相后，无为而治，

△汉文帝刘恒

△汉景帝刘启

△萧何

△曹参

所有政事都遵循萧何所定的法规，无所更改。他选择的部属都是些不善言辞的老实人，而那些花言巧语的官吏则被斥退。曹参日夜饮用美酒，无所事事，有些官员和宾客想来劝说他，都被他用美酒灌醉，没机会张口说话。汉惠帝怪曹参不管政事，曹参对惠帝说："陛下您自认为德行比高祖皇帝如何？"惠帝说："朕怎敢与先帝相比呢？"曹参又问："那么陛下观察臣与萧何谁更贤能？"惠帝说："似乎你也不如萧何。"曹参说："陛下所说极是。高祖皇帝与萧丞相安定天下，制定了完善的法令。现在陛下无为而治，臣等安分守职，遵照执行他们的法规就是了。这不是很好吗？"曹参就这样做了三年丞相，无为而天下大治。老百姓都歌颂说："萧何为法，整齐划一。曹参代之，守而勿

△张良

△董仲舒

失。载其清静，人民安宁。”这个著名的历史故事被后人称作“萧规曹随”。

继惠帝之后的汉文帝、汉景帝也实行无为而治。据《史记》记载，汉文帝的皇后窦氏好黄老之学，所以文帝和太子都读黄帝、老子之书，以黄老思想治国。汉文帝提倡节俭。有一次他想建造一座“露台”，经过核算需花费百金，相当于十户中等人家的家产。汉文帝感到花费太大，于是决定不造了。汉文帝平时穿着次等丝料做的衣服，宫中爱姬的衣服不能长得拖地，屋里的帷帐不许绣花。为他建造的陵墓只许用砖瓦，不用金银铜锡做饰品。他对内提倡节俭，减免赋税，对外与匈奴和亲而不用兵扰民，刑法宽松，以德化民，由此海内殷富，礼义大兴。汉景帝继承清静无为政策，几十年间，发展生产。国库里粮食太多，只好露天堆放。铜钱多得用不完，穿钱的绳子都腐烂了。文帝、景帝以黄老之术治国，使国家富足，人民安定，史书称为“文景之治”。

汉景帝时，有些人曾想以儒家思想代替黄老之学。景帝的母亲窦太后好读老子，有一次问儒生辕固：“老子书如何?”辕固回答说：“不过是些做仆人奴婢的道理。”太后大怒，命令他与野猪搏斗。幸亏汉景帝偷偷给了他一把宝刀，辕固才未被野猪咬死。景帝死后，16岁的汉武帝继位，政权仍由太皇太后窦氏掌管。丞相田玢等人好儒学，企图建立上下尊卑分明的等级制度，加强中央集权，让诸侯王都离开京城回到他们自己的封地去。于是，这些人纷纷去太后那里说田玢等人的坏话。这时御史大夫赵绾因为窦太后好黄老，就上书武帝，建议今后皇帝有事不要再请示老太后。窦太后大怒，结果赵绾被迫自杀，田玢等人被罢官。又过了六年，窦太后去世，汉武帝亲政后，才重新起用儒生。又采纳董仲舒“罢黜百家，独尊儒术”的建议，以儒学作为治国的指导思想。在汉初盛行近七十年的黄老之学，从此失去了作为官方政治学说的地位。

六、汉武帝："人也能成仙"

汉武帝刘彻

当年，秦始皇为求仙讨药吃尽了苦头，苦苦寻觅数十年，最终没有弄到不死之药，还是和凡人一样地死去了。但秦始皇失败的教训，并没有被后代统治者所吸取。大约一个世纪后，汉武帝又步其后尘，演出了一场更加荒唐的求仙闹剧。

汉武帝是个以敬奉鬼神出了名的皇帝。建元元年（公元前140），汉武帝登极，当年他就东游崂山，构建茅庵，供奉三官，名为"三官庙"，后改建为"太清宫"，它成为崂山渊源最早、影响最大的道观。

六年后，实际掌握汉初朝政的窦太后死去，汉武帝独掌大权，便开始了肆无忌惮的一系列求仙活动。在窦太后死去的第二年，汉武帝举行大规模的郊祭，据说是追求名曰神君的女巫之灵。正是由于汉武帝对神仙鬼怪有浓厚兴趣的缘故，许多方士纷纷投奔而来，汉武帝的一生，一直被一批又一批鼓吹神仙思想的方士们包围着。

汉武帝赏识的第一个方士是李少君。李少君是齐国人，他自称擅方术，能使物却老，游说诸侯，人们"以为少君神，数百岁人也"。元光二年（公元前133），当时才23岁的汉武帝，来到雍城（今陕西凤翔县南）的五畤原（祭天地和古帝王的处所）祭祀上天，巧遇李少君这个老头。方士李少君迎合汉武帝求仙的心理，向他进献了"祠灶却老方"，说什么："服食金丹可以延年益寿，延年益寿才能见到海中的蓬莱神仙，见了仙人再去封禅，就一定会长生不死。"李少君还说，他曾经在海上遇到过仙人安期生，安期生就住在蓬莱岛上，吃的是大如西瓜的巨枣，不过，只有意趣相投的人，安期生才会出来相见，否则就隐藏不见。

这里，方士李少君谈到，欲长生不老者，以金器益寿后，再去会见神仙封禅便能不死，黄帝就是这样，又说安期生食巨枣而为仙长生。这表明汉武帝时的神仙长生诸说，已与秦始皇时代有所不同。秦时的神仙是"某物"，神仙说仅以"三神山"为中心，欲长生只有到海里向仙人求药，而不是人工制造。从李少君所言看，汉武帝时已把封禅同不死联系起来，换言之，人所以能不死，就是因为也能成仙，通过各种养生术便可以达到成仙不死的目的。

汉武帝本人就说："人也能成仙"。他认为，神仙已从神的存在变为接近于人的存在，故而绞尽脑汁用尽方术以求成仙。至于李少君的吞枣得以长生不老说，实际上相当于辟谷。基于此，汉朝以后的方士们，已不仅仅是寻找长生不死之药，而开始具体地在炼丹制药、讲求养生之术方面下功夫了。但汉武帝

的主要活动还在“求仙”、“成仙”上。

汉武帝相信了李少君的话，亲自祭祀灶神（炉火之神），一面派方士到海上寻找安期生；另一面进行炼丹，把丹砂和其他药物配制，希望能炼出仙药来。后来李少君病死，汉武帝还以为他是羽化而去，不是真死。

李少君死后，接下来被汉武帝宠用的方士是齐国人少翁。汉武帝元狩元年（公元前122），少翁携带一种降灵的幻术——“鬼神方”，谒见汉武帝。当时，汉武帝所宠幸的李夫人刚刚死去，终日不快。据说，少翁在夜晚利用“鬼神方”招来已死的李夫人的鬼魂和灶神，汉武帝通过帷幕隐约见到一个很像李夫人的女人身影，得以些许慰藉。汉武帝“见到”了朝思暮想的李夫人后，欣喜不已，立即任命少翁为文成将军，赏赐不可数计。少翁对汉武帝说：“陛下欲与神通，宫室被服如不像神，则神仙不至。”汉武帝于是令人作画云气车，诸神驾车辟恶鬼。又在长安西北的甘泉山上建造离宫，中为台室，画天、地、太一诸鬼神，置备祭神用品以召天神。一年多后，神仙仍无踪影，为搪塞汉武帝，少翁将自己写好的一份帛书夹杂在青草中喂牛，然后对汉武帝说此牛腹中当有“神书”。杀牛果然得帛书神文。但汉武帝认出“神书”上的字是少翁的笔迹，严刑讯问果是伪书，汉武帝一怒之下而诛杀了少翁。但对外又严格隐瞒其事，以免人笑话。

少翁被杀了头，汉武帝不知又听信了哪个方士的胡言，找了一个求神仙赐予长生不老的新方——吃玉露。他叫人在宫中建造了一座铜制的承露盘，高三十丈（约合今70.5米），大七围（一抱为一围），顶上是一个张开的仙人掌，以承收天上的露水。把露水和着玉屑吃下，据说可以长生不老。汉武帝天天吃玉露，就像吃仙丹一样，对永世不死充满着希望和信心。

不料，有害无益的玉露吃多了，汉武帝第二年便病倒在鼎湖（在今河南阌乡南三十五里荆山下）的离宫里。御医们用了许多药，也没有治好他的病。有一个叫游水发根的方士说，陛下是在外面碰到了鬼才生病的。被病魔折腾而消瘦的汉武帝，诏令游水发根在甘泉宫向上天祈祷。游水发根将编造的“神仙的话”转告汉武帝说：“天子莫要担忧自己的病，待病体稍愈，请到甘泉宫去和我（神仙）见面。”汉武帝听到神仙的安慰，精神兴奋，病好了一大半。他由宦官、宫女扶持着，急不可待地来到甘泉宫，坐等会见神仙。游水发根早已做了安排，果然让汉武帝听到了“神仙”讲话，声音和人一样，说话多在晚上。

汉武仙台

位于陕西黄陵县城北桥山上的黄帝陵内，据说汉武帝征朔方回来在此祭黄帝，并筑台祈仙。

“神仙”来去无踪，只听见风声萧然。汉武帝一高兴，病体霍然而愈。他又笃信方士了，将“文成将军”让他上的当忘得一干二净。

元鼎四年（公元前113）春，一个更大的方士骗子栾大混到了汉武帝身边。栾大原是胶东康王刘寄王宫里的药剂师，和少翁是同学。此人身材长美，敢说大话而使人不疑。胶东王死后，行为一向不端的康王后怕自己的淫乱行为暴露，便把栾大推荐给汉武帝，两边讨好。汉武帝正在为少翁死后无人献方药而发愁，康王后献出栾大，汉武帝自然十分高兴。聪明的栾大应召入宫，却故作推脱之状，对汉武帝说：“臣常往来海中，多次见到安期生、羡门等神仙。但神仙认为臣的身份低微，不予理睬。神仙又说康王只是个诸侯，不肯给不死药。臣的师傅说：‘黄金可成而河决可塞，不死之药可得，仙人可致也。’然而臣恐重蹈文成将军少翁之覆辙，一旦方术不成而招杀身之祸，故不敢再言求仙之方。”这时汉武帝正后悔过早杀了少翁，不能尽得其方术，又忧愁黄金不成，黄河决堤，丹药不得，便好言相劝，安慰栾大说：“文成将军乃食马肝中毒而死，你若果能弄到不死药，朕怎会不喜欢你！”栾大见汉武帝上钩了，趁势又声称：陛下要致神仙，必须使我身份高贵，并成为皇室亲属，待之以客礼，使佩戴印信，唯有如此，我才有资格与神仙谈话。栾大又当场表演了一个小魔

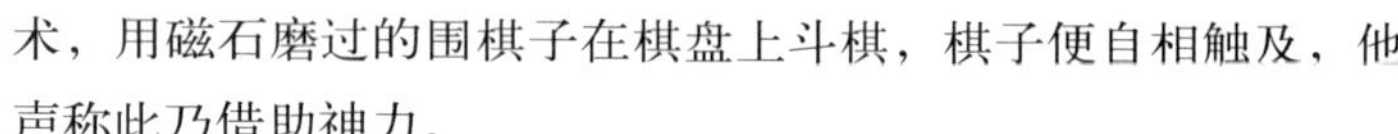

术，用磁石磨过的围棋子在棋盘上斗棋，棋子便自相触及，他声称此乃借助神力。

铜羽人（汉）

该铜羽人，1964年出土于西安市西郊汉长安城遗址。其形状奇特，长脸尖鼻，两个大耳竖立，高出头顶，脑后梳有锥形发髻。初看面目狰狞，细看则眉宇眼角间隐隐流出一丝微笑。两膝间有一个圆形的竖洞，用以固定所捧器物。这是汉代巫师形象的一种体现。

汉武帝听了栾大的一番自我介绍，又看了现场表演，认为这确是个可以信赖的能通神仙的方士，或许能通过他实现长生不死的美梦。于是，接连任命栾大为五利将军、天士将军、地士将军、大通将军、天通将军以及乐通侯等高级职衔，恩准栾大佩带五将军大印，赐给列侯宅第及僮仆千人和车马帷幄器物。汉武帝竟还满足栾大的贪婪要求，将卫长公主许之为妻，一个弄神方士摇身一变成为汉室驸马。汉武帝甚至亲到栾大居处看望，使者更不时存问供给，往来不绝。皇亲及诸将相豪门，也都置酒其家，奉献馈赠。汉武帝又命人刻一“天道将军”玉印，使人身着羽衣，夜立白茅之上授予栾大，以表示栾大身份与天子相等，并非普通臣下。备受宠用的栾大，常夜祠于家中，欲图降神。等了一段时间，汉武帝已急不可待，他让栾大于子夜时分穿上羽衣，立于白茅之上努力召请神仙，并接连祭祀太一、后土，造柏梁台、通天台、铜柱、承露盘、仙人掌等，一时间把个皇宫搞得乌烟瘴气。但据说栾大并未招来天神，却引来不少鬼物。后来，栾大又整装东行，说要入海寻找其师。到了山东蓬莱，面对滚滚浪涛，栾大不敢下海，转去泰山祀神，自称在山上见到其师。但汉武帝派去随行监察的人却

报告说，并未看见什么神仙。至此，栾大之方术，确切地说是骗术，已经用尽而多不灵验。汉武帝知道自己又上了大当，气愤至极，把栾大处以腰斩，使自己的女儿成了寡妇。少翁、栾大虽因装神弄鬼掉了脑袋，但他们封侯拜将，一度贵震天下，也享尽了人间的“神仙”生活。这让天下方士大为羡慕，并甘愿冒死一试手中“仙术”。

汉武帝元鼎四年（公元前113），山西汾阴巫师从地下挖出一只古鼎，这本来是件出土文物，可是汉武帝却以为这是天意，恭敬地把宝鼎迎到甘泉宫，向上天和祖宗祷告。齐人公孙卿上书给汉武帝说：“陛下今年得了宝鼎，时辰和黄帝时完全一样。”汉武帝览过大喜，召见公孙卿。公孙卿入宫，劝武帝登泰山祭天地神灵，进行封禅。他对汉武帝说：从前黄帝采首山之铜，铸鼎于荆山之下，鼎成，有龙来迎黄帝，黄帝即骑飞龙升天，群臣后宫随之上天者70余人。汉武帝听后，脱口而出：“如果哪一天我真的像黄帝一样升天，那么我离开妻子就像脱去鞋子一样。”

彩绘陶负鼎鸠（汉）

汉武帝在位54年，一生向往神仙，迷信方士，追求长生不老之药，对整个汉代的社会风气产生了巨大影响。此件彩绘陶是齐地汉贵族墓中的明器，为汉代可以载人升天的神鸟形象。

汉武帝当即拜公孙卿为郎，派他去嵩山太室候神下降。那年冬天，公孙卿在河南缑氏城上声称见到了“仙人迹”（大脚印）。汉武帝亲自到缑氏城上验视，他有了前两次受骗的经验，他告诫公孙卿：“你可不要效法少翁和栾大呀！”公孙卿很坦然地回答道：“不是神仙求陛下，而是陛下求神仙。求神仙必经数年方能见效，万万不可着急。”汉武帝便下令各郡国修整道路，缮治宫观、名山、神祠，希望自己的虔诚能感动上天，有朝一日能见到神仙。

汉武帝的随从知道皇上求仙心切，也百般迎合他的心理。有一次，过中岳嵩山，从官报告说：听到山上喊了三声“万岁”。汉武帝以为这是神的呼唤，非常振奋，当即封嵩山三百户租赋，用来祭祀山神。

到开封元年（公元前110），汉武帝东巡海山，“海上燕齐之间莫不扼腕而自言有禁方能神仙矣……齐人之上疏言神仙奇方者以万数。”汉武帝令言海中神山者数千人，乘船去求蓬莱神仙。公孙卿持节登船先行，至东莱山候神，声称夜间见一巨人，身长数丈，欲靠近之，则巨人忽然不见，只见其脚印甚大，类同禽兽之迹。汉武帝起初不肯信，后来听群臣中有人说：看见一牵狗老叟，称欲见“巨公”武帝，言毕忽不见。汉武帝乃“以为仙人也”，留宿海上，给几千方士下发船车，使求仙人。汉武帝耐心等待数日，期待着与神仙相会，但仍然一无所获。据古书记载，蓬莱阁所在的丹崖山，就是汉武帝此次到蓬莱求海上神仙和长生

错金博山炉（西汉）

熏炉是汉朝贵族使用的熏香用具。该炉仿蓬莱仙境制造，构思巧妙，做工精细，熏香时烟气缥缈如仙如幻。博山熏炉是道教追求神山仙境的产物。

不老药时曾经驻足的地方。现在的蓬莱阁，就建在汉武帝当年在丹崖山祀海求仙的旧址上。

在方士公孙卿等人的鼓动下，汉武帝于这年初夏四月，从蓬莱径赴泰山，举行封禅。又东至海边遥望，“冀遇蓬莱焉”。次年春，公孙卿再次诈称见神人于东莱山，汉武帝匆匆赶到缑氏城，拜公孙卿为中大夫，又至东莱留宿数日，可见到的仍然只是“神人”的大脚印。汉武帝复遣方士数千人求神怪，采芝药，谋求长生不老之方。公孙卿劝汉武帝多建宫观楼台以候神人，不应匆匆跑来跑去。但此后数年，汉武帝仍多次去各地名山及海边祭神候望，并到处大建宫观祠坛。如太初元年（公元前104），汉武帝从海边归来后，令修造建章宫，规模宏大，千门万户，其北凿大池，名曰太液池，中有蓬莱、方丈、瀛洲、壶梁等象征海上神山的小岛。太液池中还建了高20余丈的高台，命名渐台。据说欲见神仙必须建高台，也许后来的北魏太武帝建造静轮宫是受汉武帝此举启发吧！可怜的汉武帝，真的神山见不到，只好造此人工仙境，聊以慰其思神盼仙之渴。

大约就在这前后，以奇计俳辞而被亲近宠用的太中大夫东方朔，向汉武帝讲述了神仙栖息于十洲的“天方夜潭”。古人的地理观念，以为人们聚居在陆地，四周皆为汪洋大海，十洲即在四海之中。东方朔绘声绘色地向汉武帝描述十洲的胜境阆苑：祖州，在东海之中，上有不死草，形如菰苗，人死以草覆之可以复活，食之可以长生。瀛洲，亦在东海，东西方位与会稽郡相对，上有神芝、仙草、玉石，又有玉醴泉，饮之如酒醉，洲上居俗家，风俗同吴地。玄洲，在北海，太玄都仙伯真公治之，又说是三天治所，上多居太玄仙官。炎洲，在南海中，上有奇草异兽，以法食之可以益人寿命。长洲，亦在南海，多山川，又有大树茂林，所以又名青丘，产仙草灵药、甘液玉英等物。元洲，在北海中，上有五芝玄涧，涧水如蜜浆，饮之可与天地齐寿。流洲，在西海中，上多山川，有积石名昆吾，可冶炼成铁，铸为剑，明如水晶状，能削玉如泥。生洲，在东海，上居仙家数万，洲中多灵芝仙草，水如饴酪。凤麟洲，在西海中，上有珍禽异兽。聚窟洲，在西海，北接昆仑山，居神仙灵官，亦多异物。

△东方朔偷桃图　（明）唐寅

东方朔所说的十洲，都有神仙异物，而且大多与延年益寿长生不老相关，这在汉武帝心中又激起一道波澜，让生命永恒的欲望再次燃起，他遂命大批方士出海十洲，求取仙草灵药。据说，西海的凤麟洲，便曾有使者以各种异物敬献汉武帝。

另外，还有汉武帝派人登峨眉讨取丹药之说。据《华阳国志》记载：“峨眉山，《孔子地图》言有仙药，汉武帝遣使者祭之，欲致其药，不能得。”

汉武帝的茂陵

征和四年（公元前89），汉武帝最后一次东海求仙。这年，他已67岁的高龄，随着一天天见老，汉武帝越来越怕死，希求长生的愿望越加迫切。这次他要亲自登舟浮海，想早点找到神仙，求到不死药。大臣们纷纷进谏："陛下春秋已高，不便入海。"可是，汉武帝急不可待，一定要找到神山、神仙、神药。他不听一切劝阻，以衰老之躯，亲率大批舟师，在海风呼啸、阴霾密布中，浩浩荡荡地驰向大海。大海没有给他以平安，每天白浪滔天、彤云密布。特造的大海船像舢板似地在浪峰波谷中升降。从皇帝到船夫都头晕目眩、呕吐不止。脸色苍白的汉武帝想，心诚必能感动上帝，下令坚持航行。他和大臣、兵士们又经受了十几天的颠簸之苦，终于受不住了，不得不下令返航。汉武帝怀着一颗失望的心，拖着疲惫不堪的身子，登上陆地，辗转回到了长安。

汉武帝继位以来，数十年间耗费巨大的钱物人力，兴建神祠无其数，派去海上及名山求仙求药的方士成千上万，然而除了几个可疑的大脚印外，连神仙的影子也没见着。到了晚年，他对方士们的怪迂之语也感到厌倦了，"然羁縻不绝，冀遇其真"，企求长生不死的念头仍支配着他。直到临死前，他才稍稍明白，说出了感悟的话："向时愚惑，为方士所欺。天下岂有仙人？尽妖妄耳！"这比至死不悟的秦始皇，总算还略微聪明一点。

朝中的大鸿胪田千秋见汉武帝终于有点"明白"过来了，便乘机谏道："方士言神仙者甚众，而皆无灵验，请将方士一律罢斥。"汉武帝遂下诏，罢除所有方士候神人者。只可惜，汉武帝醒悟得太晚了，他毕竟已为"仙人"、"仙药"折腾了一生，糊涂了一世！

第二章
道教走进帝王家

东汉至魏晋南北朝，是道教形成和确立的时期。道教从早期太平道、五斗米道等民间原始教团，逐渐演变为受到皇室关注和支持的正统宗教。

这个时期的帝王，为求得王朝的国运长久和个人的长生久视，对道家方士情有独钟，甚至是盲目接纳，宫闱禁地常常出现道家术士的身影。三国时，曹操遍招天下术士，将甘始、左慈、华佗等一大批方士收养在身边，习炼养性法。东吴孙权，在方山营建洞玄观，专门请来高道葛玄炼制仙丹。两晋，宫廷养生修炼日盛，西晋贾皇后“饮金屑酒而死”，东晋哀帝“饵长生药”丧命。

南北朝时期的乱世帝王，为显示皇权神授，为证明皇位来得正统，崇尚仙道的热情有增无减。刘宋小朝廷请来庐山道士陆修静，让他入宫讲道治病，几进又几出。梁武帝更是将茅山道士陶弘景视为“山中宰相”，就连国号都是由这个道士起的。北魏太武帝则把嵩山高道寇谦之奉为神灵，心甘情愿地接受了“太平真君”的封号。

经过一代又一代高道的自觉改造，道教基本实现了由民间宗教向官方宗教的转变，从而更加适合统治者的口味了。道家方士们迎合帝王用神话稳固皇位和企求长生的心理，常常成为皇家的座上客，从而把道教带入皇宫，而且使道教深深地扎根于帝王之家。

一、东汉，道教闯进皇室

道教的孕育和产生，与秦汉时期的帝王们鼓吹和信奉黄老学说是密不可分的。

秦汉之际，大一统的封建帝国确立后，身为帝王最关心的有两件大事：一是如何安定国家，延长王朝统治，巩固其封建专制统治；二是如何延长自己的寿命，并且有子孙嗣续，以保证其家天下的延续。黄老学说正是为了适应这一现实需要，本着天人合一，国身相同的观点，应用天道自然无为的法则来论述治国与养生之道，寻求能使国家太平长治、个人长生久寿的方法。

汉代黄老道家学说的内容，包括天道和人道两个方面，人道又可分为治国和治身之道。所谓“治身”之道，即有关个人如何修身处世及养生长寿的道理和方法。黄老道家认为天道与人事相通，治国与治身之道相同，两者皆须效法清虚无为的自然之道。循天道，任自然，无为治国，清静养生，是黄老道家的基本思想。因此，道家学说不仅有天道观及治国安邦、修身处世的政治伦理学，而且从一开始就包含如何养生长寿的内容。

黄老学说在两汉时期，还是有所不同的。西汉初期的黄老之学，比较偏重于探讨安邦治国的道理。汉武帝亲政之后，“罢黜百家，独尊儒术”，以儒家经学指导治国。黄老派的政治学说不再时兴，而以个人养生为宗旨的学说却继续发展。由于汉武帝迷信神仙方士，汉代社会追求长生成仙风气盛行，更促使黄老养生学与神仙方术结合起来。到了东汉，黄老学已演变为偏重个人养生成仙的学说。那时，更注重的是黄老学家的养生方术，如除情祛

汉代墓室壁画

此图为汉代人们想象中的飞升成仙图。

欲，保精养气，呼吸吐纳等，特别重视精、气、神的保养。

东汉统治者中，有不少人喜好黄老养生术。甚至有人以黄帝、老子作为崇拜的偶像，祷词求福。据《后汉书》记载，汉明帝时，楚王刘英喜好黄老，“学为浮屠，斋戒祭祀”。把黄帝、老子当作佛祖一样的神灵来祭祀。汉桓帝时，益州太守王阜撰写的《老子圣母碑》宣称：老子生于天地开辟之前，与世界万物的本源“道”是同为一体的。东汉延熹八年（165），桓帝两次派使者去陈国苦县祭祀老子，欲求成仙。次年，桓帝又用祭天的隆重礼仪，在濯龙宫中亲自祭祀老子，并且不断神化老子，把老子变成生化天地万物，而且能经常降世传教的最高神灵。

八卦五行相生相克

图中所绘即是八卦五行相生相克的功法图。图中只有一人端坐于毛皮之上，四周云气缭绕，人形周围有八卦象。

由于统治者的提倡，黄老学在东汉再次兴盛起来。但这时的黄老学，已与西汉初年大异其趣。黄老学与神仙方术和宗教信仰结合，逐渐被神秘化、宗教化，终于在东汉后期孕育出中国的民族宗教——道教。

道教和道家是什么关系？应该说，道教继承和改造了道家的理论。道教，以“道”为最高信仰，以奉道守戒、修仙得道为修持目标，老子作为道的化身，被道教徒奉为教祖。因此，道教与道家学派的思想主张一脉相承。不同的是，道教作为一种宗教，不但有一套系统的教义理论，而且还有其特殊的宗教活动仪式、教派组织、科仪制度和宫观建筑。

道教的正式形成，是在东汉顺帝以后，是当时社会上流行的黄老之学与神仙方术、鬼神迷信相结合的产物。东汉道教组织最初兴起于民间，主要有东部地区的太平道和西南地区的五斗米道两大教团。

（一）太平道

据《后汉书·襄楷传》记载：东汉顺帝时（126—144），有个山东琅玡人宫崇来到京师洛阳，向朝廷献上一部“神书”。据说此书乃宫崇之师于吉在曲阳泉水上所得，有170卷，号称《太平青领书》。其内容主要讲奉天地，顺五行，澄清大乱，使天下太平的政治理想；也有兴国广嗣、养生成仙之术，其中有许多巫觋杂语，是一部反映汉代巫师术士思想的著作。汉顺帝认为，这

太上老君像
陕西终南山楼观台

部“神书”妖妄不经，下令没收秘藏。汉桓帝时，平原人襄楷再次来到洛阳，向朝廷进献推荐此书，仍未受到重视。到汉灵帝时，情况有了变化，“以楷书为然”，《太平经》终于得到了最高统治者的承认，同时也就在民间广泛流传开来。

上面所说的这部神书，就是早期道教奉持的重要经典《太平经》。它的内容非常庞杂，但主要是讲怎样“去乱世，致太平”。书中假托神人降世，提出许多改良政治，挽救社会危机的主张。例如统治者应该先以仁义道德治国，不得已时再施用刑罚；皇帝要重用贤良，疏远阴险小人；等等。这些主张既有为统治者出谋划策的内容，也反映了农民阶级的某些愿望和要求。作为一部宗教神秘著作，《太平经》书中还有许多关于养生成仙，使皇帝多有子嗣的方术，以及用符咒治病的巫术。

汉灵帝在认可道教经典的时候，万万没有想到，正是这部《太平经》成为导致大汉王朝崩溃的催化剂。东汉末年，朝政败坏，连年战乱，加上瘟疫肆掠，将百姓推到死亡的边缘。这时，巨鹿人张角便利用《太平经》传播道教，组织民众反抗汉朝的统治。张角自称“大贤良师”，侍事黄老之道，以符水咒说之术为人疗病，又分遣弟子八人出使四方，以“善道”教化天下，十余年间，信徒多至数十万。张角建立的教团被称作“太平道”。张角宣称：“苍天已死，黄天当立，岁在甲子，天下大吉。”意思是，汉朝政权（苍天）就要灭亡，代替汉朝的新政权（黄天）即将建立，到甲子年天下就会太平。

汉灵帝中平元年（184，恰是甲子年），张角发动起义。起义者皆头戴黄巾以为标志，故史称“黄巾起义”。经过十多个月激战，张角病死，起义军遭到残酷镇压。太平道的教团组织，后来也渐渐散亡了。黄巾起义是利用道教组织发动的第一次大规模农民起义，也是道教开始登上历史舞台的一个标志。

（二）五斗米道

五斗米道，是东汉时在西南巴蜀汉中地区（今四川及陕西南部）形成的另一个民间道教组织，其创始人为沛国（今江苏沛县）人张陵。相传，张道陵入蜀学道，精思炼志，汉顺帝汉安元年（142），有天神太上大道君（即老子）

降临蜀郡临邛县赤石城（今四川大邑县境内），授张道陵“天师”称号，并传以金丹秘诀。张陵学受此道，能治百病，于是百姓翕然奉事之以为师，弟子多至数万户。受道者各出五斗米，故又称五斗米道。张陵自称“天师”，其子张衡称“嗣天师”，张衡的儿子张鲁则称“系天师”，因此，后人把三张祖孙创立的这个道教教团又叫作天师道。

民间所传天师镇宅灵符

用来镇宅除煞，降妖伏魔。

相传，张陵或张鲁为了教化道民，撰写了《老子想尔注》一书。这本书以道教的教义改造《老子》思想。书中对老子所说的“道”加以神化，变成能发号施令的神灵。道的化身即老子，称作“太上老君”。劝导民众应奉道守戒，施惠散财，竞行忠孝，修善积德。又教人修习长生术，积精服气，保养精神，如此便可获得仙寿天福。

到了汉献帝初平二年（191），张鲁乘西南战乱，割据巴郡、汉中地区。张鲁政权在汉末军阀混战的间隙中维持了近三十年。到了公元215年，曹操率大军征讨汉中，张鲁便率家属及部下投降。张鲁降曹后，汉中地区大批民众随曹军北撤，迁居关陇、洛阳等地。这样，五斗米道的大本营便从西南转移到北方，成为魏晋时期道教的主要流派。

一般认为，东汉末年中原太平道和巴蜀汉中五斗米道的出现，是早期道教形成的重要标志。不过，道教从孕育到最后形成，却经历了一个较长时间的衍化和酝酿的过程。实际上，道教的胚胎早就在华夏大地上孕育了。古代的民间巫术和鬼神崇拜活动，道家的哲学理念，神仙家的养生方术，儒家、阴阳五行家的许多思想内容，以及汉朝以来的黄老思想、谶纬神说等，都被道教兼收并蓄，成为它的重要源头。道教的确是华夏土生土长的宗教。

作为帝王们，喜欢也好，厌恶也罢，道教毕竟在东汉年间产生了。而且，道教刚刚诞生，便与东汉皇权碰撞了，这当中有利用太平道直接反朝廷的黄巾起义，有投靠曹操的五斗米道张鲁。

暗八仙子母符印

代表天师或天神的权威，法师用以呼风唤雨、召神遣将、驱邪镇魔、超度亡灵。

桃木剑

剑身刻有北斗七星，为天师的法宝之一，可以驱邪伏魔。道教认为桃木为仙木，能避邪。即便是如今，人们也有挂桃木避邪的习俗。

二、淮南王刘安的茅山仙丹

秦皇、汉武的求仙闹剧，最终都以失败收场了。但是，由于他们的影响，秦汉时期的神仙迷信活动大为盛行，各种辟谷服食、炼丹作金、装神弄鬼的方术都得到大发展。汉武帝时的淮南王刘安，以及其后的汉宣帝、汉成帝、汉哀帝、王莽等西汉君臣都迷信鬼神方术，分别求药炼丹。祭祀黄帝、老子，养生求仙，在朝廷上下成为时髦风气。

西汉时的淮南王刘安一度迷恋神丹妙药。刘安是汉文帝的弟弟淮南厉王刘长的长子，袭封淮南王，与汉武帝同一时代，按辈分则是汉武帝的伯父。刘安以好仙炼丹著称，据说他有《三十六水法》，按此法，可化黄金为浆，饵服则可长寿。《汉书》还载，刘安“招致宾客方士数千人，作内书二十一篇，外书甚众，又中篇八卷，言神仙黄白之术，亦二十余万言”。

三茅真君

淮南王刘安听说三茅真君在丹阳郡句容山炼丹，便派人前去讨取。三茅真君是兄弟三人，老家在陕西咸阳，先是长兄茅盈入北岳恒山修道，悟道后隐身丹阳郡句容山（今江苏西南），潜心修道，采药炼丹，后来他的两个弟弟也相继来隐。兄弟三个都是“行炼丹点化黄白之术”的方士。相传，三茅真君因为丹阳地方受灾，点化丹阳铜以救灾民，后人便以煅粉点铜，称为“丹阳法”。据传，三茅真君在句容山长期炼丹修道，最后一同成仙了。后来，句容山也就因此更名为三茅山，简称茅山。当年，淮南王刘安获知三茅真君在炼丹，便设法索要到手。史书《淮南子》中就有“淮南王饵丹阳之伪金”的记载。

另外，《太清石壁记》一书，还有淮南王刘安得到“五石丹”的记述，说：“五石丹者，淮南王刘安好道，感仙人八公来授之，安以此方锡（赐）左吴，故得传之人世。”据说，五石丹是一种仙丹，“服之令人长生度世，与群仙共居。”五石，包括丹砂、磁石、曾青、雄黄、矾石，分别代表日月星辰的五星之精。这里，是把古代星辰崇拜引入炼丹术。古人认为，天上的星宿都是天神的化身，

炼丹术受这种信仰的影响，以所用之药上应天上星宿，以为如此服食便可成仙，“其药能令人长生不死。”刘安是否确实从“仙人”那里得到“五石丹”，我们姑且不管，但刘安的好丹及西汉时的炼丹术已具有一定的水平，看来是事实。

相传，刘安曾将从各处方士那里搜集来的仙方认真记录、整理，而秘藏于枕中，后来撰成《枕中鸿宝苑秘书》。

据说，淮南王刘安的那本《枕中鸿宝苑秘书》，曾传到刘向的手里。刘向是汉高祖之弟楚元王刘交的四世孙子，汉宣帝时任散骑谏大夫，汉成帝时任光禄大夫。刘向本人是个文学家，可他对炼丹造金也很感兴趣。刘向写过一本《列仙传》，对赤斧、主柱、任光等一批方士的活动都有记述。在读过《枕中鸿宝苑秘书》后，刘向便声称能制作黄金。汉宣帝令他去试作，但日复一日地过去了，他却始终没有把黄金做出来，结果因此而下了狱。《汉书·刘向传》对此有着记载。后来的炼丹家葛洪批评刘向，说：“（刘）向本不解道术，偶见其书，便谓其意尽在纸上，是以作金不成耳！”

从淮南王刘安以及刘向的身上，我们可以窥见汉室成员对道家仙药的癖好。

《淮南子》书影

三、曹操——道教天师的儿女亲家

一代枭雄曹操，他的起家就与道教有着密切关系。作为汉末重臣，曹操是在镇压利用太平道教发动的黄巾起义中发迹的，而张鲁率五斗米道投奔曹操，更使曹操与道教有了剪不断、理还乱的关系。

张鲁投靠曹操后不久，就把自己的女儿嫁给了曹操的儿子曹宇为妻。这样，五斗米道“系天师”张鲁的千金小姐，就成了曹操的儿媳妇。

张鲁和曹操结为儿女亲家后，也确实受到优待。张鲁的几个儿子，都受封为侯。张鲁的部下，阎圃、李休、李伏等也分别封侯。名将庞统随张鲁降魏后，颇得曹操器重，常委以领军重任。

魏太祖曹操

曹操如此优待张鲁家族及其部属，当然是意在收买；而五斗米道的中上层首领们对此则感恩戴德，于是便死心塌地地为曹魏政权效力了。张鲁家人发布的《家令戒》宣称：

> 昔汉嗣末世，豪杰纵横，强臣纷争，群奸相将，百有余年。魏氏承天驱除，历使其然，载在河洛，悬象垂天。是吾顺天奉时，以国师命武帝行天下。

这里，张鲁家人们对曹操在汉末军阀混战中消灭群雄的功绩大加吹捧，把曹魏代汉说成是天命所归，并且编造了大道（老君）命“国师”（张天师）辅助魏武帝曹操平定天下的谎话。于是，五斗米道脱离了下层道民，与曹魏政权的利益完全吻合了。正因这样，曹操在严格限制民间道教组织的同时，却承认和允许了五斗米道的存在。五斗米道也乘太平道被镇压之机，成为魏晋时期道教的正宗，受到曹魏皇室的呵护。

天地水三官大帝像　（明）彩绘

五斗米道信奉三官，经常作三官手书，打着为百姓治病的旗号，招揽道众。

曹操在对待道教的态度上，是具有两面性的。一方面，曹操亲眼看到黄巾大起义的风起云涌，对利用道教聚众造反的事，不能不有所警惕；另一方面，曹操也像秦皇、汉武一样迷信仙术，“好养性法，亦解方药”。为此，曹操曾将大批神仙方士召集到自己的身边，这既是为了防止他们在民间惑众作乱，也是试图利用他们的仙术，以达到延年益寿的目的。看来，曹操对道教是既控制又利用，是为我所用的实用政策。

那么，曹操到底是怎样与道家方士们打交道的呢？在曹操的身边，都聚集了一些什么样的术士？

汉末魏初，在社会动荡不安的情况下，出现了众多的方术之士，他们继承战国秦汉以来黄老神仙家的传

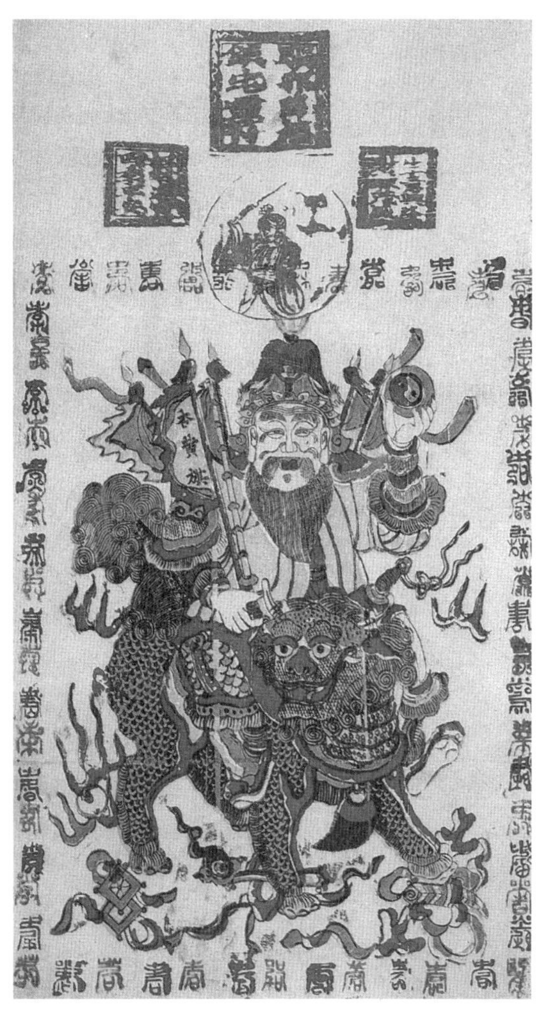

△民间流传的天师符箓

统，或潜伏民间，隐居山林，从事服饵炼丹、导引行气、守一思神等道术修炼，幻想成为长生不死的神仙；或奔走权贵之门，诈称数百岁人，以道术煽动人们，诱人信从。这些人也称道士，或叫“杂散道士”、“流移道士”，其道术及活动方式都与民间道教有一定的区别。一般说来，他们大多注重个人修炼成仙，而不太重视斋祀厨会之类群众性的宗教活动，只是在道术和经方秘诀的传授过程中形成某种师承关系。这类道士方术家，后人称为“神仙道教”或“丹鼎派”，以别于称作“鬼道”、“左道”、“妖道”或“符箓派”的民间道教组织。不过，在汉魏时期的一些史籍中，往往还是把神仙道教与民间道教笼统地称为“道”或“黄老”，因为实际上许多早期民间道团，最初就是由民间道士假托前代方士之名而创立的，其道术除符箓禁咒外，往往也兼行服饵养生之术；而所谓神仙道教，特别是早期流俗道士的道术中，也常常杂有占卜图谶、符箓魇胜，以至于御女房中、食粪饮小便等极其粗浅鄙陋的巫术。这两者之间错杂交织的联系，使外人很难对它们作明确的区别。因此，当曹操严格控制民间道教活动时，对神仙方士的活动也曾予以限制。

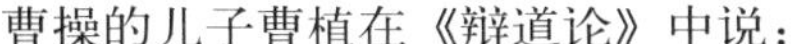

曹操的儿子曹植在《辩道论》中说：

> 世有方士，吾王（曹操）悉所招致，甘陵有甘始、庐江有左慈、阳城有郗俭。（甘）始能行气导引，（左）慈晓房中之术，（郗）俭善辟谷，悉号三百岁。本所以集之于魏国者，诚恐斯人之徒接奸诡以惑众，行妖慝以惑人，故聚而禁之。

当时，被曹操召至魏国的方士有十几人，除甘始、左慈、郗俭外，还有王真、封君达、鲁女生、华佗、东郭延年、唐霅、冷寿光、卜式、张貂、蓟子训、费长房、鲜奴辜、赵圣卿等，都是北方著名的方术之士。这些人中，有的能够行辟谷方术，有的擅长行气方术，还有以行房中术而著称的。据曹丕的《典论》说，当这些方士到达魏国时，魏国文人士大夫及官吏军将跟道士学习方术的很多，竞相练习辟谷吃茯苓、行气导引和房中之术，以致市场上的茯苓价格暴涨数倍，“众人无不鸱视狼顾，呼吸吐纳”。曹操从政治方面考虑，深恐这些有影响的方士与民间道教结合，煽惑人民，危及政权，因此采取“聚而禁之”的政策，把他们都招致魏国，限制其活动，不过曹操并没有杀害他们，而是养了起来。

曹操少时居于天柱山，他得知左慈精通方术，便召入魏宫。左慈到魏国时，人们争相跟随他学房中术，甚至连宦官也想尝试一下房中术，竟有太监严峻也前往探求房中奥秘。

我们来看看左慈。据载，左慈是庐江（今安徽省庐江）人，东汉末年著名道士。他通晓五经，兼通星相。在天柱山学道，遇有神人授《九丹金液仙经》，得到石室丹经，遂通炼丹之方。左慈出道之后，能驱使鬼神，变化万端，能辟谷，会隐遁术，还懂得房中密术。曹操把他召到魏国时，百姓听说后，或呼朋唤友，或携妻带子，争相上街，以求一睹风采。当时，不仅公卿大夫竞相跟随左慈学习房中术，甚至宦官严峻也在深夜悄悄溜去左慈寓所，讨教有关房中术的事情，以致返回时被人撞见，成为第二天街头巷尾的笑谈。据说，左慈后来到荆州，刘表想杀他；他又去见孙策，孙策也想杀他，都被左慈使用隐身逃遁之术躲过。后来左慈到江东隐居修道去了。

名医华佗在曹操手中的境遇，也很能反映曹操对待方士的态度。华佗是汉末沛地（今安徽亳县）人，他医术高超，又热心为百姓治病，所以在民间享有很高的声望。当时曹操患有“头风症”，常常发作，十分痛苦，经多方医治也没治好。他听说华佗的医道高明，便招到身边，华佗很快用针刺治好了曹操的病。曹操怕旧病复发，强留华佗做他身边的侍医。但已习惯在民间行医的华佗不愿久居官府，只做曹操的私人医生，就假称妻子有病而告假还乡。曹操多次去信催他返任，他一拖再拖，始终不肯回来。后来，曹操派人去查访虚实，并说华佗的妻子若果真有病，可赏赐粮米，延长假期。那人去了以后，发现华佗的妻子并没有病。曹操知道被戏弄后勃然大怒，以欺骗罪把华佗拘捕下狱，不久竟把一代名医给杀害了。

汉末名医华佗

曹操把天下方士集中在自己的身边，并给予优厚的待遇，许多人认为，其目的在于对这些人进行严密监视，防止他们煽动造反，这种说法的确不无道理。但从曹操与方士接触的情况看，建立方士“集中营”的目的还不仅仅是软禁他们，曹操也有很大的成分是在利用这些在服气、导引、辟谷、炼丹、房中术诸方

面具有特长的人物，利用道家方士的“神话”为稳固他的统治根基服务，利用“养性法”、“方药”为他的身体健康、长生不老服务。因此，可以说曹操广招天下方士，既为政治上的控制，也为生活上的利用。

东吴大帝孙权

四、孙权与“葛仙公”的隐秘情结

三国时期的东吴，先是孙策怒杀道士于吉，后来其弟孙权却亲近道家方士，这形成了鲜明的对比。

于吉，是汉末吴初的太平道教道士，精通方术，具有很高的声望，在东南影响很大。据说，孙策因忌惧于吉的威望，不听母亲劝阻，执意杀掉这个高道。《三国志·孙策传》载：

> （孙策据江东）时，有道士琅玡于吉，先寓居东方，往来吴会。立精舍，烧香，读道书，制作符水以治病，吴会人多事之。策尝于郡城门楼上集会诸将宾客，吉乃盛服，趋度门下。诸将宾客三分之二下楼迎拜之，掌宾者禁呵不能止，策即令收之。

当时，孙策的母亲曾出来说情，说：“于先生亦助军作福，医护将士，不可杀之。”可是，孙策却说：“此子妖妄，能幻惑众心，使诸将不顾君臣之礼，不可不除也。”当即催令斩杀，并将于吉的头颅悬挂市众。

孙策于建安五年（200）死去，其弟孙权继位，成为东吴大帝。由于孙权本人迷信神仙方术，吴国从此不再对方士活动进行限制，反而采取了放任纵容的态度。

在东吴，流传着这样一个说法：从前的秦始皇派徐福率数千童男童女出海寻找蓬莱的神山和仙药，可是他们未到蓬莱，而到了海中的亶洲，从此一去不复返。其子孙数万户至今还住在那里，他们还经常去会稽买布。会稽以东的县里，也有人偶尔在海上遇到台风而漂流到亶洲，但因为很远，一般人是去不了的。孙权听了这个故事，很感兴趣，于黄龙二年（230）派将军卫温和诸葛直率武装士兵几千人去亶洲和夷洲，希望在那里找到仙药。可是，卫温等人只去了夷洲，仅从那里带回数千居民。孙权采取仙药的愿望成为泡影。夷洲和亶洲相当于今天什么地方，说法不一，但一般认为，是中国台湾、菲律宾一带。所以，史学家们基本公认，东吴的孙策派人海上寻访仙药，结果找到了台湾岛。

孙权对道家方士很迷信。《三国志·吕蒙传》说：东吴大将吕蒙病重时，孙权亲往探视，“命道士于星辰下为之请命”。由此可知，孙权十分信仰星辰。

据《神仙传》卷二载，孙权尊崇会稽方士介象，遣派使者召至东吴宫室，称为介君，诏令设立专门的宅舍，赏赐黄金，随从他学习隐形术。相传，孙权学会隐形术后，为试验其效果，真的使用起来，出入后宫和御殿大门，“莫有见者”。这究竟是不是事实不得而知，但介象被后世列为神仙却是真的。

有关孙权与葛玄的神异传说，更反映了孙权尊崇道士迷恋仙术的心理。葛玄，是丹阳句容（今江苏省）人，出身于东吴士族家庭，早年曾拜左慈为师。左慈是不堪曹操的逼迫，于建安末年逃到江东的，他入茅山洞穴中造宫室，炼丹修道，葛玄慕名入山，拜师学道。左慈很赏识葛玄，将《九丹金液仙经》传授给他。葛玄不久即成为东吴的著名方士，相传他常服辟谷术，经年不饿；擅长治病，能使鬼魅现形，或杀或遣；又能坐薪柴烈火上而衣冠不灼，或酒醉潜入深水中卧睡，酒醒而出，身不濡湿；还能分形变化，善使符书。孙权听说葛玄精通仙道，神通广大，便把他招致京都建业（今南京），以客礼相待。

更有这样的神话传说：一次，孙权与葛玄二人一共游宴，见道旁有民人求雨。孙权问：“百姓请雨，安可得乎？”葛玄说：“易得耳。”即书符置于神社中，顷刻之间天地晦冥，大雨流注中庭，平地水深达一尺多。孙权又问：“水中可使有鱼乎？”葛玄又书写一符投入水中，一会儿，便有百十条大鱼游于水中，各长二三尺。孙权命人捞出烹治，果然是味道鲜美的真鱼。传说有一人随风飘海，忽遇神岛，见人授书一函，题曰“寄葛仙公”，令归吴后送达葛玄。于是，葛玄被尊称为“仙公”。

据杜光庭的《历代崇道记》载，孙权在天台山建造桐柏观，让葛玄居住。还在富春建崇福观，在建业造兴国观，在茅山修景阳观，这类道观总共兴建了39个，又度道士800名，全部归葛玄一人统领。葛玄则曾在天台山将《灵宝经》授予孙权。

孙权还于东吴赤乌二年（239），在方山专门建造了一个洞玄观，让葛玄根据金丹仙经炼制丹药。方山，在今江苏省江宁县东南，秦淮河东岸，山的四面等方，孤绝耸立，故名方山。葛玄在孙权的安排下，进行长时间的炼丹实践，进一步丰富了炼丹知识和经验，单独创造出一些新的丹药制作方法，这些，在葛玄的从孙葛洪的《抱朴子》一书中都有反映。至于孙权最后有没有服食葛玄炼出的丹药，或服用后效果如何，史书尚缺乏记载。东吴赤乌七年（244），葛玄去世，人们传说他已升仙，在天上被授予“太极左仙公”之职。

有其父必有其子。孙权迷信仙道，其子也是兴趣不减。孙权的太子孙登，因重病早逝，他在赤乌四年（241）临死前上书孙权，说："愿陛下弃忘臣身，割下流之恩，修黄老之术，笃养神光，加馐珍膳。"做儿子的都快要死了，还忘不了敬附父皇信守仙道。孙权的另一个儿子吴景帝孙休也笃信道家方术，曾招来方士吴春，亲自考验其辟谷之术。

在孙权的提倡下，江东一带的神仙道教迅速发展，大批方士聚集在东吴这个宽松的环境下。除了介象、左慈、葛玄外，还有不少方士道家自北南来。据《牟子·序传》称：吴国统治下的交州，"北方异人咸来在焉，多为神仙、辟谷、长生之术，时人多有学者。"还有，江东丹阳的茅山以及会稽一带，山水秀丽幽静，北方道士到这里修炼的也大有人在。如建安初京兆人杜契渡江投靠孙策，后来被孙权用为立信校尉。这个杜契，在黄武二年（223）跟随会稽方士介琰学道，学会黄白之术，"久之能隐形遁迹"。后与徐宗度、晏贤生等方士隐居茅山。

以修道炼丹著称的仙人李八百，在东吴影响也不小。据《神仙传》记载，东汉三国之际，巴蜀地区有许多李姓方士，如李八百、李阿、李意期等。相传，昌利治（今四川金堂县）是李八百修道炼丹、成仙飞升之处，平冈治（今四川新津县）是李阿学道得仙处。李家道成为汉末蜀中流传的一个方士集团。东吴时，有人冒称李八百，到江东传播李家道。对此，葛洪在《抱朴子·道意篇》中记道：

> 吴大帝（孙权）时，蜀中有李阿者，穴居不食，传世见之，号为八百岁公……后有一人姓李名宽，到吴而蜀语，能祝水治病颇愈。于是，远近翕然，谓宽为李阿，因共呼之为李八百，而实非也。自公卿以下，莫不云集其门。

由此可见，东吴时期，李家道由蜀人李宽传入江东，其信徒已达到一呼百应的地步。上自公卿，下到吏民，纷纷拜倒在"李八百"门下，无非是为了"服食神药，延年驻命"，以求"不死之法"。

孙登，临死仍劝父王孙权修黄老之术

李八百，以修道炼丹著称的仙人

五、两晋后宫：“金屑酒”“长生药”及“求子术”

两晋时期，皇室内外弥漫在神仙道教的氛围之中。这个时期的道家方士们，遇上了靠近朝廷的“天时”。

所谓“天时”，就是社会的大动荡。魏晋时期，掌握政权的是从东汉世家大族发展而来的门阀士族地主阶级。这个统治阶层在经济上享有优厚的特权，政治上垄断权位，生活上奢侈淫逸，精神上空虚无聊。腐朽的门阀专制统治，不仅使世家大族坠落为社会的寄生虫，而且严重败坏了社会风气，导致了社会持续的动荡不安。宫廷政变，八王之乱，流民起义，五胡兴兵，此起彼伏，而最终以孙恩起义结束了偏安江左的东晋小朝廷。这个战乱频繁，干戈扰攘，充满贫困、苦难和死亡恐怖的时代，为神仙方术的滋生和泛滥提供了温床。不仅普通民众需要神仙宗教思想来抚慰饱受创痛的身心，表达祈福消灾，解脱贫病疾苦，渴求太平的愿望，而且，就统治阶级而言，他们在激烈的内讧和互相杀夺中，也往往朝不保夕，死于非命，他们看不到前途何在，恐惧、哀伤、绝望的情绪像乌云一样笼罩在心上。当时的人们普遍存在着大化流衍，逝者无息的感慨，哀叹生命短促，繁华无常，欢乐少有，悲苦良多。于是，对生离死别的忧患，对长保享乐生活的梦想，对精神超脱的追求，对人生命运的探索，成为士大夫阶层最关心的问题。

神仙道教在满足门阀士族精神需要方面，有其独到之处。神仙方士们以养生度世为务，认为通过方术修炼便能长生不死，羽化升天，做自由快乐的神仙。他们闲散避世，采药名山，炼丹服食，怡神养性，清虚自守，海阔天空地幻想神奇缥缈的神仙境界。这样的生活正适合门阀士人的需要和情趣。魏晋名士不仅谈玄、谈佛，神仙养生也成为其谈资之一。如嵇康其人，史书称他“常

高逸图

魏晋时期盛行玄学，崇尚清谈。作为真正的本体伦哲学，玄学受道家影响颇深，最终演化出独特的概念体系和范式。该图描绘了竹林七贤（局部）的高逸形象。

修养性服食之事。弹琴吟咏，自足于怀。以为神仙禀之自然，非积学所得，至于导养得理，则安期、彭祖之伦可及，乃著《养生论》。”据说嵇康采药入山，与著名道士孙登相遇，从游三年，自愧不如。这种雅好服食，采药炼丹，养生避世的风气，至东晋以后越发盛行开来。

▲嵇康，常修养性服食之事

经过道家方术士的再三鼓吹，晋代的帝王贵族对“服金者寿如金”的说法笃信不疑。晋代有个大炼丹家叫葛洪，对西汉方士李少君提出的以金为饮食器可益寿的思想，对东汉炼丹家魏伯阳“金性不败朽，故为万物宝，术士服食之，寿命得长久”的思想，进一步地发挥，主张“假外物以自坚固”的道理，在他的《抱朴子·内篇》中解释说：“夫五谷犹能活人，人得之则生，绝之则死，又况上品之神药，其益人岂不万倍于五谷耶？……黄金入火，百炼不消，埋之毕天不朽。”服之则“炼人身体，故能令人不老不死。”这种希图把黄金的抗蚀性机械地移植到人体中去以求长生的天真想法，在当时的确迷惑了一些人，而上大当的则是有权有钱能够弄到贵重黄金的帝王贵族们。

在晋朝，帝王后妃们别出心裁，在道教炼丹家服金思想的指导下，把黄金切割成细末，拌入酒中饮食，起名叫“金屑酒”。这大约是中国古代酒文化、饮食文化中独具特色的一种高价美酒了！然而，事与愿违，酒不醉人金醉人。“金屑酒”不仅没有给晋朝帝后带来长寿，反而摧残了这些金枝玉叶。正如明朝大医药家李时珍在《本草纲目》中所说的：人为“血肉之躯，何能堪此重坠之物久在肠胃？”终于发生了“晋贾后饮金屑酒而死”的悲剧。

▲魏伯阳，炼丹修仙

晋贾后，指的是西晋的第二个皇帝惠帝的皇后。《晋书·后妃传》记载，这个贾皇后，生活上荒淫放荡，皇帝是金屋藏娇，她来了个金屋私藏美男，同床共枕后还少不了赏赐。这男子出城时被查出携带有皇宫御用衣物，结果皇后的绯闻传遍京城。如此荒淫的皇后，自然更看重性命，总想永远享受这花天酒地般的生活，恰有方士进献“金屑酒”，正投贾皇后渴望长生永保花容月貌之下怀。不料，悲从喜出，贾后服下“金屑酒”，立刻一命呜呼了，长寿酒竟变成了催命酒。

东晋的哀帝还曾发生过服丹中毒事件，他大约是中国历史上第一个受“长生药”所害的皇帝。对此，《晋书·哀帝纪》说：晋哀帝“雅好黄老，断谷，饵长生药。服食过多，遂中毒，不识万机。”这一记载，出于正史，因此晋哀帝丹药中毒之说是完全可信的。

晋哀帝的孙子简文帝尤其信奉道家方士，并通过方术求嗣，使李太后怀上孝武帝。关于这件事，史书上有三种记载。

第一种说法是，清水道师王濮阳为简文帝祈请得子。据说，简文帝曾拜王濮阳为师。清水道是五斗米道的支派，托为张天师家奴所创，以清水为人治病。《三洞珠囊》卷一引《道学传》载：

东晋简文帝司马昱

> 晋简文即废世子，而无后息。（王濮）阳时在第，密为祈请。三更中有黄气起自西南，迳坠室。尔夜李太后即怀孝武。冥道之力。

这段文字，十分明白地记述了道师王濮阳为简文帝三更求嗣，就在这天夜里，李太后怀上孝武帝。

第二种说法是，有相善术士在后宫发现佳丽，挑选出李太后，而使简文帝后继有人。《晋书·孝武文李太后传》载：简文帝初为会稽王时，有三个儿子全都夭折。其后，诸姬绝孕将近十年，简文帝为此曾向道士扈谦、许迈求教，可是几年过去了，还是不得皇子。简文帝很是着急，又找来善相者，遍看宫中丽人，发现宫人李陵容（即李太后）形貌异人，随即向皇帝推荐，简文帝即召李陵容长期侍寝，终于生下孝武帝司马曜及其弟司马道子（后继为会稽王）。

第三种说法是，道士杨羲、许谧等向简文帝进献求嗣之法见效。道书《真诰》记载，当简文帝为会稽王时，道士杨羲为府上的舍人。杨羲与道士许谧、许翙父子二人交往密切。简文帝对许谧一家也“久垂俗表之顾。”因此，杨、许诸人也曾参与为简文帝求嗣之事。《真诰》卷八即载有，杨羲、许翙在辛酉年（361）书写的求嗣之法，简文帝就是按着此法，而使李太后怀孕的。

三种说法虽然互有出入，不太一致，但看来简文帝能有后来的孝武帝这样一个继承人，这中间有道家方术士们“求子术”的参与肯定是真的。

东晋孝武帝司马曜及其弟司马道子，其出生就已披上了一层神秘的仙道色彩，他们当权后，生活糜烂，政治腐败，也佞信佛道。孝武帝晚年“溺于酒色，始为长夜之饮”。这个皇帝曾举酒哀叹：“自古何时有万岁天子？！”借酒发泄其企求长生而又不可得的悲伤感情。司马道子也非常昏聩腐败，“用度奢侈，下不堪命。”

孝武帝与司马道子尤其亲暱女尼、女道。《晋书·王恭传》称："淮陵内史虞姚子妻裴氏，有服食之术，常衣黄衣，状如天师，道子甚悦之，令与宾客谈论，时人为之降节。"晋朝的帝王们，与女尼、女道打得不可开交，如此喜好仙道真可以说是到家了！

这里顺便说一下，为简文帝求嗣的许迈，还和大书法家王羲之交往密切。王羲之因其书法"飘若浮云，矫若惊龙"，而被尊为"书圣"，这是世人皆知的，但他奉道求仙，乃至深山服食、远游采药诸事，恐怕就有人不太知晓了，甚至还会怀疑如此聪慧的大名家怎会干这等糊涂事？可这是事实，王羲之的确好道，而且还奔波于野山寻找不死之药。《晋书·王羲之传》载：

> "羲之雅好服食养性，不乐在京师，初度浙江，便有终焉之志。会稽有佳山水，名士多居之，谢安未世时亦居焉。孙绰、李充、许询、支遁等皆以文章冠世，并筑室东土，与羲之同好。"

与王羲之交游的这些人物中，谢安、许询是著名的清谈名士，支遁是佛教名僧，孙绰是奉佛的士族分子，王羲之本人则奉道教。他们彼此引为同道，向往隐遁山林、服食养性、清淡优游的生活。王羲之为此而辞官，"与东土人士尽山水之游，弋钓为娱。"特别是，王羲之与道士许迈"共修服食，采药石不远千里，遍游东中诸郡，穷诸名山，泛沧海。叹曰：'我卒当乐死。'"把与许迈一同修炼野山采药当成人生最大的乐事。

王羲之的几个儿子也都信道奉仙。他的次子王凝之，仕任会稽内史，因笃信"大道"，而城破身亡。当时，孙恩起义军攻打会稽，部下纷纷请求备战，"凝之不从，方入室请祷，出语诸将左曰：'吾已请大道，许鬼兵相助，贼自破矣。'既不设备，遂为孙恩所害。"还有，王献之病重时，他的家人不是设法求医治疗，而是为他上章首过，他的哥哥王徽之竟还乞求道师作法，愿意代替弟弟去死。王羲之家族的种种举动，集中反映了两晋时期士族上层社会信奉仙道的风气。

△东晋大书法家王羲之，雅好服食养性

六、刘宋小朝廷与道士陆修静

从东晋进入南朝，道教从民间宗教进一步地向士族神仙道教演变。南朝的第一个政权——刘宋小朝廷，尤其笼罩着巫师仙道的影子。

刘宋的第三位皇帝宋文帝，笃信仙道。著名道士陆修静受到统治者的重视，并召入宫中，便是从文帝开始的。

陆修静，相传是三国时东吴丞相陆凯的后代，虽然出身士族，幼读儒书，但性喜道术，常入忘我境界。婚后仍然“别床独处”，后来干脆离开妻子入山修道。为搜寻道书、寻访仙踪，足迹遍及南部的衡山、熊山、九嶷、罗浮等名山，西至巫峡、峨眉山，得到不少真经秘诀，名声因此越来越大。

宋文帝晚年，大约是在公元452年前后，陆修静到都城建康卖药，被宋文帝访知，于是派人召入宫内。宋文帝以礼相待，恭听陆修静讲论道法，就连宋文帝的母亲也向他行弟子礼。陆修静在宫中“讲理说法，不舍晨夜，孜孜诱劝，无倦于时。”这是他首次受到皇室的重视。

就在陆修静入宫讲道的同时，有女巫严道育也步入了刘宋朝廷，她是宋文帝的太子刘劭及其姐姐东阳公主、弟弟刘濬等请来搞谋逆篡杀的。《宋书·二凶传》载：女巫严道育入宫后，用玉人做成宋文帝的样子，埋于皇宫的含章殿前，后来由宦官告发，宋文帝搜出埋在地下的塑像，并从太子刘劭、弟弟刘濬那里搜得几百张纸，都是些诅咒巫蛊之言。

身为皇子，刘劭、刘濬二人敬事女巫，并以巫蛊之术讥咒文帝，事情败

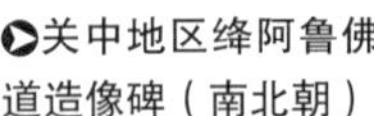
关中地区绛阿鲁佛道造像碑（南北朝）

道教服饰

传说道服传自老子，其实是由陆静修创建的。

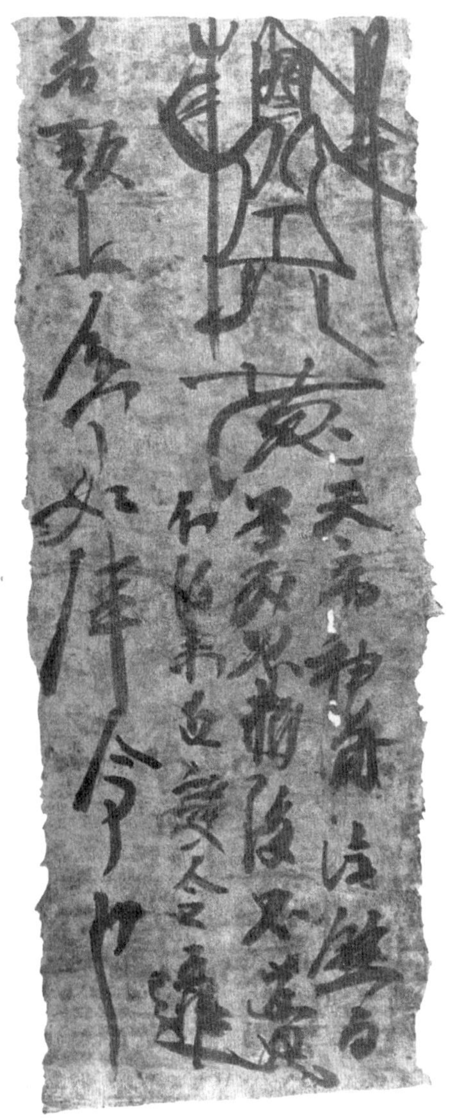

△道教符箓（南北朝）

此符为道教祈禳平安的用品之一。常常以“急急如律令也”收尾。

露后又掩护女巫严道育逃跑。宋文帝因此震怒，要把刘劭、刘濬一同废杀，两位皇子得知这一消息，先下手为强，遂弑父篡位，酿成了“太初之难”。

皇子刘劭及严道育等一伙人后来虽然被诛杀了，但刘宋初年所形成的小康局面从此由盛转衰，皇室内部陷入不断的内讧残杀之中，在这种人心难测的情形下，统治阶级也更加迷信宗教。我们可以看到，宋文帝以后的几位皇帝都相信巫术，孝武帝曾让巫师为他召唤死去的爱妃，前废帝“于华林园竹堂射鬼”，又令后堂道士殳季真从剡县马朗家取出《上清经》拿入宫内，在华林园开看。宋明帝即位之初，因皇室内讧，“开昭太后陵以为魇胜”，“末年好鬼神，多忌讳。”明帝不仅信巫，而且迷信佛道二教。正是在这样的背景下，陆修静作为当时著名的道士，在晚年又受到皇室的格外宠遇。

当初，在刘宋发生宫廷政变事件后，皇室内部互相残杀，人心骇疑，陆修静遂拂衣而去，离开了内宫。孝武帝大明五年（461），陆修静游至庐山，他仰慕这里的胜境，便于该山东南瀑布岩下构造精庐，隐居修道。陆修静在庐山隐居数年，名声远播。他在庐山上精心构筑的简叙馆，馆中有众多门徒随从修行，这已经初步具有了后世道观的规模。

宋明帝即位后，于泰始三年（467），派人把陆修静迎请回来，并向他询问道教在民间的活动情况。陆修道以实相告：“不瞒陛下说，自张鲁之后，江南一带天师道组织涣散科律废弛，如果不进行整顿，势必由此衰落下去。”明帝说：“朕听说北魏寇谦之在太武帝支持下大力改造天师道，平定北方，国力日盛，希望你能效仿寇神仙，整顿我大宋道教。朕已下令在天印山为你建筑崇虚馆，你们放手去做吧。”

崇尚仙道的宋明帝，为陆修静在京师建立了崇虚馆。此后十年，陆修静在崇虚馆中潜心著述，完成了《三洞经书目录》的整理编纂，从而为后世修纂《道藏》奠定了基础。与此同时，陆修静大胆吸收佛教的有关教仪，又兼顾儒家礼仪制度，编成了新的道教斋醮礼仪制度，使道教更加适合上层统治者的口味。经陆修静改革后的天师道，被称为“南天师道”。

陆修静还曾亲自用道术为宋明帝治病。那是泰始七年（471），当明帝生病后，陆修静亲率道士建造了三元露斋，也叫涂炭斋。据陆修静在《洞玄灵宝五感文》中的自述，涂炭斋“以苦节为功”，须在露地立坛，安置栏格，斋者用黄泥涂额，被发系著栏格，反手自缚，口中衔璧，覆卧于地，开两脚相去三尺，叩头忏谢。一次斋事要连作36日。如此痛苦的斋事，一般人是难以忍受坚持的。为此，陆修静特地作了“五感文”，以作为修斋者的精神支柱。所谓“五感”：一感念父母生我育我之辛劳；二感父母为我而受三涂之苦；三感人生的迷误苦痛；四感太上众尊、大圣真人的开化拯救；五感我师的开度之恩。据说，有此五感之心，便能自甘忍苦，“冻身切骨，不觉为寒；崎岖巇巇，不以为难。心怡情悦，故无所惑。”这真是宗教狂热者嗜痂成癖，以自虐为乐的畸形心理。即便这样，从容受罪者也大有人在，参加陆修静所主持的斋会者，就达百人以上。相传，设斋祈祷期间，真的出现了黄气升高十余丈的奇瑞，不久宋明帝的病就好了。

陆修静在刘宋朝廷的这些活动，不仅使道教的“教法大备”，建立完善了经典教义及科戒仪式，而且扩大了道教在社会上，特别是在统治阶级中的影响。名士孔稚珪称赞陆修静“道冠中都，化流东国。帝王禀其规，人灵宗其法”。

宋废帝元徽五年（477）的一日清晨，已是72岁的陆修静对弟子们说：“多年来，宋帝对我道教皇恩浩荡，才有今天的兴盛。虽然我多次提出归隐庐山，但皇上不准。昨夜我接太上老君之命，说我在这里要做的事情都已做完，是回庐山的时候了。你们尽快为我准备车马吧。”几天后，车马尚未启程，弟子们发现师父已在崇虚馆坐化而去。弟子于是将陆修静运回庐山安葬。宋废帝听说后，下诏谥封陆修静为“简寂先生”。

在刘宋时期，不仅宫中帝王信奉仙道，内外大臣服食丹药的也大有人在。《宋书·刘怀慎传》记载，益州刺史刘亮服食修道，谋求长生不老，并请来武当山道士孙道胤为他烧炼丹药。丹药炼制出来后，孙道胤说药虽炼成，可是还没有出火毒，暂时还不能服用。刘亮却是急不可待，他不顾劝阻，天还没亮就打开城门，取来井水服食仙药。到吃早饭的时候，刘亮便觉得心痛如刺，不大一会儿的工夫，便丧命归天了。

关中地区辅兰德道教造像碑（南北朝）

七、梁武帝的“山中宰相”：茅山道士陶弘景

南朝的著名道士陶弘景，他81岁的一生，历经了宋、齐、梁三个朝代，而主要活动于南齐和梁武帝萧衍统治时期。陶弘景虽隐居深山，却又为梁武帝顾问政务，成为“山中宰相”，这一帝一道为人们留下了许多史话。

陶弘景，是丹阳秣陵（今江苏南京）人，出身江南士族家庭。据说他的母亲郝氏曾梦见两位仙人手执香炉来到居室，因而怀孕。陶弘景长成后，相貌伟岸，与众不同。他额头高隆，眉清目秀，耳朵长有两寸长的毛，右膝盖上几十粒黑痣排列成北斗七星的图案。

陶弘景4岁就能认字，9岁读遍儒家经典，10岁时得葛洪《神仙传》，昼夜研读，萌发养生之志，曾对友人感叹说：“仰青云，睹日月，不觉为远矣。”16岁时，陶弘景不仅读书万余卷，而且善琴棋，工草隶，精通阴阳五行、风角星算、山川地理、方图产物、医术本草，成为江东有名的才子。

陶弘景

陶弘景收集注释的《真诰》是道教最重要的经典，编注的《真灵位业图》则排列出庞大而完整的神仙谱系。这两部书对道教走向完备和成熟有巨大的贡献。

不过，由于陶弘景的青少年时代正处在刘宋统治集团争权夺利的不断纷争之中，所以尽管才高八斗，仕途却并不顺利。他20岁步入仕途，却屡屡受挫，于是在30岁左右的时候，开始研习仙道。

向陶弘景传授神仙道术的，是南朝著名道士孙游岳。孙游岳是陆修静的得意门徒。刘宋泰始年间，陆修静入京为崇虚馆主，孙游岳前往随从学习，得授三洞经箓及杨羲、许谧手书的上清经诀真迹。齐永明二年（484），孙游岳奉诏为京师兴世馆主，代替其已故师傅掌管教导，直至永明七年（489）去世。据说当孙游岳在京时，士族文人纷纷与他交往，“服膺受业者常数百人”。当时，陶弘景正在京师，相继出任齐巴陵王、安成王、宜都王等诸王侍读，并兼管诸王室牒疏章奏等文书事务的书记职务，他一面做官，一面修行，也往从孙游岳学道，并且“特蒙赏识，经法诰诀，悉相传授”，成为得到真传的入室高足。陶弘景在接受孙游岳传授的道教经典的同时，又遍访江东各郡名山，会见隐逸道士，成为上清经的重要传人。

本来，按陶弘景的想法，凭着他自己的实力，到40岁时，在朝廷应该能做到尚书郎。实际上，到了36岁还是一个六品小文官。这使陶弘景感到灰心泄气，对着友人发牢骚说：“不如早去，免得以后自寻其辱啊！”于是，在永明十年（492），陶弘景毅然辞去全部官职，正式隐居江苏茅山，自号华阳隐居，开始了他后半生40余年的归隐山林

修道炼丹的生涯。由于他学识渊博，著述甚多，又是从官场隐退下来的，所以齐梁两朝公卿大夫都很敬重他，纷纷跟随他学道。

梁武帝萧衍

陶弘景虽然深居茅山，不与外人交游，却也关注着山外政局的变化发展。当他辞官隐退后不久。南齐的政治便又步刘宋后尘，陷入了统治集团内部不断的自相残杀之中。在这种情形下，雍州刺史萧衍乘机于永元三年（501）自江陵起兵，并于次年代齐称帝。说起萧衍的称帝，陶弘景起了不可忽视的作用。

陶弘景与梁武帝早年就有交情，当他得知萧衍起兵，心中暗暗叫好，立即派弟子戴猛奉表前往表示拥戴。第二年，萧衍讨论国号，要建立自己的王朝，陶弘景又假托神旨，援引图谶数处，皆成“梁”字，令弟子进献，说“梁”是应运之符，显示神授皇权，被萧衍采纳，遂以“梁”为国号，萧衍就当上了梁武帝。

由于陶弘景在齐梁禅代之际的功劳，梁武帝即位后，对他“恩礼愈笃，书间不绝”。梁武帝多次请陶弘景出山做官，都被婉言谢绝。陶弘景说：“圣上的恩宠贫道心领了。我已是归隐之人，以侍奉道祖为唯一宗旨，大道才是我最后的归宿。请圣上不必勉强。”后来，陶弘景为了表明自己的心志，让使者给梁武帝带去了一幅图画。梁武帝打开一看，见纸上画有两头牛，其中一头无拘无束，逍遥自在，在水草丰美的田野上游荡；另一头虽然头戴金笼头，却被人牵着鼻子走。梁武帝看后，百般感慨地对百官说：“陶先生真是超凡脱俗的神人啊!”从此对陶弘景愈发敬重，绝不再提做官之事。

天监十三年（514），梁武帝敕命在茅山为陶弘景建立朱阳馆，以供居住。天监十五年（516），朝廷又为陶弘景建造太清玄坛，“以均明法教。”梁武帝晚年虽然崇信佛教，并在同泰寺举行舍身供养，但同陶弘景的亲密关系依然如故。陶弘景亲手打制两把钢刀进献给梁武帝。梁武帝也不时派人探视陶弘景，“国家每有吉凶征讨大事，无不前以咨询，月中常有数信。”茅山道士陶弘景，居然成为梁武帝眼中一位很有身价的政治顾问。皇上如此，朝中文武百官对陶弘景更是敬重有加，因此，世人都把陶弘景戏称为“山中宰相”。

陶弘景在茅山隐居的后半生，整理弘扬上清经法，撰写了不少重要的道教著作。其中主要的有三部：一是《真诰》，这是一部专门记述道教上清派早期教义、方术及历史的重要著作；二是《登真隐诀》，这是一部抄撮《上清经》中有关方术秘诀，专门论述上清派养生登仙之术的道书；三是《养性延命录》，其内容也是引述魏晋诸家道书，专言养神、长生、成仙的方术。

服饵炼丹，是陶弘景仙道思想中的重要内容之一，他十分重视这一方术，进行了长期不懈的炼丹活动。陶弘景为把丹炼好，曾化名外出，到浙江、福建各地寻找合适的炼丹处所，最终还是选中了茅山。在得知陶弘景准备炼制金丹却缺少药物后，梁武帝立即派人送去黄金、朱砂、曾青、雄黄等原料，供陶弘景使用。据《华阳陶隐居内传》载，陶弘景在梁武帝的支持下，在20年间共实验7次，前6次都相继失败了，最后一次开鼎，“光炁照烛，动心焕目”，丹终于炼成了。金丹炼好后，看上去色如霜雪，梁武帝还亲自服用，以试效果。

《南史·隐逸下》对梁武帝赞助陶弘景炼丹的情况作了这样的记载：

▲道像石（南北朝）

> 弘景既得神符秘诀，以为神丹可成，而苦无药物。帝给黄金、朱砂、曾青、雄黄等。后合飞丹，色如霜雪，服之体轻。及帝服飞丹有验，益敬重之，每得其书，烧香虔受。

看来陶弘景能够成功地炼丹，重要的一点是有梁武帝的大力支持，而梁武帝之所以长期地资助陶弘景的炼丹活动，则是在期盼着仙丹出炉，用以服食长生。从史书记载看，梁武帝还真的服用了陶弘景炼制的“飞丹”，而且效果不错。

有梁武帝的带头尊崇，陶弘景的名声更大了。梁朝的各位王公显贵，如昭明太子萧统、简文帝萧纲、邵陵王萧纶等，对陶弘景都“甚敬异之”。萧纲任徐州刺史时，曾召请陶弘景到后堂相叙，二人一谈就是几天。当陶弘景去世后，萧统、萧纶亲自为其撰写碑铭和墓志。贾嵩的《华阳陶隐居内传》载：“齐梁间，侯王公卿从先生授业者数百人，一皆拒绝。唯徐勉、江佑、丘迟、范云、江淹、任昉、萧子云、沈约、谢瀹、谢览、谢举等，在世之日早申拥慧之礼；绝迹之后，提引不已。”这些人物，都是南朝最著名的文人权贵，他们纷纷拜倒在陶弘景门下，足见其声望之显赫。

茅山道士陶弘景

桓闿——陶弘景的徒弟

经过陶弘景数十年的经营，茅山作为上清派基地的名气越来越大，不仅陶弘景的学识、名气远播，而且他以后的茅山传人也大都是较有学问和名气的上清道士，从而使茅山一直保持着它在上清派中的中心地位。据说，陶弘景的弟子多达3000余人，他们分布在江南各处，有不少充任道馆的馆主。他们或隐居，或炼丹，也与梁武帝时有来往。如京师建康的崇虚馆，原是宋明帝时为陆修静建造的，梁时陶弘景曾予重修，不久由张绎为馆主，张绎是梁武帝崇信的道士，曾向陶弘景求教探讨佛道二教的教义。又有陶弘景的弟子潘洪，隐居始宁四明山，出任四明山馆主，陶弘景曾经应潘洪之请，撰写《吴太极左仙公葛公之碑》。潘洪的弟子张道裕，据称为张天师十二代孙，梁武帝时在虞山建起招真馆，简文帝为其撰写了《招真馆碑》。还有余姚太平山馆主褚仲俨，也是陶弘景的弟子。除陶弘景嫡传的以茅山为中心的道教上清派外，南朝江南各地还有不少奉三洞经法的道士，也得到梁武帝的赏识。《南史·隐逸传》载，道士邓郁在南岳“辟谷三十余载，唯以涧水服云母屑，日夜诵《大洞经》。梁武帝敬信殊笃。为帝合丹，帝不敢服，起五岳楼贮之供养，道家吉日供养礼拜”。

陶弘景81岁那年，有一天忽然预感到自己就要飞升了，于是事先给弟子们写了《告逝书》。不久，便在茅山居所无疾而终。等到弟子们发现时，陶弘景颜面如生，肢体伸屈如常，庭中香气累日，氤氲满山。梁武帝颁下诏书，封陶弘景为“中散大夫”，谥号“贞白先生”，派遣中书舍人监护丧事，葬于雷平山。

八、“太平真君”北魏太武帝宠遇道士寇谦之

南北朝时期的北魏，是塞外少数民族鲜卑拓跋氏建立的政权。自386年在代北建国后，魏初的几位皇帝便注意实行汉化封建统治，笼络十六国以来残留于北方的汉族门阀士族地主阶级，利用他们为其改革内政、平息汉族人民的反抗服务。对汉族地区先进的文化，也积极学习和利用。儒家学说对于鲜卑统治者强化封建皇权，拉拢汉族地主是不可缺少的工具，自然特别受到推崇。而佛道二教作为当时中原汉地流行的宗教，也为鲜卑统治者所重视。在全面学习汉族统治方法的同时，北魏天子也尝试汉族帝王的生活方式。于是，仙道也走进了北魏朝廷。

北魏的开国皇帝太祖道武帝拓跋珪，“好黄老”，笃信飞炼金丹黄白、服饵成仙之事。道武帝称帝建国不久，就有道家术士将关于服饵的经典进呈上去，道武帝欣然留下。道武帝还设仙人博士，造仙坊，开始了烧炼丹药的活动。道武帝宠信仙人博士张曜，派专人在宫苑中建造净室，供他炼丹。《魏书·官氏志》记载，道武帝于天兴三年（400）在京师设立仙坊，“置仙人博士官，煮炼百药”。不过，方士们所炼的丹药，服者“多死无验。”据说，道武帝本人也是服丹药中毒而死的。

北魏的第二个皇帝太宗明元帝，“遵太祖之业，亦好黄老”。据《资治通鉴·宋纪一》载：“（北魏明元帝）起天师道场于平城之东，重坛五层，给道士百二十人衣食，每月设厨会数千人。”明元帝对仙道的兴趣，比起其父皇道武帝来，更是有过之而无不及，在位期间，他广召各地方术士，炉火未停，烧炼不止。他最终也死于丹药中毒。

北魏建国初期的两个皇帝接连服丹身亡，这并没有成为后来者的前车之鉴，他们的子孙不是从中吸取“血”的教训，而是受宫廷内仙道丹术气氛的深刻影响，把崇道炼丹活动搞得更为猖獗了。这里我们着重谈的是北魏的第三位

河南邓州仙女升天画像砖（南北朝）

此砖描绘了道教中仙女升天的故事。这个故事正切合了当时世人追求仙道的心态。

皇帝太武帝宠遇道士寇谦之的事。

寇谦之（365—448）是北魏著名道士，由于受家庭影响，少年时就好神仙道术，是天师道的虔诚信徒，但长期服用饵药却总不见效，心中未免着急。据《魏书·释老志》载：有一天，寇谦之到姨妈家，看到一个身强力壮的汉子干活十分卖力，心中很是喜欢，于是请姨妈把汉子送给他，带回去开垦家宅南面的荒地。相处不久，寇谦之便惊讶地发现，这个汉子外表虽然粗鲁，性格却相当斯文，而且精通《周髀》算术，绝非等闲之辈，于是几次提出要拜他为师，均被婉言拒绝。原来这汉子就是仙人成公兴，是太上老君见寇谦之修道心诚，但不得要领，便派成公兴变作汉子来帮助他修炼。不久，成公兴对寇谦之说：“我看先生有志学道，愿不愿意跟我到鲜为人知的地方潜心修炼呢?”寇谦之说：“这正是我求之不得的事情，岂有不去之理!”于是高高兴兴地跟随成公兴，先到华山，后又一起去嵩山。两人白天一起外出采药服食，晚上又一起在石室之中修炼，形影不离，前后达7年之久。一天早晨，成公兴告诉寇谦之，他的谪降期已满，昨夜老君传命他按时回归仙籍。说完，飞升而去。寇谦之则继续留在嵩山修炼，精专不懈。

△道教像碑（北魏）

碑文内容为道教的善男信女们祈祷祝福发愿之类的话语。

《魏书·释老志》的这段记载，显然有神话夸诞的成分。不过，嵩山、华山都是北方名山，东汉魏晋以来不断有方士入山修道。后秦时，河南伊川一带确有一位来自胶东的方士成公兴，号称“游遁大儒”，精通历算。此人或许就是寇谦之早年所遇的“仙人成公兴”。不管怎样，寇谦之早年曾随方士入山修习神仙方术，应属事实。

隐居深山修行仙道的寇谦之，曾两次托神造经，即假托太上老君及其玄孙降授新经典，以创立和阐发他新的仙道方术思想——新天师道的教义。

第一次，是在北魏神瑞二年（415）。《魏书·释老志》称，北魏神瑞二年（415）十月的一天傍晚，寇谦之从山上采药回来时显得异常兴奋，他告诉嵩山道士，今天上山，正好碰到太上老君在众仙的陪伴下乘五彩祥云降临，老君亲切地拍着他的肩膀说：自从张道陵去世后，天师的职位一直空缺着，你道行精深，正是天师的合适人选，所以今天专门来授你天师之位，责令你整顿五斗米道。

道教人物石刻

这一段老君降临的故事，显然是寇谦之自己编造的神话，其目的是假托神意来改造三张的旧五斗米道的道法，革去滥收财物的租米钱税制度以及淫乱的男女合气之术等，代之以儒家礼教制度和神仙道教的服药养生之术。这些新道法当然更符合统治阶级的需要，更受帝王的欢迎。

第二次，是在八年后，即北魏明元帝泰常八年（423），寇谦之又托称有太上老君的玄孙李谱文降临，授给他《录图真经》60卷，让他下山“辅佐北方太平真君”，并谈了“修身炼药”之术，“销炼金丹”要诀。

这时，寇谦之的仙道思想已经基本形成。在他的神仙谱系中，已与五斗米道的信仰完全不同，诸天尊、神仙间的等级从属关系更加明确了，对诸神的坛位、礼拜、衣冠、仪式等均作了“各有差品”的规定，说明世俗的门阀士族等级制度已被搬入了仙道的天国中去。寇谦之还吸收佛教的劫运观念，认为在“未劫垂及”的时代，地上生民只有立坛宇朝夕礼拜神灵，功德及于上世，并能修身炼药，学长生之术，才可能成为“真君种民”。所谓种民，是早期道教的术语，即积有善德的圣贤长生之人，是道家方士们企图修炼达到的最佳境地。寇谦之把仙道与积德行善更紧密地联系在一起了。寇谦之鼓吹自己是李谱文的义子，受天神命他“辅佐北方太平真君”，这显然是为迎合当时正想入主中原的拓跋魏统治者而特意制造的谶语，表明在嵩山隐居三十多年的寇谦之，要带着他的仙道思想和修炼方术去投奔北魏帝王了。

在完成了一整套的仙道方术理论准备之后，寇谦之于始光元年（424）率部分弟子离开嵩山前往北魏首都平城（今山西大同），向太武帝拓跋焘

（424—452在位）献上《录图真经》。寇谦之知道，太武帝虽然出身鲜卑民族，但对儒、佛、道三教都很看重，他的爷爷道武帝和父亲明元帝不仅喜好黄老之术，而且对道教的炼丹服食术和神仙信仰都很感兴趣。如果能得到太武帝的支持，在北魏改造道教就有希望了。然而始料不及的是，太武帝虽然接过了《录图真经》，脸上的表情却十分冷淡。这多少有点让寇谦之失望，不过他并没有灰心。

北魏宰相崔浩

寇谦之了解到，当朝宰相崔浩虽是名扬四方的大儒，但却出身天师道世家，文韬武略，智谋无双，深得太武帝的宠信。于是，他来到宰相府求见。崔浩见寇谦之谈吐不俗，对道教的发展又是如此有见地，大有相见恨晚的感觉，决心帮助他。崔浩在给太武帝的奏疏中说："我听说圣明的君主出世，上天就会呈现种种祥瑞的征兆。被古人视之为至宝的《河图》、《洛书》未必能胜过当今仙人所赐的《录图真经》。道行高深的大隐不请自到，陛下为什么要坐失良机呢？"

北魏的太武帝是位有远见卓识的君主，他知道要称雄中原，就必须利用汉族的思想文化来为自己服务。北魏初年的帝王们，为证明其统治的正统，一度以轩辕黄帝的后裔自居，说："魏之先出自黄帝，黄帝子曰昌意，昌意之子受封北国，其处有大鲜卑山，因以为号。"崔浩的上疏正是抓住太武帝"侔踪轩黄"入主中原的心理，着力宣扬《录图真经》中的符命之说，果然使太武帝对寇谦之的教义刮目相看。太武帝于是决定重用寇谦之，并派使者奉玉帛牲宰到嵩山致祭，同时把寇谦之留在嵩山的弟子全部接到京城，并昭告天下：从此崇奉天师道，采纳寇谦之的改革新法。

有了太武帝的支持，寇谦之如鱼得水，对天师道进行了大刀阔斧的改造。他将早期张陵五斗米道的租米钱税制度称为"三张伪法"而加以取缔，废除了屡屡遭受非议的房中术，并按照统治者的需要加强科律，整顿组织，增订戒律和斋仪，坚决反对"犯上作乱"。经寇谦之改革后的天师道被称为"新天师道"，因为主要流传在北方，又称"北天师道"。

鲜卑贵族元显儁墓志

寇谦之这种"专以礼度为首，加之以服食闭炼"的北天师道，自然得到太武帝的尊崇。太武帝下令在京城东南设立大道坛，供给道士120人衣食，斋肃祈请，六时礼拜，每月设数千人的大法会。

由于寇谦之的仙道思想完全适合鲜卑统治者和门阀地主的需要，他所创立的天师道的“新法”，便得到了北魏官方的正式承认和支持而兴盛起来，嵩岳道士寇谦之摇身一变而“为帝王师”。

寇谦之以其特殊的身份，成为太武帝的军事参谋和政治顾问。始光三年（426），大夏国国君驾崩，太武帝认为这正是扫清北方的天赐良机，可是掌握兵权的太尉长孙嵩却有些为难。太武帝于是向寇谦之测问凶吉。寇谦之说：“陛下此行必胜无疑。”太武帝听后精神大振，亲自率军攻打大夏，随后一鼓作气，平定了北燕、北凉等割据政权，终于在439年最终结束了西晋以后五胡十六国的长期战乱分裂局面，完成了统一北方的宏图大业。在这场战争进程中，寇谦之、崔浩等随军赞画，效劳颇多，因而统一大业完成后太武帝越发崇信仙道了。

北魏道教造像碑

在寇谦之的怂恿下，北魏太武帝竟号称“太平真君”，年号也改为太平真君。440年，寇谦之请求上嵩山为太武帝祈福。回来后对太武帝说：“贫道在嵩山祈福时，太上老君对陛下大加称道，亲封陛下‘太平真君’之号。”太武帝听后喜不自胜，当年就改年号为“太平真君元年”。

太平真君三年（442），太武帝听从寇谦之的请求，亲自去天师道坛接受道教符箓，成为既是国君、又是“太平真君”的道教正式信徒。寇谦之则被太武帝尊奉为“国师”，每有军国大事，先向他询问“天意”后才做决定。此后北魏历代君主登基即位，都要去道坛接受符箓，这成为惯例，成为“君权神授”的一种特殊形式。北魏的天子们是想以此来表明鲜卑族拓跋氏建立的北魏政权，是汉族神太上老君授予的，是正统的，从而为维护和巩固其政权服务。

《魏书·释老志》还记载了寇谦之建议太武帝建造静轮天宫一事。据

▲张安世佛道造像碑（北魏）

说，按天宫静轮法建造的宫殿，“必令其高不闻鸡鸣狗吠之声”，其目的是“上与天神交接”。然而，修造高可通天的宫殿并不是一件容易的事，或者说是根本不可能的事，因此，工程开始后，“功役万计，经年不成”。皇太子拓跋晃看破此事，进言中止，说：“今谦之欲要以无成之期，说以不然之事，财力费损，百姓疲劳，无乃不可乎？”太武帝也认为太子说得有理，“但以崔浩赞成，难还其意，沉吟者久之，乃曰：‘吾亦知其不成，事既尔，何惜三五百功。’”这件事一方面反映了太武帝对崔浩、寇谦之二人的宠信之深及其势力之大；但另一方面也说明太武帝并非完全不知道仙道的虚诞，只是为了借此笼络道家方术士为其效力，才不惜破费民力。

在北魏历史上，有一重要事件，这就是崔浩凭借道教势力，操纵太武帝发动了对佛教的镇压。但寇谦之并不赞成以毁灭性的手段消灭佛教，还曾劝阻太武帝屠杀凉州僧人。太平真君九年（448），寇谦之在灭佛高潮中死去。据说，在寇谦之临死的前一天，有仙官来迎，“明旦便终。须臾，口中气状如烟云，上出窗中，至天半乃消。尸体引长，弟子量之，八尺三寸。三日以后，稍缩，至殓量之，长六尺六寸。于是诸弟子以为尸解变化而去，不死也。”

从寇谦之开始，道教获得北魏最高统治者的正式承认，成为北魏的国教，作为官方宗教在北朝兴盛了一百多年。

第三章

皇权与道教合璧的黄金时期

隋唐两朝，特别是在唐朝，道教完全成为神化皇权的工具。在隋唐政权更迭的关键时刻，道士们为求得新王朝的青睐，出谋划策，推波助澜，立下了特殊的功绩；同时，隋唐统治者为了表明自己改朝换代是顺乎天意，也主动与道教套近乎，为其正统与合法寻根找据。正是这种相互之间的需要，使得道教在隋唐时期受到格外的信奉和推崇，开始步入它的“黄金时期”。

隋代虽是短命王朝，但帝室的仙道活动却是异常活跃的。隋朝的开国皇帝杨坚，其开国年号就是从《道德经》上抄下的“开皇”二字。隋文帝曾用宝车把华山道士王延迎入皇宫，又是斋戒，又是率百官行弟子之礼。隋炀帝不仅在东都洛阳仿造“三神山”，还把在茅山隐居修行的高道王远知请下山来，先后两次召见面谈。隋炀帝还指派嵩山道士潘诞率数千劳役“合炼金丹”，长达6年之久。隋朝皇室与道士的密切交往，是唐代帝王空前规模地尊崇道教的前奏曲。

开创大唐江山的李渊、李世民父子，原本出身于北朝鲜卑的军户，不是什么名门望族，所以在他们起兵争夺天下之时，为了抬高其门第，争取上层贵族的支持，便巧妙地利用道教祖师老子姓李的巧合，尊老子为自己的祖先，进而把道教作为国教来尊崇。同时，道家的长生方术也深深地影响着大

唐的天子们。一代英主唐太宗，晚年服食“药石”，结果恰是长生药要了唐太宗的命。唐高宗继位，笃信长生有术，与道士刘道合、潘师正、叶法善及孙思邈等往来密切，请其“合还丹”、“炼黄白”。唐高宗时期，皇家女儿太平公主，为了悼念外祖母杨氏——武则天的母亲，竟舍身度为女道士。高宗死后，武则天代唐称帝，这个中国历史上唯一的女皇，出于夺位的需要，推翻李唐崇道的国策，自称是弥勒佛化生，冷眼看老子，道教一度失宠。但武则天的两个孙女西城公主和隆昌公主，为死去的祖母武则天“追福”，竟度为女道，成为道家津津乐道的事。接下来的唐明皇李隆基，在道教圣地茅山和嵩山设立了两个御用炼丹点，并且在宫中亲手开炉炼丹。唐明皇还通晓内丹，曾分别垂询张果的“息气法”、司马承祯的“辟谷术”以及叶法善的“摄养法”。唐明皇与极其宠爱的杨贵妃双双求仙，成为一个地地道道的“道士皇帝”。唐朝后期，丹道气氛更加笼罩宫廷，皇帝奉道求丹一个赛过一个，结果相继有宪宗、穆宗、敬宗、武宗、宣宗5位皇帝死于丹药中毒。这正是，李唐皇室的大力扶植把道教推向辉煌鼎盛，而繁荣的道家丹术给大唐皇帝带来的却是重重悲剧。

一、隋朝皇宫，走来华山、茅山、嵩山各路道士

隋朝虽然只有36年的短暂时间，但帝室的仙道活动却是异常活跃的。

隋朝的开国皇帝杨坚，在打天下的时候，就得到道士的一臂之力。当时，在北周有两个著名的道士，一个叫张宾，另一个叫焦子顺。这两个道士曾经帮助周武帝兴道灭佛，受到周武帝的扶植。后来，道士张宾觉得在亳州当刺史的杨坚具有雄厚的实力，就对杨坚说："大人仪表堂堂，绝非人臣之相，何不趁北周气数将尽之时取而代之？"宣政元年（578）周武帝驾崩，杨坚立即起兵反周。这时，张宾、焦子顺公开投到杨坚麾下，向杨坚密告受命之符，帮助他夺取北周政权。大象元年（579），年幼的北周静帝即位，为了安抚杨坚，任命他为丞相，封为隋王，总揽朝政。又是道士张宾、焦子顺，劝说杨坚不要以妇人之仁而放弃天下。

接下来，社会上便开始流传童谣："老子庙前古枯树，东南状如伞，圣主从此去。"更有谶语说："老子将度世"，"道教从此兴"，"太平主出亳州"，结果弄得天下鼎沸，人人都知道杨坚就是出于亳州的"太平主"。这些童谣、谶语，为杨坚改朝换代做了舆论鼓吹。其实，这一切都是杨坚与道士张宾、焦子顺自编自演的把戏。终于，在两年后，杨坚废掉静帝而自立，自己坐上了皇帝的宝座。

隋文帝杨坚称帝后，遇到的第一件事是起个什么年号。为了表明一个历史新纪元的开始，隋文帝最终从《道德经》上抄下"开皇"二字，把开国第一年定为"开皇元年"。所谓"开皇"，就是向世人表明，杨坚建立的新王朝合乎天意，是天命所在，而且要千秋万载地把大隋的江山稳稳当当地坐下去。因为在道教经典中，"开皇"的意思是"劫之始"，而一劫，就是四十一亿万年！

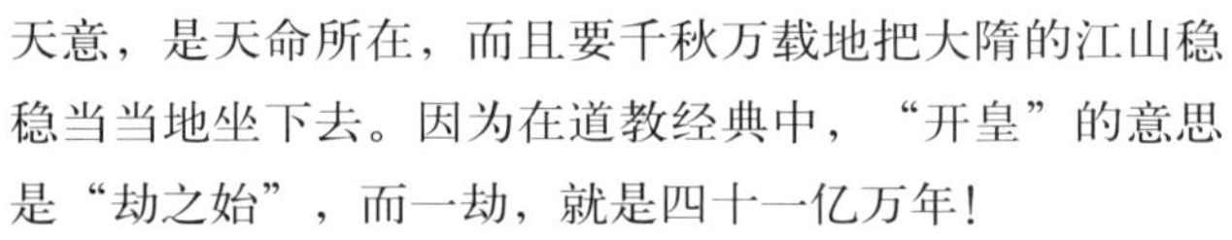

隋文帝杨坚在夺取政权的过程中，很好地利用了道教，而道士又给了他那么重要的帮助，所以当了皇帝后，他自然是不会忘记道教和道士们的好处。很快，道士张宾受到提拔重用，由隋文帝的幕僚，当上了华州刺史。另一个道士焦子顺，也被尊为天师，并特地在皇宫附近建造"五通观"供其居住，每有军国大事，常常同他商量。

隋文帝不仅关心亳州的老子祠，对在全国修复与建置老子庙也很关心。就在登基的当年，就下诏修复周至县的老子庙，还"诏两京及诸州各置玄元皇帝庙"。所以，隋文帝当政期间，道教的道观和道士的数量都大为增加。

隋文帝杨坚

△四川绵阳玉女泉道教造像（隋）

隋代提倡两教并立，佛道同行，故而当时全国的道教造像也相当多。四川绵阳玉女泉造像是隋代留下的少数道教造像之一。

隋文帝还以宝车迎接华山道士王延。王延，原是与北周帝室有着频繁往来的著名道士。在周武帝的召请下，两次走出华山，来到京师长安，传授道法，以仙道之术侍从周武帝。隋文帝登基后，在京师设置玄都观，专门请王延为观主。开皇六年（586），隋文帝下诏，以宝车迎接王延到大兴殿，隋文帝斋戒后，受《洞真智慧大戒》，又传诏授予道门威仪之职。当时朝廷的公卿大夫都执弟子之礼，拜王延为师。

靠弑父坐上皇帝宝座的隋炀帝杨广，也与他的父皇一样，既笃信佛教，对道教也加以扶持和利用。在杨广还是太子时，就十分热衷道教。当时，身为太子的杨广设置了四个道场，让佛、道两家通过竞争一决长短，其中道士徐则的道法让杨广钦佩不已，认为是可以利用之才，于是以请教道法为名，把道士徐则安排在身边，帮他谋划篡夺皇位。

△仙山并照四神镜（隋）

仁寿四年（604），当初隋文帝以宝车迎入京师的道士王延在玄都观仙逝，隋炀帝这时初登宝位，在得知高道王延升天后，尤加叹异，赐物100段，赏钱20万，设3000人的斋会，极其隆重地送王延回西岳华山安葬。

▲隋炀帝杨广

在隋炀帝尊崇的道士当中，有一位是后来使唐室同道教紧密联系起来的茅山道士王远知。王远知是茅山高道陶弘景的门下徒弟，一直在茅山隐居修行。隋炀帝曾两次召见他。一次是在即位前的开皇十二年（592），晋王杨广镇守扬州时，仰慕王远知的大名，先后两次派人请他。对于杨广的野心，王远知早有所闻，实在不愿意前去，可又盛情难却，只好勉为其难。杨广恭恭敬敬地请王远知上座，本来有许多重大的事情要向他讨教，谁想到话还没讲到一半，王远知暗中使起方术，须臾间须发变白，浑身颤抖不已，嘴里只是“咿咿呀呀”地乱叫，而且口吐白沫，两眼发直，瘫倒在地。这可把晋王杨广吓坏了，眼看就要出人命了，还请教什么！叫人赶快把王远知送回茅山了事。后来，杨广知道那是王远知玩弄的小把戏，并没有责怪他，对他敬重依旧。即位后，杨广于大业七年（611）到涿郡巡视，派员外郎崔凤举专门去请王远知来临朔宫，并以帝王之尊“亲执弟子之礼”，还下令在京城洛阳设置“玉清玄坛”供王远知居住。后来，由于隋末各地农民纷纷揭竿而起，隋炀帝要逃奔扬州，王远知曾予以劝阻，但隋炀帝没有听从，仍执意去了南方，王远知则又隐归茅山等候时机去了。

隋炀帝杨广的敬道，固然有其内心信仰的一面，但他更看重的，还是骄奢淫逸的帝王生活。因此，他对道教的金丹方药、长生仙术十分迷恋，曾表示非常羡慕秦皇、汉武寻找神山仙药那样的事情。隋炀帝迷信仙道，并曾仿造神仙世界。据说，隋炀帝再建东都洛阳时，用从华南运来的奇石和采自全国各地的珍奇动植物装饰离宫，同时在新开辟的西苑挖出一个大湖，湖中修造了模仿蓬莱、方丈、瀛洲三神山的假山，可见隋炀帝对神仙的迷恋。有文字记载说，隋炀帝建造的“三神山”高达百余尺，其上设有御殿、台观之类，可以想象荒淫无度的隋炀帝和宫女们在此游玩时装神弄仙的情景。

▲袁神荫造天尊石像（隋）

隋炀帝为了谋求长生不老术，对道家方术士格外尊重，以至于身边不离道士。据《隋书》卷七十七《徐则传》记载，擅长辟谷术的徐则自称是王者之师，得道于仙，当隋炀帝召见时，徐则竟尸解而去。该书还记载说，隋炀帝将擅长辟谷术的宋玉泉、孔道茂等道士也安置在身

边，不离左右。

特别值得一提的是，隋炀帝还曾指派嵩山道士潘诞为他炼制长生不死的仙丹。据《资治通鉴·隋纪五》记载：隋炀帝兴师动众，营建了专门供炼丹使用的嵩阳观，其豪华房舍竟多达几百间。然后，隋炀帝精选240名童男童女给道士潘诞，长年跟随左右，供其役使，还有数千名劳役，采石运料。这样大规模的炼丹队伍，一干就是6年，可以想象，若是没有皇帝给开支费用，无论如何是不能维持下去的。可是，“所费巨万”，得到的结果却是“丹不成”。急不可待的隋炀帝责问潘诞，潘诞支吾说，用童男童女的胆髓才能炼出。被愚弄了多年的隋炀帝，或许是感到潘诞在搪塞欺骗他，一怒之下，竟将潘诞的脑袋砍了下来。这件事，淋漓尽致地反映出隋炀帝不惜巨资迫切求丹和炼丹不成恼羞成怒的心态。

隋朝皇室与道士的密切交往活动，是南北朝时期崇仙奉道的延续，同时又是唐代帝王空前规模、空前规格地尊崇道教的前奏。

隋朝方士徐则

二、唐高祖李渊：道教乃国教

李唐王朝奉道教为家教，崇奉仙道在唐朝达到了登峰造极的地步。唐朝统治者为什么格外地亲近和扶持道教呢？这是由于道教的斋醮法事可以为统治者祈福禳灾，祷告天下太平；道教的炼丹和养生方术，可以满足帝王贵族追求长生不死的愿望；道家清心寡欲，与世无争的思想，可以为某些官场失意的官僚文人提供某种精神安慰和寄托。但是，除了上述原因外，唐朝统治者，特别是李唐皇室对道教的尊崇和扶持，还有其特殊的政治需要，那就是利用道教为其统治制造合法的理论根据。

开创大唐江山的李渊、李世民父子，原本出身于北朝鲜卑军户，不是什么名门望族，所以在他们起兵争夺天下之时，为了抬高其门第，争取上层贵族的支持，便巧妙地利用道教祖师老子姓李的巧合，尊老子为自己的祖先，宣称自己是神仙之苗裔，借此制造“君权神授”的舆论。

有要坐轿的，便有抬轿的。在隋末天下大乱的形势下，道士们或者暂时躲进山林坐以待变，或者寻找新的靠山。在逐鹿中原的群雄中，鲜卑贵族出身的唐国公李渊最让道士们

太上老君（老子）像

唐高祖李渊

看好，他们认为李氏父子会最终取得天下，于是便纷纷投靠在李渊父子的麾下。这些道士主动投靠，到处制造所谓“老君显灵”、降授“符命”的宗教神话和谶语，以迎合李渊的特殊需要。关中的楼观道士岐晖，在大业七年（611）隋炀帝亲征辽东时，就散布预言“天道将改”，说有太上老君李耳的后代将建立新的王朝，他告诉弟子：“当有老君子孙治世，此后吾教大兴。”没过几年，隋朝天下果然大乱。还有，曾经被隋炀帝十分敬重的道士王远知，看到天下兵起，隋炀帝大势已去，也自称“奉老君之旨”，向李渊“预告受命之符”，从正面鼓励李渊代隋自立。终南山道士李淳风则放出风声，说太上老君降临终南山，告诉他“唐公当受天命”，并因此归唐为李渊出力。

道士们不仅制造符谶为李渊夺取政权大造舆论，证明李家天下符合天意，而且在李渊起兵后，还在经济上积极给予支持。大业十三年（617），李渊父子在太原起兵。当李渊的三女儿（后来的平阳公主）在鄠县（今陕西户县）招兵买马以响应父亲时，兵马就驻扎在楼观的宜寿宫。楼观道士岐晖把李渊视为“真主”，将道观中的粮食资产全部拿出来供给唐军。李渊兵至蒲津关时，岐晖按捺不住兴奋的心情，对着道士们大声喊道：“日夜盼望的天子终于来了，天下从此可以平定了！”他当即派80多名道士打着“平定”的旗号出去迎接李渊，使得李渊大受感动，说：“岐神仙如此仗义，道士们不惜节衣缩食为我提供军衣军粮，实在是忠节可嘉。东西我暂且收下，等打到长安坐上王位，一定不会忘记你们的好处。”后来，李渊对楼观道士“迎接圣君”的行动大为嘉赏，下诏授歧晖为紫金光禄大夫，其余道士一并授予银青光禄大夫。

李渊率兵进军长安的途中，不仅遇到劲敌的阻击，而且粮草缺乏，加上连续大雨不止，进又不能进，退也不能退。就在这生死成败的关键时刻，一位白衣老人来到军营外面，自称“霍山神”，奉太上老君之命求见唐公。绝望中的

陕西终南山楼观台山门老君殿

李渊闻报，真像遇到了救星，急忙让人将老人请进帐中。老人对李渊说："现在的形势虽然十分险峻，但唐公不必担心，自有道祖帮你。太上老君要我转告：'八月雨止，可从霍邑东南出击，必得天下。'"李渊听后大喜。果然不久雨停，李渊按"霍山神"指示的方向出击，一路过关斩将，打开了进军关中的道路。

李渊于618年称帝，建立唐朝，他就是唐高祖。武德三年（620），秦王李世民出兵山西，行至浮山县的羊角山时，又一次遇见那位白衣老人"霍山神"。他对秦王说："太上老君要我转告唐天子：'我就是你李氏的祖宗，今年平定了乱贼，子孙将享国千年。'""霍山神"还说，太上老君的传话，将以有人献上石龟为证。恰在这时，有邛州治中张达献上"新发现"的一尊石龟，龟甲上写着："天下安。子孙兴。千万岁。千万叶。"一切正如太上老君的预言。唐高祖得知这事的前后经过，十分高兴，当即下令在羊角山修建老君庙，取名"庆唐观"，改羊角山名为龙角山，并将浮山县改名为神山县。第二年，唐高祖又专门到终南山拜谒了老君庙。李渊一再宣称："李氏将兴，天祚有应"，"历数有归，实惟天命"，自己代隋建唐是"奉天承运"。

这些传说故事，都是紧紧地围绕着一点，就是站在李唐统治者的立场上，宣扬"朕之祖先，出自老子"，以此来抬高其门第，制造天命神授的舆论，为其统一战争和王朝统治服务。就这样，在李渊父子打天下的过程中，李唐皇室

四川仁寿县坛神岩53号"三宝"窟全景（唐）

前排从左到右依次为太上老君、元始天尊和太上道君像。可见道教在唐朝之兴旺。

与老子李耳的祖孙关系也逐渐地被正式确定下来。

太上老君既然是李唐之祖，李渊称帝建国后自然格外地尊崇，他在各地相继修建老子庙，并多次前往拜谒老子庙宇。李渊在位9年，敬崇老子道教的活动一直没有间断：

武德二年（619），即李唐王朝建立的第二年,唐高祖李渊敕令大规模地修缮关中的楼观老君庙、天尊堂及尹真人庙。又把隋朝尚书苏威的庄田200顷赏赐给楼观。看来，对昔日“迎接圣君”的楼观，李渊确实没有忘恩。

武德三年（620）春，唐高祖李渊亲率文武百官千余人到楼观祭祀太上老君，召见歧晖等楼观道士，宣称：“朕之远祖，亲来降此。朕为社稷主，其可无兴建乎！”于是降诏，将楼观改名为“宗圣观”，赐给白米200石、帛1000匹，以供观中修补使用。从此，楼观在唐代一直是北方著名的道教大丛林，教团兴盛超过北周和隋代。

就在武德三年（620）同年，唐高祖还将在隋时就已十分著称的高道王远知，授予朝散大夫，赐给镂金冠和紫衣。

武德七年（624），李渊终于完成了统一天下的大业，当此之时，他没有忘记先祖，又亲率百官到“宗圣观”祭祀太上老君。为此，欧阳询专门撰写了《大唐宗圣观记》，刻石纪念。

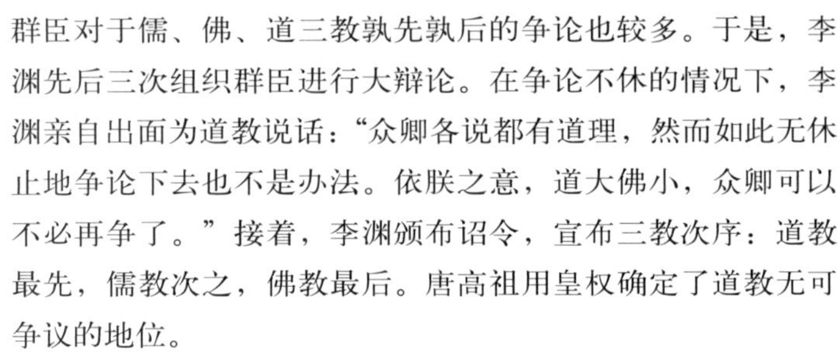

武德八年（625），唐高祖李渊正式颁诏，利用皇权将道教列为三教之首，从而确定了道教为国教的地位。在当时，佛教的势力远比道教强大，朝中群臣对于儒、佛、道三教孰先孰后的争论也较多。于是，李渊先后三次组织群臣进行大辩论。在争论不休的情况下，李渊亲自出面为道教说话：“众卿各说都有道理，然而如此无休止地争论下去也不是办法。依朕之意，道大佛小，众卿可以不必再争了。”接着，李渊颁布诏令，宣布三教次序：道教最先，儒教次之，佛教最后。唐高祖用皇权确定了道教无可争议的地位。

△道教天尊坐像（唐）

武德九年（626），唐高祖李渊以“京师寺观不甚清净”为由，下诏清理在京的僧尼和道士。在诏书中，他历数佛教徒的种种不是，而对道教徒，只是轻轻几笔带过。诏书中还对佛教寺院和道教宫观的数量做了限制。按照诏书的规定，显然有利于道教，而不利于佛教。此外，李渊还派使臣将道教人尊像送给高丽，派道士到高丽宣讲《道德经》，首次将道教传播到了国外。

由于老子被唐朝皇帝尊为祖宗，道教被尊为李唐的国教，仙道思想便自始至终地弥漫着大唐王朝的宫廷内外，道教在大唐皇权的保护下进入了黄金时期。

三、丹药丧生的唐太宗

唐太宗李世民，在子承父业接管了大唐江山的同时，也继承了唐高祖李渊崇道尊祖的思想。

唐太宗李世民

李世民在当秦王的时候，就曾得到道教的帮助。据说，还是当年李氏反隋时，李世民就听说上清派宗师、高道王远知的大名，在出兵征讨洛阳军阀王世充途中，与房玄龄化装成平民专程私访了他。王远知果然不是凡人，一眼就认出了来者的身份，在迎接两位客人入座后说："我看二位虽然衣着朴素，但掩盖不住其中流露出来的王者之气，莫非是秦王吗？"李世民见身份被识破，心中暗暗称奇，答道："正是本王。久仰仙公大名，今日专程拜访，请仙公明示。"王远知对着李世民凝视了一会，肯定地说："我看秦王之相，今后必是太平天子，好好珍重吧。"后来李世民与太子李建成争夺皇位，以法琳为首的佛教徒支持太子，而王远知等道教徒则拥戴秦王。李世民取得皇位后，特地在茅山为王远知建了一所太平观，度道士27人住守该观，又加封王远知为银青光禄大夫，以示崇敬。

李世民登基之初，面临的一大政治问题是，经过南北朝几百年的动荡和隋末战乱，如何使社会恢复元气，提高国力。为此，他励精图治，常与臣下讨论"自古理政得失"，其中听取和采纳魏征的意见最多。而魏征早年曾出家为道士，道家思想对他的影响不言而喻。在魏征等人的辅佐下，唐太宗以隋王朝的经验教训为鉴，运用和遵循《老子》中的政治伦理主张，以道家顺应自然、清静无为的思想治理国家，收到了明显的效果。为此，唐太宗曾深有感触地谈到道教清静无为教义对他治理天下的妙用："天下大定，亦赖无为之功，宜有改张，阐兹玄化。"唐太宗对道教教义的理解与尊崇，比起其父李渊来更进一步了。由于唐太宗的"无为"，形成了可与汉初"文景之治"相媲美、受到史学家们高度赞赏的"贞观之治"。

魏征，早年曾出家为道士

唐太宗既然如此颂扬道教教义，则必然膜拜道教教主；或者说是，由于尊崇其"始祖"老子，而格外亲近道教。早在贞观四年（630）二月，唐太宗在庆祝平定突厥所下的大赦诏中，就把对颉利作战的胜利归之于"上玄"与"清庙"，说："斯皆上玄降祐，清庙威灵。岂朕虚薄，所能致此。”所谓“上玄”，指上天；“清庙”，指三清庙。唐初三清殿位于皇宫西面凌烟阁侧，这是把皇祖老子神化为上帝了。

为了抬高道教的地位，唐太宗于贞观十一年（637）二月专门颁发了《道士女冠在僧尼之上诏》，这个诏书主要申明了如下两点：

一是唐太宗公开承认和进一步明确，皇室李姓出自老子，他是老子的后人。他在诏书中谈道：“朕之本系，起自柱下。”“柱下”，即柱下史。传说老子曾是周朝管理文书档案的柱下史。这是唐太宗以诏书形式追认老子为皇祖的自白。

二是对于道教、儒教、佛教这三教，唐太宗进一步肯定了道教在先的地位。他说，道教对唐朝夺取天下有功，为此规定：“自今以后，斋供行立至于称谓，道士女冠可在僧尼之前，庶敦本之学畅于九有，尊祖之风贻诸万叶。”根据这一规定，凡宫中举行仪式，道士在先，僧侣在后。同年七月，唐太宗“修老君庙于亳州，宣尼庙于兖州，各给二十户享祀。”这是继唐高祖在晋州立老子庙之后的又一举措。据考，老子出生于苦县，苦县在唐时的亳州真源县，唐太宗在老子的出生地修建庙宇，自然是崇道尊祖的表现。而在诏书中，把老子庙列在孔子庙之前，也含有了道一、儒二、佛三的用意。

太清道德天尊

玉清元始天尊

上清灵宝天尊

针对道先佛后这一顺序安排，唐太宗还和僧人有过一段谈话。据《佛祖统纪》卷三十九载，唐太宗于贞观十六年（642）行幸弘福寺时，就道先僧后的顺序问题，问弘福寺的住持说：老子乃朕之始祖，故如此决定，汝等是否不悦？住持回答说：此乃陛下尊敬先祖之美德，岂有不悦之理！唐太宗又说：佛道两教之尊卑乃人所共知，虽说排列在先，实则并无高下之分，朕之始祖来自柱下——即老子，故仅以尊敬老子、信奉老子教诲之道士排列在先而已，绝非轻视佛教矣。唐太宗在这里为道先僧后的做法进行了辩解。

孙思邈，既是道士，又是医药学家

唐太宗崇道尊祖，与一些著名的道士常有交往。除了高道王远知外，唐太宗还曾召请好道之士孙思邈。孙思邈是京兆华原（今陕西耀县）人，他既是道士，又是道教学者，还是著名的医药学家，擅长阴阳推步，尤其精于医学。据说，孙思邈7岁开始读书，少年时即对《老子》、《庄子》有较为深刻的理解，对佛教经典也有兴趣。

孙思邈在北周时，看到时局不稳，便到太白山一带隐居。在这期间，他除了为人治病，就是深入研读道教经典。孙思邈还将搜集来的民间偏方进行整理，结合自己的医学实践，写出了《备要千金要方》，被后人称为“药王”。北周大成元年（579），后来的隋文帝杨坚在被任命为宰相后，仰慕孙思邈的大名，派人请他出山担任国子博士，被孙思邈以“身体不好”为由拒绝。在把杨坚的使者打发走后，孙思邈对周围的人说：“50年后当有圣人出，那时我自然会出山，救济天下百姓。”

50年后，唐太宗即位，贞观元年（627）太宗将孙思邈请到长安，见他面色红润，腰板硬朗，完全不像80多岁的老人，不禁啧啧称奇，说：“亲眼看到孙仙翁，我才相信过去关于羡门子、广成子这些神仙长生不老的传说不假，得道之人的确值得尊重啊。”当唐太宗向孙思邈请教如何炼制金丹以成长生之道时，孙思邈说：“想炼丹之人一般都抱有两个目的：要么是为名利，要么是想长寿。不过炼丹并不是一件容易的事情，能达到目的的人更是微乎其微。我是久居山野之人，并不奢望自己能够成为超凡脱俗的神仙。我炼丹和药的目的，完全是为了治病救人，所以我的丹药，主要功效就是养魂魄、理腰膝、镇心解热，为人们解除疾病的折磨以尽天年。至于起死回生、延年益寿的神功，并不是那么简单的事情。”

唐太宗听后，十分感慨，要留孙思邈在宫中为官，但孙思邈执意不肯。临别前太宗作《赐真人孙思邈颂》称赞他：“凿开径路，名魁大医。羽翼三圣，调理四时。降龙伏虎，拯衰救危。巍巍堂堂，百代之师。”

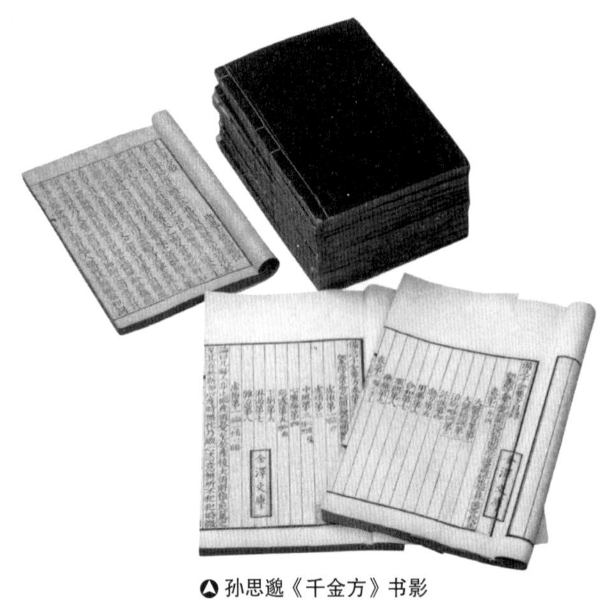

孙思邈《千金方》书影

或许，唐太宗多少受了孙思邈的一些正面影响。很值得我们注意的是，尽管唐太宗极力崇道尊祖，即对道教中以老子为教祖、以清虚无为为教义的义理部分全盘继承并有所发扬，但对于也属于道教范畴的以求仙长生为诱饵的方术迷信部分，在他执政的前期却是持否定态度的。这种对道教的两部分内容分别情况、区别对待的方针，是唐太宗对待仙道思想的一个突出特点。

可以说，贞观中前期的唐太宗，对道教的方术迷信是嗤之以鼻的，并且还对秦皇汉武的求仙活动持批判的态度。据《旧唐书·太宗纪》载，贞观元年（627）十二月，他对身边侍臣谈道：

> 神仙事本虚妄，空有其名。秦始皇非分爱好，遂为方士所诈，乃遣童男女数千人随徐福求仙药，方士避秦苛虐，因留不归。始皇犹海侧踟蹰以待之，还至沙丘而死。汉武帝求神仙，乃将女嫁道术人，事既无验，便行诛戮。据此二事，神仙不烦妄求也。

这里，开明的唐太宗明确谈到，秦始皇、汉武帝的求仙活动都是虚妄的！《贞观政要》卷六又载，对南北朝时期的梁武帝迷信佛道导致国破家亡，唐太宗认为应该牢牢记取这个教训，说：

> （南朝）梁氏父子，志尚浮华，惟好释氏、老子之教，致使国破家亡，足为鉴戒。

唐太宗还说："忠良可接，何必海上神仙乎！"为了表示自己不重蹈秦皇汉武妄求神仙的覆辙，唐太宗甚至咏诗以自言壮志。《全唐诗》卷一中载有他的一首诗：

> 之罘思汉帝，碣石想秦皇。
> 霓裳非本意，端拱且图王。

抒发霓裳求仙不是自己的本意，真正的意愿是要认真地励精图治，建立强

盛统一的中央集权国家，反映了唐太宗在贞观前期批判仙道方术的进步思想以及生气勃勃的政治进取精神。

唐太宗反对图谶迷信，贞观五年（631）他曾谈道：“此诚不经之事，不能爱好。”

直至贞观十一年（637）二月的一道诏书，唐太宗还说：

> 夫生者天地之大德，寿者脩短之常数。生有七尺之形，寿以百龄为限。含灵禀气，莫不同焉，皆得之于自然，不可以分外企也。虽复回天转日之力，尽妙穷神之智，生必有终，皆不能免。

这话讲得何等精彩！唐太宗的这一诏书，载于《唐大诏令集》卷七十六，中心意思是说，人无论高低贵贱，都逃脱不掉生老病死这一自然规律。唐太宗的这番话，竟像是一个唯物主义者的生死观了。

这里我们看到，唐太宗在继位后相当长的一段时间里，对神仙方术的祸国是深恶痛绝的。对于这点，长孙皇后是最为了解的。贞观八年（634），她曾说：“道、释异端之教，蠹国病民，皆上素所不为。”

然而，历史竟是这样的曲折多变！

唐太宗的晚年，随着功业的隆盛与年岁的增高，也与历史上一切有所作为的封建帝王一样，愚蠢地追求长生，服食丹药。唐太宗突然来了个180度的大转弯，对仙道丹药之事，由斥责先代帝王而转为身体力行地去干，这固然是其封建统治者之本能所致，而其直接原因则与其情绪的消沉和健康状况的恶化有关。

从史籍上可知，唐太宗在贞观十六年（642）以前多次外出围猎，精神焕发，骑射娴熟，说明他这时还有充沛的精力与健康的体魄。可是，从贞观十七年（643）开始，直至二十三年（649）临终的六年当中，外出围猎仅有一次。这从中透露了一个信息，即他的健康状况趋向下降。究其原因，太子承乾被废，魏王泰被黜，对他的思想刺激很深，甚至一度产生了自杀的念头。精神上的郁郁寡欢，影响了他的身体健康。以前很少服药的唐太宗，这时开始服食药石了。据《贞观政要》卷二载，当时有太子右庶子高季辅上疏陈述政事得失，唐太宗认为他说的有益于国，“特赐钟乳一剂，谓曰：‘卿进药石之言，故以药石相报。’”元戈直作注说：“钟乳，产于石，食之使人通气生胃。”此药是唐太宗当时常服的，由此可知，他在这时已患了消化不良症，不得不接触

盛丹砂药盒（唐）

"药石"了。

影响唐太宗健康状况的另一个事件，是贞观十九年（645）征伐的失败。《旧唐书·刘洎传》载，唐太宗于这年秋末"辽东还，发定州，在道不康"。所谓"不康"，是指"病痈"。年底，唐太宗退至并州休整，次年三月返回京师。由于长途跋涉，归程劳累，再加上战争失利，心情郁闷，回到京城后再次病倒。"上疾未全平，欲专保养"，为此下诏由太子李治处理军国大事。唐太宗的身体时好时坏，在连续一年多的时间里，唐太宗除了早年的"气疾"外，又相继患有"痈疾"、胃病、感冒、风疾等多种疾病。积极的药物治疗未见好转，便滋生了对超自然力量的迷信，寄托于方士的丹药，希望通过长生不老药收到奇效。于是，唐太宗开始服食丹药。

唐太宗吞服丹药的时间，至迟在贞观二十年（646）年底以前。何以见得？且看《资治通鉴》卷一九八记载的这样一桩事：贞观二十一年（647）正月，高士廉去世，唐太宗因死者系开国元勋又兼有贵戚的关系，极为哀痛，决定亲临其家吊丧。房玄龄竭力谏阻，太宗不听。行至中途，被长孙无忌挡驾。长孙无忌劝告说："陛下饵金石，于方不得临丧，奈何不为宗庙苍生自重！"唐太宗还是不听，长孙无忌急得躺在道路中间，流涕苦谏，太宗这才罢归。服药不得临丧的禁忌，是道教炼丹方士的玄言戒语，因此，这里的"金石"指的就是方士们所炼的丹药应是确定无疑了。可见，唐太宗至迟在贞观二十年（646）多病时节，已开始服食仙丹了。

长孙无忌，劝告唐太宗服食金石不得临丧

从外国引进丹药，大概是唐太宗的首创。当唐太宗连续服食了一两年的道家丹药仍不见效后，就把眼光转向了国外的方士。大臣们为了迎合唐太宗的这种心理，向他推荐了天竺国（今印度）的一名方士。贞观二十二年（648），王玄策借兵吐蕃、泥婆罗，大败中天竺帝那伏帝国，俘虏了其国王阿罗那顺与方士那罗迩娑婆寐。同年五月，王玄策将这个方士进献给唐太宗。从西方来的"洋方士"那罗迩娑婆寐"自言寿二百岁，云有长生之术"，宣称能配制金石秘剂。这个谎言迎合了唐太宗期望康复幻想长寿的急切心理。据《旧唐书·天竺传》载，唐太宗对天竺方士的到来十分欢喜，厚礼相待，请至金飚门宫内配制丹药。该书这样记述道：

> （太宗对天竺方士）深加礼敬，馆之于金飚门内，造延年之药。令兵部尚

> 书崔敦礼监主之，发使天下，采诸奇药异石，不可称数。

唐太宗命兵部尚书崔敦礼率一批人马，协助古印度方士炼丹。经过近一年的炼制，到贞观二十三年（649）春，丹药终于出炉，崔敦礼等赶紧捧送入宫，正在病中的唐太宗见到盼望已久的古印度方士炼出的仙丹，如获至宝，按着那罗迩娑婆寐的嘱咐，依法服食。然而，唐太宗万万没有想到，长生药竟成了催命药，他在三月吃下丹药，身体顿觉不适，病情大为加剧，竟导致“暴疾”，没过两个月，就死去了，享年只有52岁。

▲三彩胡人俑（唐）

唐太宗死后，西域各胡人首领皆亲自来朝，愿身殉昭陵，陪葬于天可汗，但被高宗禁止。之后，每到太宗祭日，东向而哭，以示怀念。

对于唐太宗服丹中毒以致暴亡之事，唐朝的大臣及后代史学家都多次提到。据《旧唐书·郝处俊传》载，唐高宗咸亨年间（670—673），有东台侍郎郝处俊谏阻高宗不要服食胡僧炼成的“长年药”时说道：

> 昔贞观末年，先帝令婆罗门僧那罗迩娑婆寐依其本国旧方，合长生药，胡人有异数，征求灵草秘石，历年而成，先帝服之，竟无异效，大渐之际，名医莫知所为。

所谓长生药，不论是中国道家术士制造的，还是外国“胡人”的，均属骗人的把戏。假若唐太宗不吃古印度方士炼制的“金石秘剂”，还可能多活几年。然而服食之后，病情急剧恶化，名医也束手无策，以致提前结束了唐太宗的生命。

《旧唐书·宪宗本纪》载，唐宪宗时的朝中重臣李藩也曾说：“文皇帝（即唐太宗）服胡僧长生药，遂致暴疾不救。”所说“暴疾”，即指丹药中毒；“不救”，指无法抢救。从中可知中毒之深、药性之烈。

看来，古印度方士的丹药葬送了唐太宗，确是事实。那么，按着中国的传统王法，致使君王丧命者是一定要杀头的。但是，那个曾夺去唐太宗生命的古印度方士不仅没有被杀，而且还“放还本国”了。据《旧唐书·郝处俊传》载，郝处俊对这件事曾解释道：“时议者归罪于胡人，将申显戮，又恐取笑夷狄，法遂不行。”新继位的唐高宗担心，若是把古印度的方士杀了，会把事情闹得沸沸扬扬，使唐太宗吃丹药的事传出去，让天下人笑话，于是便把这个方士打发走了事。

唐太宗的一生，其前期对迷信方术活动是不屑一顾的，还多次予以否定和批判，后期对仙方丹药又是那样地走火入魔，以至于死在古印度方士的手下，这实在是富有戏剧性的历史典故。

唐太宗的昭陵

四、唐高宗，公主度为女道士

唐太宗服丹早逝，唐高宗李治登基。唐高宗沿袭贞观遗规，继续推行尊祖崇道的政策。唐高宗继承附会老子为李唐祖先的说法，而且比起他的祖辈父辈来，他显得似乎是更为尊敬始祖。

龙朔二年（662）二月，高宗巡幸洛阳宫时，感觉有些异样，于是叫人询问附近有没有什么古圣灵迹，周围百姓说："皇城北山原来有一座老子庙，凡有祈请，可灵验了。可惜后来倒了，一直无人过问。"高宗听后，感慨地说："这是我的先人在显灵啊，切切不可怠慢。"当即命令在原址上重建老君庙。挖地基时，清出一块石碑和一个石桌。碑文上明明写着："仙人白仲理所立"，石桌上则刻着"太上老君"字样。庙建好后，道士们设道场庆祝。正热闹时，太上老君显灵了。只见殿内白光闪耀，仙乐悠扬，老君端坐其上，两位仙人在旁边侍立，过了好一阵才渐渐隐去。臣僚把这个情况奏报高宗，唐高宗听后非常高兴，当即批示，按当时的情景画出老君像，供于殿堂之上。而且，还在庙的左侧专门为皇帝修了一个更衣室，祭祀时，由皇家乐队在前开道。以后每年的这一天，高宗都要亲往祭祀，所用香火、幡盖等费用，都是由国库拨款。

乾封元年（666），唐高宗东游泰山。从泰山上下来，唐高宗便直奔亳州老君庙，下诏追封老君“太上玄元皇帝”尊号。作为皇帝向老子敬献尊号，唐高宗是第一个。于是，道教具有了更为巨大的权威。唐高宗并在亳州建造祠堂，祠堂内设令、丞各一员。祠堂即是宗庙，唐高宗这是把老子作为实实在在的祖先崇拜了。

尊祖与崇道在唐朝是联系在一起的。唐高宗敬崇老子，自然也看重道教。他曾下令在各州分别营建道观一所，各度道士七人，以推广道教。在唐高宗的提倡和安排下，皇子、皇女们或建立宫观，或舍身为道。其子李弘升立太子时，特建东明观；后来改立李显为太子，又建造了宏道观。特别是在唐高宗的安排下，皇家女儿太平公主，为了悼念外祖母杨氏——武则天的母亲，竟舍身度为女道士，还特将她在京都的宅第改建为道观，起名太平观。

仪凤三年（678），唐高宗下诏，把《道德经》作为国家科举考试的正式科目，并且列于《论语》等儒家经典之前，不仅天下文人必须兼习，而且王公百僚也必须学习。同年，唐高宗又下令，道士隶属于管理皇室宗族事务的宗正寺，班次排在诸王之后。这样，道教不仅成为唐朝的国家宗教，而且是皇室家族的宗教。

长生不老是道家企求的理想境界。唐高宗尊祖崇道，更笃信长生有术，对丹药兴趣浓厚。他曾广征四方道家方术士，合炼丹药。与他交往较为密切的著名道士有刘道合、潘师正、叶法善以及孙思邈等人。

相传，嵩山道士刘道合，能合炼“还丹”，兼有呼风唤雨的神仙方术。唐高宗先是为刘道合在嵩山隐居处建造太一观，后来又请入宫内，不离左右。唐高宗东登泰山，恰遇阴雨连绵，刘道合略施“止雨之术”，便叫天空云开雾散。《旧唐书·刘道合传》载：“高宗又令道合合还丹，丹成而上之。”刘道合奉命“合丹”，并确曾把炼制成的丹药进呈唐高宗。

潘师正是赵州赞皇（今河北）人，自幼丧母，他在母亲坟墓旁搭了个草棚守丧，以“至孝”闻名遐迩。21岁时，潘师正度为道士，拜高道王远知为师。据载，“王远知尽以道门隐诀及符箓授之”，潘师正“清心寡欲”，在嵩山

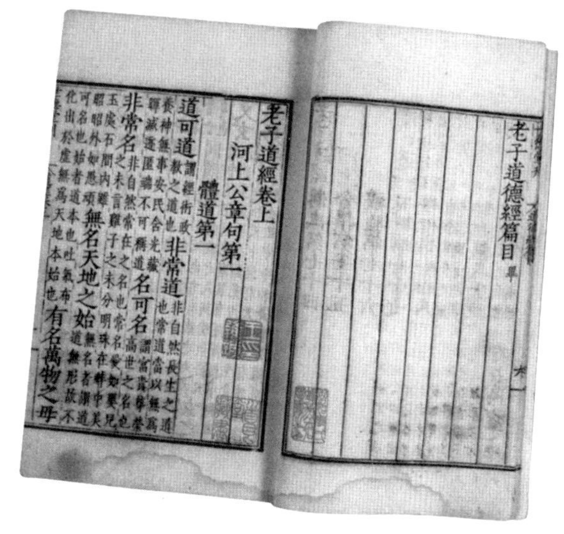

《老子道德经》书影

的逍遥谷修行，一待就是50多年。唐高宗时，曾与武后（即武则天）一道，在东都洛阳召见了潘师正，并与他一起讨论了有关道性和“重玄之学”等问题。听了潘师正的解说，高宗十分钦佩，后来请他入朝为官，被他婉言谢绝。唐高宗于是在嵩山为潘师正建造了一批宫观、门牌。唐高宗还以《祈仙》、《望仙》、《翘仙》为名，前后写过几十首诗赠给潘师正。永淳元年（682），潘师正以98岁的高龄死去，唐高宗与武后又进行了一番“追思”。《旧唐书·潘师正传》载：“高宗及天后追思不已，赠太中大夫，赐谥曰休玄先生。”唐高宗与潘师正的答问，也被收入道教经典《道藏》。名师出高徒。潘师正的徒弟司马承祯，曾先后受到武则天、唐睿宗、唐明皇的赏识，这是后话。

至于叶法善，则是道士世家。他是括州括苍县人，从曾祖三代起均为道士，“皆有摄养占卜之术。”叶法善从小继承家传，也精于“摄养”等养身方术。唐高宗远闻其名，请入京师，厚礼相待，并打算为叶法善加封爵位，叶法善再三推辞，只求做个宫中道士。当时，唐高宗身边“合炼黄白”的方士多达百余人，其中有的确实懂些烧炼技术，有的则是滥竽充数。叶法善上疏唐高宗，应当查核炼丹术士之真伪，唐高宗采纳了这一建议。就此，《旧唐书·叶法善传》载：

> 时高宗令广征诸方道术之士，合炼黄白。法善上言，金丹难就，徒费财物，有亏政理，请核其真伪。帝然其言，令法善试之，由是乃出九十余人。

在叶法善的建议下，被驱逐的不合格的炼丹方士竟有90多人，可知唐高宗召请的方士之多及其对丹药的迷恋之深。

对大炼丹家兼医药家孙思邈，唐高宗也曾召入宫内。道教称孙思邈为孙真人，是个半仙人物。宋代好道的大词人苏东坡，也认为孙思邈是个仙人。苏东坡有诗《题孙思邈真》说：

> 先生一去五百载，犹在峨眉西崦中。
> 自为天仙足官府，不应尸解坐蟲虫。

相传，峨眉山牛心寺后的丹砂洞，是孙思邈炼丹的地方，也称药王洞，洞旁曾建有孙真人祠。孙思邈既炼丹，又兼通医药，还精于“呼吸吐纳”。

唐高宗听说孙思邈深谙养身长生之道，便于显庆四年（659）将其请入宫中，请教炼丹养生之术，并要拜为谏议大夫，孙思邈“固辞不受”。上元元年（674），孙思邈奏请回归太白山。高宗见他去意已定，也就不再勉强，但有一个条件：年事已高，不宜在山中久住。为此，唐高宗将鄱阳公主过去的府第

◀乾陵（唐）

乾陵位于陕西乾县城北五公里的梁山上，是唐高宗李治和女皇武则天的合葬墓，为唐十八陵中保存比较完整的一座陵墓。

赏给孙思邈居住，还赏赐良马等一批贵重物品。

唐高宗仿效太宗，还请来外国方士炼丹。有个叫卢伽阿逸多的胡僧，在唐高宗的安排下，炼制多年，终于造出长生丹药。此药进献上去，唐高宗便打算服食。这时，有侍郎郝处俊援引唐太宗服胡僧丹药中毒的先例，极力谏阻。《旧唐书·郝处俊传》载：

> 有胡僧卢伽阿逸多，受诏合长年药。高宗将饵之，处俊谏曰：修短有命，未闻万乘之主，轻服蕃夷之药，昔贞观末年，先帝……

郝处俊通过唐太宗服食古印度僧人那罗迩娑寐的“长生药”，而导致暴疾身亡的血的教训，来劝阻唐高宗，“惟陛下深察”。郝处俊的一番苦谏还确实起了作用，“高宗纳之”，“不服其药。”唐高宗总算没有让唐太宗的悲剧在自己身上重演。

五、武则天冷眼看老子

▲一代女皇武则天

唐高宗死去不久，武则天代唐称帝。这个中国历史上唯一的女皇，对道教热也是她，冷也是她，道教在这个时期要看则天女皇的脸色了。

武则天，原本是唐太宗李世民的幼妾。当唐高宗还是太子时，就垂涎于父皇的武才人，只是太宗在世，无从得手。唐太宗死后，武则天先是被送进尼姑庵出家。永徽五年（654），登基不久的高宗便将其接回宫内，大加宠幸。第二年，高宗迫不及待地废了皇后王氏，立武则天为皇后，并让她参与朝政。仅仅五六年时间，在高宗的宠幸下，武则天渐渐掌握了实权。武则天出家当过尼姑，在信仰上无疑是倾向于佛教的。但在初期，她仍然是追随李唐皇帝尊崇道教老子的。

武则天在唐高宗时期，作为皇后，是积极参与唐高宗的崇道活动的。一个典型的事例是，她建议文武百官及天下举子一律学习老子的《道德经》。那是上元元年（674），遵循当时称为天后、后来称为则天武后的御旨，上自王公，下至百官，人人都要学习《道德经》。《道德经》同《孝经》、《论语》一样，作为每年考选官员的科目之一，后在明经科里设老子第一课，继而规定《道德经》和《孝经》为上经。于是，凡参加考试者必须学习《道德经》。这么一来，《道德经》的思想内容成了官员们的基本常识。

武则天还利用道教进行皇室政治斗争，她为了让自己的儿子李弘继承皇位，便命道士抄写《洞渊神咒经》，经中特意写上“李弘当王”的谶言。武则天拿着道士的这个谶言，作为李弘继位合乎“天意”的证据，并随后杀掉原太子李忠。后来，当太子李弘冤死之时，武则天为其特作《一切道经》36部。而为了追悼武则天死去的母亲，决定让女儿太平公主度为道士当女冠，则更是武则天的主意了。可知，这时的武则天是随同高宗奉道的。

唐高宗死后，武则天垂帘听政，独揽大权，称帝之心越来越迫切，她逐渐感到道教成为她篡权夺国的障碍。因为经过唐初60余年的崇奉和宣扬，道教的教主老子作为唐皇朝的“圣祖”和护国神的形象已深入民心，它已成为唐皇朝的象征，人们并利用老子来反对武则天的篡权阴谋。据《犹龙传》载，文明元年（684），武后垂帘听政时，就有所谓的老子显灵，对洪州豫章县民邬元崇说：“我是太上老君，汝帝之祖。”并命邬元崇向武后传话：“国家祚永而享太平，不宜有所僭也。”邬元崇赶赴京城奏闻朝廷，武则天大为不快，邬元崇被禁锢而死。由于有人利用老子来反对武则天称帝，她要代唐为帝，就需要削

弱道教的地位，贬低老子的形象，从而达到削弱和打击唐皇朝的政治目的。同时，武则天也需要编织一套新的政治神话来神化自己。

与道教同样具有迷信色彩的佛教，成为武则天利用的工具。当时佛教在社会上已有着广泛的影响，僧尼对唐初执行崇道抑佛的政策也有所不满，这正是武则天可以利用的社会力量。垂拱四年（688）四月，武则天暗示武承嗣等人伪造刻有“圣母临人，永昌帝业”的所谓瑞石，对外宣称是从洛水获得的。武则天把这块瑞石称为“天授圣图”，封洛水神为“显圣侯”，武则天也自封为“圣母神皇”。同年六月，又在汜水得到一块刻有《广武铭》的瑞石，铭文暗示武则天是“化佛空中来”，应当取代李唐为女主。载初元年（690）四月，东魏国寺的僧人法明等伪撰《大云经》四卷，称武后“乃弥勒佛下生，当代唐为阎浮提主”。佛教称人世间为阎浮提，阎浮提主即人世之主。武则天借此大造舆论，向全天下颁发《大云经》，命令各州都要设置大云寺。在武则天授意下，这些编造的符瑞和神话，无疑都是为她代唐称帝做舆论上的准备，是在为她大造篡权夺位的神话舆论。正是：人制造了神，神服务于人。

△武后步辇图

天授元年（690），武则天建周称帝。由于武则天自称是弥勒佛化生，因而在全国大力崇奉佛教，执行先佛后道的政策。据《唐大诏令集》卷三载，天授二年（691），武则天下令“释（佛）教在道法之上，僧尼处道士女冠之前”，否定了李唐先道后佛的一贯政策。这样一来，道教徒知道已经失势，于是有些道士就改行做和尚去了。长寿二年（693），武则天又推翻自己从前的建议，命令天下举子停止学习《道德经》。后来，又取消了老子“玄元皇帝”的封号，恢复“老君”的称谓。这样，在武则天执政后，佛教势力逐渐抬头，道教势力逐步衰弱。武则天一反常态，执行先佛后道的政策，打压道教，当然最根本的是为其政治意图服务。

簪花仕女图（唐）

尽管武则天出于政治原因，对尊奉老子的道教不太感兴趣，但是，对于擅长方术讲究长生的道士，她却是欢迎备至的。还在做唐高宗的皇后时，武则天就对在嵩山逍遥谷精修炼丹的女道士潘师正十分倾慕，召入内宫，当面求教养身长生之道，并委以炼制丹药进呈宫内的特殊使命。

潘师正的得意徒弟司马承祯，也曾受到武则天的召见。司马承祯少年登嵩山入道，得到潘师正的真传，学得“辟谷导引服饵之术”，后游至天台山，隐居修行，被武则天访闻，请下山来。《旧唐书·司马承祯传》就此载：“则天闻其名，召至都，降手勅以赞美之。及将还，勅麟台监李峤饯之于洛桥之东。”有着铁石一样心肠的女皇武则天，能让著名道士司马承祯来去自由，好来好走，并厚礼相待，说明她对擅长长生术的道家方术士是另眼相看的。

唐朝高道张果，擅长“服气”，很有些长生不老的招数。武则天得知后，派遣专使征召，张果竟以诈死脱身。《旧唐书·张果传》载：“张果者，不知何许人也，则天时隐于中条山，往来汾晋间，时人传其有长年秘术，自云年数百岁矣……则天遣使召之，果佯死不赴，后人复见之往来恒州山中。”后来，还是唐明皇把张果请进宫来。

仕女图（唐）

武则天企求长生，甚至祈祷三官保佑她长命百岁。三官是道教的神祇。早在东汉末年，有组织形态的道教刚刚出现，就有了三官信仰。当时汉中张修传五斗米道，命鬼吏为病人祈祷，将病人姓名书写出来，一个送上天，一个埋于地，一个沉之水，谓之三官手书。早期的民间道教吸收了这一传统信仰，奉天、地、水三官为主宰人类祸福的最高神灵。到了唐代，对三官的信仰依然十分炽烈，而且成为官方的信仰。在武则天时代，官方制作金简，祈祷三官九府，为女皇则天求福免祸。看来，武则天对道教是又打又拉，又弃又取，一切在于实用、为我所用。

武则天思慕长生长寿，还在年号上大做文章。称帝不久，她改元“长寿”。没过三年，又改年号“延载”，其意与“长寿”没有啥两样。此后，或是一年，或是两年，年号一改再改，依次有“天册万岁”、“万岁登封”、“万岁通天”等。“万岁”，无非是永生不死的意思。据《全唐文》卷九十九载，武则天还以佛迷身份创制新字：以千千万万为年，永生久王为证，长生王圣。字里行间充满着长生不死的渴望。

一些方士投武则天所好，声称能合炼长生药。武则天即信以为真，召请方术士们炼制“药金”，并多次服食。据载，武则天曾向胡洞真天师乞求九转神丹。

对道士炼制出的“药金”，武则天不仅自己享用，还作为上等礼品赏赐给臣下。当时著名的外丹炼师孟诜，有一次到凤阁侍郎刘祎之家里做客，见到武则天赏赐给刘祎之的“药金”，便通过烧火进行了一番鉴定，果然是真品。这事后来让武则天知道了，很是不快。《旧唐书·孟诜传》就此载道：

> 诜少好方术，尝于凤阁侍郎刘祎之家见其敕赐金，谓祎之曰：“此药金也，若烧火其上，当有五色气。”试之果然。则天闻而不悦。

孟诜作为孙思邈的弟子、炼丹家，用“烧火”见“五色”的方法鉴定武则天颁赐宠臣的“药金”，这种方法也就是现代化学中所说的焰色法。

武则天到了晚年，长生求仙的念头更为强烈。据《资治通鉴》卷二〇七载，圣历二年（699）、圣历三年（670），七十五六岁的武则天，连续两次“幸嵩山，过缑氏，谒升仙太子庙”。

武则天在垂暮之年如此看重道教圣地嵩山，这里的“缑氏”、“升仙太子”指的是什么呢？我们看看西汉刘向《列仙传》中的《王子乔传》便知道了。在这篇传记中，刘向写到：王子乔是周灵王的太子，年轻好道，游于伊、洛之间，被道士浮丘公引渡嵩山学道，历时30多个春秋，忽遇友人桓良说：“‘告我家七月七日待我于缑氏山巅’。至时，果乘白鹤驻山头，望之不得到，举手谢时人，数日而去。”后来出的《续仙传》所载王子乔的事迹基本同上，只是对桓良所说的话稍异几字：“七月七日我当升天，可与故人会别也。”前后两部“仙传”都把这件事称为“王子登仙”。后来，神仙家又称为“升仙太子”，并在嵩山建造了“升仙太子庙”。于是，“七月七日”这个“缑山之期”，被确认是王子乔升仙的日子，在后世的诗文中也常常以此喻作成仙。反过来，膜拜王子乔也就赋有了祈求长生、飞升求仙的含义。武则天以古稀之年，连续两次亲赴嵩山，拜谒升仙太子庙，正是祈求长生不死去了。

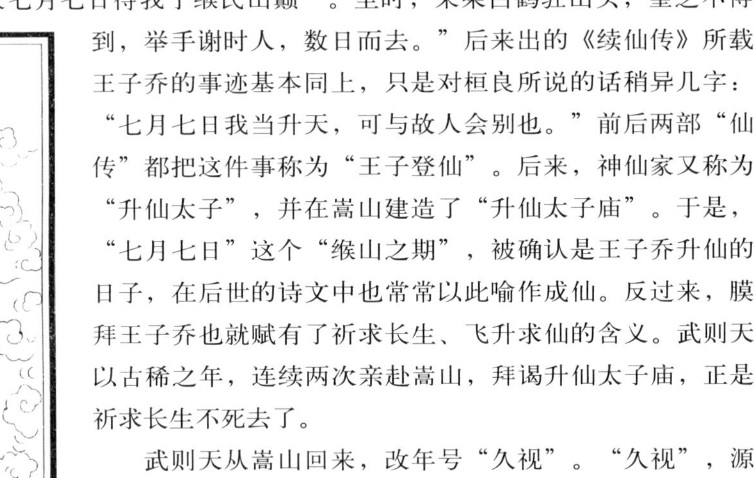

王子乔，史称“升仙太子”

武则天从嵩山回来，改年号“久视”。“久视”，源出道家的“长生久视”用语。当时，武则天已年高多病，为了盼望平安无事，她又改元“长安”。可是，武则天却是一病不起，拖到长安四年（704），其病情反而加重，为图吉利，武则天将卧病寝殿命名为“长生院”。从年号“久视”、“长安”到住地“长生院”，这些文字本身就包含着武则天祈求长生不愿辞世的愿望。然而，生老病死

的自然规律是任何人都无法抗拒的，威震四海的一代女皇也不例外。就在长安四年（704），83岁的武则天死去，不过应该说，她也够“长寿”的了。

△道士法衣

武则天死了，但她和道教的关系并没有完结。武则天有两个孙女，为死去的武则天“追福”，竟度为道士，这成了道家津津乐道的一件事。

这两位皇家女儿分别是西城公主与隆昌公主。她们俩是唐睿宗的亲女儿、唐明皇的亲妹妹。唐睿宗肯于把两位金枝玉叶度为女道，这是为什么？《资治通鉴》卷二一〇载，其目的很明确，那就是“以资天皇太后（武则天）之福”。意思是，通过把西城、隆昌二女送入道观，来为死去的武则天“追福”。

两位公主度为女道士后，分别起了道号，西城为“金仙”，隆昌为“玉真”。唐睿宗在京师为她们分别建了金仙观和玉真观。据说，这两所道观工程费用高达数百万缗，规模宏大，陈设华丽，因此曾遭到许多人的反对。当时的左补阙辛替否上疏睿宗，极力劝阻。然而，唐睿宗哪里听得进这些逆耳忠言，还是挥金如土一般地把金仙、玉真二观建起来了。

相传，玉真公主曾到华山，登太华峰，修行炼丹。李白游华山有感作《玉真仙词》，其诗句有“玉真之仙人，时往太华峰”。韩愈所作的《华山女》诗中也说：“华山女儿家奉道，欲驱升座演真诀。”两位诗人所说的，都是玉真公主。

据说，金仙、玉真两位特殊的女道士，还曾漫游四川的青城山，并在青城山上的祖师殿开炉炼丹。祖师殿，始建于晋代，原名洞石观。祖师殿的周围环境十分幽静，相传唐睿宗的女儿玉真公主和金仙公主到此修道炼丹，羽化后即葬于此山。“帝子影堂香漠漠”、“六六峰前帝子家”这类诗句，就是唱颂她们在此修道的。两位公主炼丹、烧香用过的飞龙鼎，今天仍存于灌县离堆公园伏龙观内。该鼎重约千斤，周围有六条龙盘旋，姿态各异。这大约可算是金仙、玉真两位公主在青城山崇道活动的“物证”了。

为武则天“追福”的皇家女儿，在道教史上留下了一段佳话。

六、唐明皇，一个地道的“道士皇帝”

唐明皇，即唐玄宗李隆基，他在位的开元、天宝年间（713—755），是李唐王朝最繁荣兴盛的时代。由于唐明皇的大力扶持，唐代道教的发展在这一期间也达到了高潮。在中国历史上，唐明皇是继秦皇汉武之后又一位狂热地思慕长生笃信神仙的封建帝王。唐明皇不仅亲自接受道家大师的道教法箓，从仪规程序上步入道家的大门，而且是真心地痴迷丹道，与他极其宠爱的杨贵妃双双求仙，成为一个地地道道的“道士皇帝”。

唐明皇对待神仙方术，很像唐太宗，早年实际是持怀疑态度的。据《旧唐书·方伎传》载：“玄宗初即位，亲访理道及神仙方药之事，及闻变化不测而疑之。”又据《资治通鉴》卷二一二载，开元十三年（725），唐明皇与群臣宴于集仙殿，玄宗对群臣说：“仙者凭虚之论，朕所不取。”并且把集仙殿改为集贤殿，成为历史上的美谈。一句“朕所不取”，说明这时的唐明皇对仙道的认识是相当清醒的。

凡是务实的清醒的政治家，谁也不会轻信世上真有什么神仙。为了稳定社会秩序，唐明皇还禁止卜祝迷信活动，不准各地献符瑞。当然，对于方药与养生术，唐明皇始终是孜孜以求的。人不可能不死，更无法成仙，但是，长寿健康是可以做到的。唐明皇深谙此道，精通医药，讲究养生。如果为了健康长寿，讲究些养生术，而又不误入神仙迷信的歧路，也并没有什么不好，因为不少养生之道中还包含着或多或少的科学成分。问题是，聪明一时的唐明皇，最终也没有比秦皇汉武高明多少，还是走上了企求长生成仙的迷茫路。

纪泰山铭

唐开元十三年（725），唐明皇登封泰山，第二年御书《纪泰山铭》，即削崖为碑，刻于其上。俗称“唐摩崖”，被誉为泰山一大名胜。

张果老见唐明皇

那是在开元后期，唐明皇面对开元盛世，感到可以高枕无忧，安享太平了，而不再坚持以往节欲戒奢的主张，日益追求奢侈享乐的生活。同时，也因为年岁渐高，精力日衰，深感老之将至，因而企求长生的欲望日益强烈。唐明皇后期崇奉仙道的活动，正是在企求长生的思想基础上展开的。

唐明皇开始信奉神仙方术，大致可从开元二十二年（734）召见方士张果算起。张果，是唐时著名的方术士，自称通神术，长期隐逸恒山。开元二十一年（733），唐明皇就曾派人前往召请，张果当时不愿应召。《旧唐书·方伎传》有载：

> 开元二十一年，恒州刺史韦济以状奏闻。玄宗令通事舍人裴晤往迎之，（张）果对使绝气如死，良久渐苏，（裴）晤不敢逼，驰还奏状。

张果使出“绝气”如死人之状的绝招，拒绝了唐明皇的召请。所谓“绝气”，实际是气功之法，运用意念，屏息凝神，气沉丹田，进入假寐状态。

第二年，唐明皇巡幸东都洛阳，再次召请张果。这次，张果下山了。唐明皇在洛阳对张果厚礼相待，多次试验神仙方药之事。张果在宫内一住就是半年，耍了不少的方术把戏，终于让唐明皇神迷心窍了。史书上说：“上（唐明皇）由是颇信神仙。”《旧唐书·张果传》卷二一四也说：唐明皇赞扬“张果先生，游方外者也。迹先高尚，深入窈冥”。张果半年时间的说教，成为唐明皇对神仙方术由不信到相信的转化契机。

从历史上看，历代帝王企求长生成仙，都不外乎这样两种形式：一是求助于灵丹妙药；二是求助神灵的庇佑。他们是绝不会抛弃荣华富贵到山林中去潜心修炼的。那么，唐明皇到底是怎样走进仙道王国的？他又是怎样与道教打交道的？

▲唐明皇李隆基

（一）先让我们看看唐明皇为实现长生不老飞升成仙的美梦，是怎样崇道尊祖企求神灵的。

开元二十四年（736），唐明皇在宫中设寿星坛，祭老人星，以求“万寿无疆”。这应该是唐明皇企求长生迷信活动的开始。

开元二十九年（741）正月的一天，唐明托称自己夜来假寐，忽然梦见玄元皇帝老子的真容，老子还和他进行了对话。据《资治通鉴》卷二一四载，在梦幻世界里，老子对唐明皇说：“吾有像在京城西南百余里，汝遣人求之，吾与汝兴庆宫相见。”梦醒后，唐明皇即令道门威仪萧元格等外出巡访。据说，在周至县楼观附近的终南山中果然掘得老子玉像，与唐明皇所梦见的一模一样，便迎置于兴庆宫内殿。这件事轰动了京城内外，文武百官纷纷上表庆贺，称赞太上老君降灵托梦，“镇我皇家，启无疆之休”，实在是大吉大福，值得万民同庆。于是，唐明皇在这年五月下诏，图写玄元皇帝老子的真容，分送各州的开元观安置。自此之后，各处奏言老君显灵及天降祥瑞者便层出不穷。

由于唐明皇能够梦中拜见老子真容，内外大臣们也就放心大胆地奏报所谓老君显灵、喜见祥瑞一类的事了。第二年，天宝元年（742）正月，京师陈王府的参军田同秀奏称，在丹凤门外见到玄元皇帝老子，向当今圣上唐明皇传话：“天下太平，圣寿无疆”，并且还说，在桃林县以前崇道的关令尹喜的家宅旁有一个“灵宝符”。唐明皇得报喜形于色，派使者前往桃林县，还真的找到了“灵宝符”。于是，在大宁坊建玄元皇帝新庙，唐明皇亲往祭祀。群臣又上表请改年号为“天宝”，以应祥瑞。这就是天宝年号的由来。唐明皇还将产有“灵宝符”的桃林县改名为灵宝县。那个奏报亲眼看到老子的参军田同秀，被授予朝散大夫之职，升官发财去了。

同年九月，崇元馆大学士陈希烈等也奏称，在太清门见到了玄元皇帝，玄元皇帝对他们说：“可报吾孙（指唐明皇），汝是上界真人，吾于左右长卫护。汝寿命无疆，灾害自除，天下安乐。”唐明皇对老子保护他“寿命无疆”，很是兴奋，诏命把这件事付之史馆，记录于史册。这是《犹龙传》卷五的记载。

天宝四年（745）正月，有一天，年过花甲的唐明皇，一本正经地对宰相说，他在宫中筑坛祈福时，忽突听到空中有人说“圣寿延长”。《资治通鉴》卷二一五记载了唐明皇的一席话：

> 朕比以甲子日于宫中为坛，为百姓祈福，朕自草黄素置案上，俄飞升天，闻空中语云：“圣寿延长。”

唐明皇赴坛祈福，听到空中有人说“圣寿延长”，这似乎是他过分思念长寿而造成的幻觉。可笑的是，唐明皇把幻觉当作神怪显灵，而太子、诸王、宰相等竟将诞佞视为事实，纷纷上表庆贺，恭祝唐明皇的“圣寿”，满足他“延长”性命的心理。宋代的史学家范祖禹在《唐鉴》卷五《玄宗下》中批评说：“明皇假于怪神，以罔天下”，“是率天下而欺己也！”古人已经把唐明皇自欺欺人的做法看得很透了。

为了迎合唐明皇企求长寿的急切心情，一些投机取巧之徒耍弄了新花招。天宝八年（749），有个叫李浑的，串联了一些人，上书声称：在太白山上遇见“神人”，“神人”说金星洞里有块玉石板，上面写有当今皇上的“福寿之符”。唐明皇立刻派官员去寻找，果然得到了玉石板。这是很拙劣的诈骗，所谓“福寿之符”显然是事先埋好的。

这些神乎其神的历史典故，该怎样看呢？其中的唐明皇是否梦见过老子，是否闻有空中之语，已是无从查考了，但所谓老子降显，灵符出现等，无疑都

▼四川安岳玄妙观第11号龛老君龛（唐开元年间）

是群臣为迎合唐明皇所好而编造的。唐明皇之所以对此深信不疑，是因为这当中都有“圣寿延长”、“圣寿无疆”的好话，正合唐明皇长生成仙的愿望。

由于唐明皇的倡导，一场仙道狂热在全国展开了。天宝年间，所谓老子显，仙人见，灵符出，瑞祥现，这类事层出不穷。《资治通鉴》卷二一六载：“时上（指唐明皇）尊道教，慕长生，故所在争言符瑞，群臣表贺无虚月。”宰相李林甫甚至把自己的宅第都拿出来，捐献为道观，来为唐明皇祝寿，博取皇帝的欢心。从早期合理的养身之道，演化为一场场荒唐的“慕长生”闹剧，清楚地反映了唐明皇晚年的昏庸。这也是唐明皇执政后期逐渐丧失了政治进取心的必然结局。

唐明皇在企求神灵的同时，把集道祖与家祖于一身的老子作为护身神，希望太上老君能保佑他延年益寿。为此，唐明皇尊崇始祖达到了极点，他对老子的尊号一加再加：天宝二年（743），唐明皇追尊玄元皇帝老子为“大圣祖玄元皇帝”，亲临玄元庙祭祀，并且还给老子的父母敬献尊号，老子的父亲为“先天太上皇”，母亲为“先天太后”。天宝八年（749），唐明皇亲谒太清宫，加封老子新的尊号为“圣祖大道玄元皇帝”。天宝十三年（754），唐明皇再次拜谒太清宫，又追加老子尊号为“大圣祖高上达道金阙玄元天皇大帝。”“天皇大帝”比起“玉皇大帝”的至尊神衔，已是毫无逊色之处了。

唐明皇还作出规定，把老子的诞辰日作为“国庆节”。二月十五日是老子的诞辰日，称为“降圣节”，这天作为举国庆祝的节日，全国放假一天。

福禄寿三星，彩塑

唐明皇还在全国各地大规模地增建老子庙，供奉太上老君。开元二十九年（741），唐明皇诏令，在洛阳、长安东西两京及诸州各置玄元皇帝庙一所，这样，李唐皇帝的祖庙就遍布天下了。唐明皇同时规定，各地每年都必须在玄元皇帝庙举行设醮斋祀。天宝二年（743）三月，唐明皇下诏，提升玄元庙为宫，西京长安及老子故乡亳州的改称太清宫，东京洛阳的称为太微宫，天下诸州的则称紫极宫。诸宫均仿照宫阙之制，祭献太清宫的礼仪与祭献太庙相同。改庙为宫，是唐明皇对老子的进一步尊崇。今天北京的白云观，曾是全真龙门派始祖丘处机真人的藏蜕之所，是“全真第一丛林”和全真道“三大祖庭”之一。它的前身就是在唐明皇的支持下，在开元年间建立的天长观，

◎四川龙鹄山第5号老君和谐侍真人龛（盛唐）

专供祭祀老子之用。白云观里，现在还珍藏着一尊汉白玉石雕刻的老君塑像，就是唐明皇时供奉在观中的老君圣像，屈指数来，已有1200多年的历史了。

对老子的《道德经》，唐明皇奉为圣经。开元年间，唐明皇反复研读，并亲自为《道德经》作注解，把它列为诸经之首，颁布天下，用老子之道修身治国。开元二十一年（733），唐明皇要求，不管是官宦文人，还是普通百姓，每家都必须有一本老子的《道德经》，真是家喻户晓了。唐明皇还下令，西安、洛阳东西两京以及各州道观，都将他作注的《道德经》刻成碑文。更有甚者，唐明皇把帝王诏令敕书的书写格式，用到圣祖老子的头上，要求百官的表疏及一切公文，凡引用《道德经》的词句，一律半阙。这是让天下百姓把老子的《道德经》当成皇帝的圣谕一样看待了。

唐明皇期望长生的心情迫切，认为对神圣的始祖老子，只是追加尊号、建庙祭祀以及尊奉经典仍然不够，还应当亲自随时随地地侍奉老子于左右，才有可能真正感动老子，从而得到老子的“福佑”。可是，老子已归天千年，怎样实现侍奉老子这一夙愿呢？唐明皇冥思苦想，终于想出了偶像侍奉的良策。

据《册府元龟》卷五十四《帝王部·尚黄老二》载，唐明皇在天宝初年，在长安最大的道教庙堂太清宫，“命工人于太白山采白石，为玄元圣容与玄宗圣容，侍立于玄元右，皆依王者衮冕之服，绘彩珠玉为之。”看来是用白玉石雕塑了唐明皇的真容，站立在玄元皇帝（老子）圣容的右侧。天宝三年（744），唐明皇又下诏，命东西两京及天下诸郡都要用金铜铸造老子和玄宗的“真容”，供奉于道观里。天宝八年（749），甚至在唐明皇原先的旧宅潞州启圣宫里，也“琢玉造圣祖大道玄元皇帝真容及帝真容”。可见，唐明皇侍立于老子之侧的塑像，可以说是遍及全国各地，有玉石雕的、有金铜铸的。唐明皇这样做，固然有让内外臣民崇拜老子和他本人偶像的意图，但更重要的是表露他侍奉祖宗老子的心地。当时的朝中大臣就已看出，唐明皇通过塑立偶像来侍奉老子，意在讨好老子，以保佑他不死成仙。天宝四年（745），崇玄馆学士、门下侍郎陈希烈上疏奏道：“伏唯陛下虔诚奉道，福佑所归，置玉石真容，侍圣祖（老子）左右。”很明显，设置唐明皇的偶像，是跟尊奉老子分不开的。所谓“福佑所归”，无非是要圣寿延长，永远健康。这才是侧立侍奉老子的真正目的。唐明皇企求长生成仙，真是用尽了苦心。

有一道诏敕，更突出地反映了唐明皇求仙飞升的宿愿。大约是在天宝年间的中后期，唐明皇颁布了《敕冀州刺史原复边仙观修斋诏》，诏书说：

> 朕承唐运，远袭元［玄］元，载宏道流，遂有灵应。彼之女道丹台真人，白日上升，五云在御，不图好道，遂有明征，深为喜慰。……卿可于观所，宜修斋行道，以达朕意也。

在这里，唐明皇认为，有女道丹台真人白日飞升成仙，是他“载宏道流，遂有灵应”的验证。然后，发挥了一通“辽海虽别于千年，缑山复期于七日”的议论。所谓“辽海”，是指道教里的蓬莱、方丈、瀛洲三座神山；“缑山”，是指周灵王的太子王子乔升仙的圣地。意思是说，遥隔千年的辽海仙山虽然旷远，但以当地“女道丹台真人，白日上升”来看，并非虚无缥缈。唐明皇多么期望自己有朝一日也能像王子乔一样“七月七日”升仙。唐明皇认为，

四川龙鹄山第23号天尊说法图（盛唐）

只要诚心宏道，总有灵应。如果说周朝王子乔升仙只是传闻的话，而今天丹台真人飞升，则是冀州刺史亲眼目睹的实况，那么，他唐明皇只要虔诚地祈求，也总有成仙飞升的一天。以“七月七日”隐喻唐明皇的求仙心态，在后来白居易“七月七日长生殿”的诗句中，得到了充分而完美的表达。

唐明皇盼长生，求成仙，朝思暮想，以致想象出有“灵仙”来接他升天。《全唐文》卷三十三载，在天宝晚年，唐明皇听到大同殿前钟鼓楼钟鸣的声音，便有感下诏：

> 朕斋心大同……体应荐臻。今九华之钟，三清激响，声闻金石，气含虚元。是知紫宸之宫，云軿降集，青童之府，烟景来游，灵仙坐接，福寿昭然。

△四川安岳玄妙观第62号　救苦天尊乘九龙龛（唐开元年间）

唐明皇凭借神殿前的大钟敲响的声音，便揣思是仙宫天尊乘云车下降，是“灵仙坐接”的征象，想象自己仿佛会到“云軿”之上，被飘飘然接往“紫宸之宫”了。唐明皇期望飞升为仙，真是入了魔了！

（二）唐明皇广泛交结道家方士，甚至打算把亲妹妹嫁给道士，他不仅设立御用炼丹点，而且还亲手炼丹。

唐明皇早在当太子时，就对炼丹之事有所涉猎了。据史料记载，那时有个谋士叫王琚，曾以“飞丹炼药”之伎侍奉在李隆基的左右。由此可知，唐明皇很早就与道家方士们有些来往。

唐明皇登基后，特别是在开元末年和天宝年间，越发重视道家，提高其社会地位。开元二十四年（736），唐明皇诏令，道士与女冠隶属于宗正寺，把他们列入了皇室家族。第二年，唐明皇任命道士尹愔为谏议大夫、集贤学士兼知史馆事。任命道士担任谏议大夫这个劝谏皇帝言行的重要角色，结果是道教更加深入宫廷内部，道家方士们有了进一步接近唐明皇的便利条件。

唐明皇还创办了国立道教学校。那是在开元二十五年（737），唐明皇下令，在东西两京及各州县设置“崇玄学”，内设崇玄博士等职，各招学生100

名，在那里就读的学生主要读《道德经》等道教经典，他们同举人一样，每年经明经科核准的考试在中央进行，考试合格的学生按贡举及第者同等对待，这就是历史上所说的道举。天宝二年（743），唐明皇改崇玄学为崇玄馆，玄馆内置学士、直学士、大学士等教官，大学士由宰相担任，总领两京及诸州道观。以道教经典作为科举考试的特设科目，并且设置专门讲习道经的学校，这是唐明皇的创举，说明他很重视道家的后继之人的培养。

唐明皇不仅尊崇太上老君，而且对其他道教祖师真人也倍加尊重。天宝七年（748），唐明皇下诏，褒奖道教创始人东汉的张天师，以及魏晋南北朝时期的名道炼丹家杨羲、许谧、许翙、陶弘景等道教祖师。册封张天师为太师，陶弘景为太保，下令查找这些道教祖师是否有在世的子孙，予以赏赐封植。唐明皇还下诏，令天下道教宫观所在的名山分别设置天坛祠宇，每处度道士5人，并取近山百姓30户蠲免租税差役，永供洒扫。各郡有自古得道升仙者之处，每处度道士2人或3人，永修香火。

△张果老与何仙姑

唐明皇在对道家予以普遍的重视的同时，更是多次召见高级道士和著名的方术士，请问道法，求教炼丹及养生方术。《唐语林》卷五载："玄宗好神仙，往往诏郡国，征奇异之士。"为此，他交结了一大批道家方士。

张果，就是唐明皇十分欣赏的方士之一。这与大约在开元二十二年（734），是张果把唐明皇引入了仙道之门有关。张果主张服食、修伏灵砂（丹砂），长期在恒山修行炼丹。他在炼丹实践中，著述了大量道家方术方面的著作。唐明皇曾屡屡遣派使者，把张果召入宫中，探问道术和神仙一类的事。或许是唐明皇对张果的仙道丹术入了迷，也或许是由于张果对手中方术有"语秘不传"的地方，唐明皇打算把已入道的亲妹妹玉真公主嫁给张果，那样的话，当妹夫的方士便再也不会对身为皇帝的大舅子保留什么秘密了。不料，张果竟婉言谢绝了这桩美事。就此，《新唐书·方技传》载：

有使至，传诏曰：玉真公主欲降先生，（张）果笑，固不奉诏。

该书还载道，张果“善息气，能累日不食。”联想到开元二十一年（733）张果使用“绝气”法进入假寐状态，而拒绝了唐明皇的第一次征召，可知方士张果也很通晓内丹（气功）。张果在东都洛阳，就曾向唐明皇面授气功之法。张果在唐明皇身边待了几年，“恳辞还山”。唐明皇也知道强扭的瓜不甜，便放他出宫，还授给他“银青光禄大夫”，赐号“通玄先生”，又赏给布帛300匹，侍从2人。张果回到恒山不久，便死去了。

△司马承祯，曾向唐明皇传授道教法箓

在开元年间，唐明皇还曾把当时住在天台山的茅山派第十二代宗师司马承祯迎入宫中，请教道法和养生术。唐明皇越听越体会到道教的博大精深，敬佩不已，于是就亲自接受了司马承祯传授的道教法箓，按宗教仪规来说加入了道教组织，正式成为一名“道士皇帝”。

一次，司马承祯上奏说，在五岳分别有上清真人下凡的洞府，唐明皇当即下令，在五岳各建真君祠。后来，唐明皇还为司马承祯在天台山建造了桐柏观，在王屋山修建了阳台观，并命玉真公主及光禄卿韦韬到司马承祯的居所，修金箓斋，学习道术秘诀。

司马承祯向唐明皇传授的主要是“辟谷术”。所谓“辟谷”是养生术的一种，一般指仅饮甘露的方术。司马承祯声称，人体里有一种叫“三尸”（或三彭、三虫）的邪怪，靠五谷为生，危害人体。若经过“辟谷”修炼，使“三尸”无以为生，从而除去“三尸”，人才有可能长生不死。他还发明了一种“辟谷丹”，这种丹由白术、山药、黄芪、茯苓、大枣以及花生仁、栗子仁、核桃仁等混合制成，包含着较丰富的植物性脂肪、蛋白质、糖类以及各种维生素、氨基酸等。有这样的辟谷丹，再佐以清泉之水，不用食五谷，当然也会活得挺舒服。司马承祯的辟谷术，对唐明皇的养生和晚年生活产生了不小的影响。

据唐时宰相李林甫所撰的《唐朝炼大丹感应颂》载，除张果、司马承祯外，在开元年间应召入京的道家方士还有不少，他们各有所长。我们再来看看这些走近唐明皇的道家术士。

吴筠，原本是潘师正的门徒，自称精通神仙修炼之事。开元年间，吴筠南游金陵，访道茅山；后又游天台，观沧海，与名士相娱乐，文辞传颂京师。吴筠很有才气，他与“谪仙人”李白在诗酒之会上所写的歌词，京城广为流传。唐明皇将吴筠请入京师，在大同殿上召见，两人谈得非常融洽，授予待诏翰林官职。唐明皇请问道法，吴筠回答说：“道法之精，没有超过《道德经》的，与其相比，其他的都不过是白白浪费纸张而已。”　唐明皇又与他提起神仙修炼之事，吴筠说：“这些玩意儿是山野之人做的，他们有闲工夫，几个月、几年时间对他们来说无所谓。您就不同了。您是皇上，要为天下事操劳，每天日理万机，哪有时间来做这些事呢？” 唐明皇因此对他深为敬重。后来李林甫、杨国忠当政，吴筠坚决要求回嵩山，都没有获得唐明皇的准许。“安史之乱”时，吴筠终于请求回到了茅山。

叶法善，精于“摄养占卜之术”。其“摄养”，是指以阴阳、表里、虚实、寒热的辨证疗法，协调人体机能，赋有调养互补、祛邪扶正的作用。唐明皇曾把叶法善召入宫中，以龙体感受“摄养”法。

王希夷，原为嵩山隐士，“师事道士，得修养之术”。唐明皇慕名，命中书令张说专程赶往嵩山，“访其道异”，寻求“修养之术”。

孙太冲，一个专门以炼丹著称的道士，唐明皇厚礼相待，命其炼造神丹，被称为“供奉山人”。

李含光，长期在茅山修行炼丹的上清派宗师，司马承桢的弟子。李含光精于炼丹，也善于服气养生。据《全唐文》卷三十六载，唐明皇早年就曾派遣使者前往茅山李含光处，求教如何“运心太虚之境，以养谷神之寿”。“运心”，即排除杂念，静心服气，属呼吸养生之法。嵇康的《养生论》说：“呼吸吐纳，服气养身。”李含光等道家将其神秘化，声称吐纳可以吸取“生气”，吐出“死气”，达到长生，即所谓“谷神之寿”。“谷神之寿”，源出于《道德经》“谷神不死”的玄言，后被道家利用作为养生之道，也被唐明皇所接受。

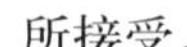

李含光还接受了为皇帝主持茅山炼丹的特殊使命。天宝年间，唐明皇在道教圣地茅山和嵩山分别设立了御用炼丹点，指定专门法师来负责办理炼丹事宜。李含光就是唐明皇指派在茅山炼丹的主持者。奉命后，李含光是如何组织人马大炼特炼的，我们姑且不论，单从唐明皇给他的信函上，就可看到李含光没有辜负圣上的委任。在《全唐文》卷三十六《答李含光贺仙药灵芝敕》中，唐明皇说：“炉开仙药，九真示传。”这是指“九转金丹”，意为反复炼制，极言金丹之精。这里赞扬李含光勤事烧炼之功，是对东汉魏伯阳炼丹“豫兆于前”的发展，为表示虔诚，对李含光炼成之丹药，唐明皇“斋心以伺，专使以迎”。唐明皇在《送李含光还广陵诗序》中，还褒扬李含光“保我以金丹之期”，对他按时炼成仙丹，深表感激。

△江苏茅山道院三天门

唐明皇把李含光当作炼丹求仙的知己，多次向李含光倾吐盼望成仙的心理。《全唐文》卷三十六所载唐明

皇《命李含光奉词诣坛陈谢敕》说："朕志求道要，缅想真仙。"同书中《命李含光建茅山坛宇敕》又说："朕载怀仙境……岂徒梦寐华胥，驰诚碧落而已。""华胥"，即华胥国，源出《列子·黄帝篇》，说黄帝昼寝"神游"华胥，被道家喻为人间仙境。"碧落"，道家指天空。这几句，唐明皇向李含光充分流露了自己的仙道心境，这就是遐想神游华胥还不过瘾，通过服丹养生实现白天飞升、羽化登仙才是真正的目的。

唐明皇敬重李含光，还进而拜之为师。天宝七年（748）三月，唐明皇亲自在大同殿上受上清派经箓，他事先派中使去茅山，告诉李含光受经日期，遥礼为师，赐号玄静先生，并赐法衣一袭，以伸师资之礼。唐明皇由此更明确了一个"道士皇帝"的身份。

或许是对茅山道教大师李含光的一种奖赏，唐明皇下令，蠲免茅山附近百姓200户的租税差役，让他们长期负责茅山的紫阳观、太平观、崇玄观这些道观的修葺洒扫。

至于唐明皇另一处炼丹点嵩山的有关炼丹情况，虽然缺乏具体的史料记载，但确也将丹药炼成并送进宫来。《资治通鉴》卷二一五载，唐明皇收到嵩山丹药后，先放置于宫中的坛上祈祷，以示神圣，竟有仙人于夜间在空中"守护"。该书这样记述道：

徐佐卿

唐天宝年间道士。传说他常化为仙鹤，一次唐明皇狩猎时，看见仙鹤便拉弓射杀，徐佐卿被箭射中，并将箭带回挂于墙壁上。后来，唐明皇到四川庙中巡游，看见了自己射出的箭。

> 朕于嵩山炼药成，亦置坛上，及夜，左右欲收之，又闻空中语曰："尚未须收，此自守护。"达曙乃收之。

看来，茅山、嵩山两处御用炼丹点，在唐明皇的精心安排和名道高师的主持下，都曾炼制出丹药成品。唐明皇的一片苦心没有白费，总算尝到了丹药的滋味。

然而，随着时光逝去，唐明皇一天比一天老了，他那炼仙丹保长寿的心情也越来越为迫切。对嵩山、茅山炼制的丹药，唐明皇还感到不太满足，于是又召请道士孙甑生、罗思远、姜抚等，分别带着一批方士宦官，选择名山盛地，展开了更大规模的炼丹采药活动。《旧唐书·礼仪志四》载：

> （唐明皇晚年于）天下名山，令道士、中官合炼醮祭，相继于路。投龙奠玉，选精舍，采药饵，真诀仙踪，滋于岁月。

道士、宦官络绎不绝，纷纷进山采药合炼，可知唐明皇的仙道活动是多么的热闹。

据《新唐书·方技传》载，道士姜抚其人，自称通仙人不死术，长期隐居不出。开元末、天宝初，唐明皇命太常卿韦绍广祭名山，访求精于长生术的隐民，寻得声称已有几百岁的道士姜抚。唐明皇得报，当即把姜抚召到东都洛阳的集贤院，请教长生之道。姜抚说，服食常春藤，使白发变黑，则长生可致，这种藤生于太湖。唐明皇便派使者到太湖，大量采取常春藤。唐明皇除自己服食外，还用以赏给朝中老臣，一次宴请群臣，“出藤百奁，遍赐之。”后来，姜抚又说，终南山上有旱藕，服之能延年，唐明皇就把采集来的旱藕熬汤做饼，也用来赏赐大臣。唐明皇赏识姜抚，授职银青光禄大夫，赐号“冲和先生”。聪明的道士姜抚，在受到一番恩宠后，恐其长生术没有灵验而被治罪，便以“求药崂山”为名，逃之夭夭了。

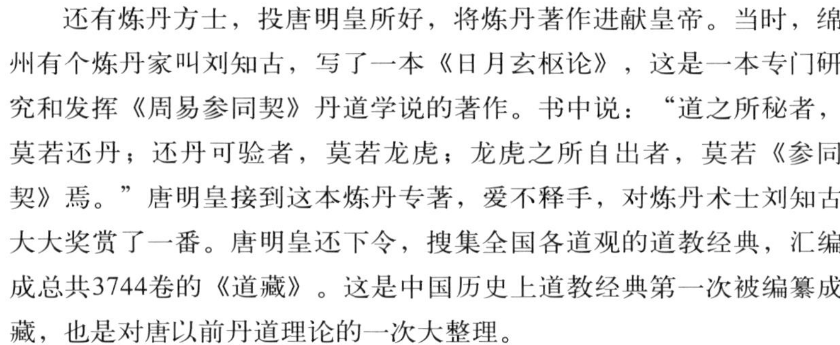

还有炼丹方士，投唐明皇所好，将炼丹著作进献皇帝。当时，绵州有个炼丹家叫刘知古，写了一本《日月玄枢论》，这是一本专门研究和发挥《周易参同契》丹道学说的著作。书中说：“道之所秘者，莫若还丹；还丹可验者，莫若龙虎；龙虎之所自出者，莫若《参同契》焉。”唐明皇接到这本炼丹专著，爱不释手，对炼丹术士刘知古大大奖赏了一番。唐明皇还下令，搜集全国各道观的道教经典，汇编成总共3744卷的《道藏》。这是中国历史上道教经典第一次被编纂成藏，也是对唐以前丹道理论的一次大整理。

△三彩宦官俑（唐）

唐明皇对丹药越发如痴如醉了，以至于亲自投入到炼丹的行列中去。唐明皇本人早就通晓些医药学，如户部尚书毕构“遇疾，上（唐明皇）手疏医方以赐之”。名臣张说晚年患病，唐明皇每天派太监去探视，并且“手写药方赐之”。宠臣宋璟年老退归东都洛阳的私第，唐明皇“频遣使送药饵”。这些，分别记载在《旧唐书》的《毕构传》、《张说传》、《宋璟传》中。还有张九龄当宰相时，唐明皇派身边宦官高力士送去适用的名贵药物“鹿角胶丸及驻年面脂”，令人动情。

一个重视和懂得医药的皇帝，自然也更看重调理自己的身体。在道家方士的影响下，唐明皇很快学会了丹药的配方，命能工巧匠专门制造了金灶，在宫中开设炼丹处所，他亲手开炉，自行炼制仙药。这突出地反映了唐明皇对丹药的迷恋之深。皇帝亲手炼丹，唐明皇是中国古代史上独有的一个。

炼丹之外，唐明皇还跟道家方士们学了一些养生术。从唐明皇在开元、天宝年间征召的道家方士看，他们中有的既炼丹，又讲养生，

唐明皇游月宫图
（明）仇英

有的则专通修养之术。所谓方术致仙是荒诞的，因为人有生必有死，但方术中的养生之道，有些的确能起到健身延年的作用。在这方面，唐明皇还真从方术士那里得到了一些益处。他从张果、司马承祯、叶法善、王希夷、李含光等“奇异之士”身上学会了“辟谷”、“服气”之类的养生术。《高力士外传》上说，“安史之乱”前，唐明皇虽然多情多欲，难以专心致志地“服气”，但在京师长安的大同殿礼道时，也还常常屏息静心，进入假寐，或“思神念道”、“吐故纳新”。《册府元龟》卷五十九《帝王部·尚黄老二》又载，唐明皇礼道时，“或斋戒一室，则蔬食精专”。看来，有时唐明皇也吃素，所以才没有出现老年性的肥胖臃肿之态。当暮年幽禁西内时，唐明皇则已万念俱灰，勤事修仙，“辟谷”、“服气”成为他的必修功课了。

（三）从寿王妃到“太真”女道，唐明皇与杨贵妃的甜美爱情，自始至终充满着仙道色彩。

开元二十八年（740），身为儿媳正当22岁妙龄的杨玉杯，投入了年已56岁的唐明皇的怀抱，从此“三千宠爱在一身”。唐明皇与杨贵妃在崇奉仙道上，确实可以说是心心相印，志同道合，很有些夫唱妇随的样子，或者说崇仙奉道是他们的爱情得以不断发展的“思想基础”。那么，就让我们看看唐明皇与杨贵妃的浪漫爱情中，是如何披上仙道光环的。

唐明皇与杨贵妃两个人能够走到一起，这件事本身就是道教搭的桥。杨玉环，本是唐明皇的第18个儿子寿王李瑁的妃子。据载，她有着“绝世无双”的花容月貌。开元二十五年（737），唐明皇一度宠爱的武惠妃死去，“后宫数千，无当意者”，感情上出现了空白。“老奴”最懂得主子的心态，备受唐明皇宠信的宦官高力士奉诏选美，选中了“姿色冠代”的寿王妃。开元二十八年（740）十月，高力士把杨玉环带到骊山温泉宫，唐明皇顿时被其“资质丰

贵妃出浴图　（清）李育

艳”所倾倒，一见钟情，共同度过了欢乐的18天。《旧唐书·杨贵妃传》称：“既进见，玄宗大悦。”这是事实。白居易就此有诗歌咏：

天生丽质难自弃，一朝选在君王侧。
回眸一笑百媚生，六宫粉黛无颜色。

这诗不单单是赞美“杨家女”的媚态，也吐露了唐明皇当时的心情。

骊山相会毕竟是短暂的。分手后，杨玉环先回寿王宅邸去了。已经投入感情的唐明皇，恨不得立刻就把杨玉环接入宫内，长期侍寝。但是，唐明皇明明是寿王妃杨玉环的公公，抢夺儿子的王妃，当然有悖人伦，肯定要受到世人的责难。怎样才能既把杨玉环名正言顺地迎入内宫，又可掩盖霸占儿媳的不光彩行为呢？唐明皇想出了让杨玉环先度为女道士的妙计，即采取先让杨玉环出家为道，然后再以女道士的身份迎娶进宫这样一个过渡办法。

于是，就在开元二十八年（740）年底，即骊山相会后的两个月，唐明皇利用次年正月初二日是窦太后忌辰的机会，以“追福”的名义，发布敕文，将杨玉环度为女道士。而皇家女子入道，为死逝者“追福”，是已有先例的。唐睿宗时，为皇太后武则天“追福”，度西城公主与隆昌公主（唐明皇的两个亲妹妹）为女道士，道号一个叫“金仙”，一个叫“玉真”。及至开元四年（716）六月，太上皇睿宗逝世，死后的第7天，唐明皇把亲生女儿万安公主度为女道士，也是“欲以追福”。既然有这些先例可循，将身为寿王妃的杨玉环度为女道士，也是堂堂正正，说得过去的。唐明皇在《度寿王妃为女道士敕》中说：

> 寿王瑁妃杨氏，素以端懿，作嫔藩国，虽居荣贵，每在精修。属太后忌辰，永怀追福，以兹求度。雅志难违，用敦宏道之风，特遂由衷之请，宜度为女道士。

这里，明明是强加于人的做法，是唐明皇令寿王妃杨玉环入道，却偏偏说是出自寿王妃的“由衷之请”。似乎寿王妃为太后“追福”，“以兹求度”，是诚心诚意。而唐明皇呢，只是觉得“雅志难违，用敦宏道之风”，才同意寿王妃度为女道士。在道教外衣下，一场宫闱秘戏演得似乎是天衣无缝。

开元二十九年（741）正月初二，杨玉环正式当上了女道士。紧接着，杨玉环就以“女道士”的身份，而不再是寿王妃的身份，跟随唐明皇又到骊山温泉宫去了。

杨玉环当了女道士，自然要有一个道号，唐明皇给她起的道号叫“太真”。“太真”，原是道教的修炼用语。南朝名道陶弘景曾说：“仙方名金为太真”。后来，“太真”就专指杨贵妃了。

作为女道士，理应头戴黄冠，住在道观。宫内是不置道观的，如金仙公主、玉真公主的两个道观都设于宫外。而唐明皇为了自己的特殊需要，破例地将女道士杨玉环迎入大明宫内，在宫内专设一个道观。因为杨玉环的道号叫“太真”，所以就叫“太真宫”。如此别样的空间安排，完全是唐明皇的一番良苦用心。

可是，唐明皇平时住在兴庆宫，从太真宫通过“复道”到他那里，往来总不是很方便。因此，开元二十九年（741）的冬天以后，太真道士杨玉环的居住情况就发生了变化。这年冬天的十月至十一月间，杨玉环跟随唐明皇，在温泉宫避寒过冬。从骊山回来，杨玉环就干脆直接住进了兴庆宫，再也不到太真宫去了。而且，杨玉环也不必再穿着一身女道士的打扮，而穿起为嫔妃们特制的衣服。据《太平御览》卷一四一《皇亲部七·杨贵妃》载：

> 不期岁，恩礼如惠妃。太真资质丰艳，善歌舞，通音律，智算过人。每倩盼承迎，动移上意。宫中呼为“娘子”，礼数实同皇后。

所谓“不期岁”，即不到一年。指杨玉环从正月度为女道士算起，至十一月从骊山回来住进唐明皇的御塌，前后不到一年。而在这之后，“恩礼如惠妃”，杨玉环实际上已处于后妃的地位，自然不会再穿戴女道士的假面具了。杨玉环彻底脱掉了女道士的外衣，成为唐明皇私生活中形影不离的伴侣，以“娘子”的身份生活在兴庆宫了。这反映了杨玉环“度道”不到一年，就实际上摘取了皇妃的桂冠。

随着开元时代的结束，唐明皇与“太真”妃杨玉环迎来了新的天宝时

△贵妃晓妆图　（明）仇英

期。到天宝四年（745）八月，刚过了61岁生日的唐明皇宣布，将27岁的杨玉环立为贵妃。“太真”杨玉环被册为贵妃后，虽然在官修正史中都以杨贵妃称，但在唐宋文人的野史、诗文里，仍称“太真”或“贵妃太真”，乐史《杨太真外传》更以“太真”作为篇名。这表明人们还总是把她同“女道士”联系在一起。

杨贵妃与唐明皇爱情生活的一个特点是：她以唐明皇的宗教信仰作为自己的信仰。从开元末到天宝末，唐明皇崇信仙道，慕长生，炼丹药，恋飞升，几乎与日俱增；而杨贵妃与之心心相印，一致崇道，使他们后期的爱情愈益坚固。可以说，唐明皇与杨贵妃的爱情，以“度道”为桥得以结合，又在仙道气氛中获得巩固和发展。

当度为女道士后，杨玉环一度住在大明宫的“太真宫”，并按着道教教规参加一定的“精修”活动，熟悉与学习道教的礼仪和经典。在太真宫里，还有住持和女道士多人，她们身兼两职，既配合杨玉环从事道务活动，也为杨玉环的生活起居服务。

人们说起唐明皇、杨贵妃，便不能不谈到“长生殿”。唐代大诗人白居易以浪漫主义的手法，虚构了贵妃死后神游仙山，遇见方士，倒叙了生前她与唐明皇在长生殿的山盟海誓：

七月七日长生殿，夜半无人私语时；
在天愿作比翼鸟，在地愿为连理枝。

长生殿，是天宝元年（742），在唐明皇与杨贵妃的爱情达到炽热时期建造的。顾名思义，表述了他们思慕长生希望永享人间快乐的心境。这一年，在唐明皇与杨贵妃常常寻欢作乐的骊山温泉宫增建了一批建筑，长生殿便是其中最主要的一个，共建筑布局人致是，一座较大的宫殿分为上下两层，上层是神殿，下层是寝殿。在这里既可享受花天酒地的人间生活，又可祈求于神仙延年益寿。长生殿的建造，反映了唐明皇与杨贵妃双双恩爱共求“长生”的愿望。

春寒赐浴华清池，温泉水滑洗凝脂；
侍儿扶起娇无力，始是新承恩泽时。

这是白居易在《长恨歌》中咏唱杨贵妃沐浴华清池的诗句。华清池位于陕西临潼县，在骊山西北。唐明皇与杨贵妃沐浴华清温泉，谈情说爱，过于狂热，以致“春宵苦短日高

▲白居易，写下历史名作《长恨歌》

唐莲花汤遗址

遗址位于陕西临潼县华清池内，莲花汤又名御汤或九龙汤，为唐明皇李隆基沐浴汤池。

起，从此君王不早朝”。对华清温泉这一特殊的享乐处所，唐明皇与杨贵妃精心装点，穷奢极侈。《明皇杂录》说，这里“制作宏丽”，以银镂漆和白香木作船，又用珠玉装饰楫橹。特别是在汤泉中央，制成蓬莱、瀛洲、方丈等仙山形状，使得唐明皇与杨贵妃在这里可以一面沐浴做爱，一面嬉游求仙。把秦皇汉武朝思暮想的三神山建到浴池里，这实在是唐明皇与杨贵妃独特而浪漫的求仙方式。

杨贵妃迎合唐明皇“尊道教，慕长生”的心理，在穿着打扮上都格外讲究。本来，唐代的妇女大多喜欢穿红裙，可是据《新唐书·五行志》载，杨贵妃却是“好服黄裙”。据说，杨贵妃喜欢穿黄裙子有两种含义：一是黄色与运应土德有关。相传，李唐承汉代火运，为土德，“衣服尚黄，旗帜尚赤，常服赭赤也。赭，黄色之多赤者。”因此，唐明皇在天宝十年（751）颁布《诸卫队仗绯色幡改赤黄色诏》，以符土德。正是在这种气氛下，“智算警颖，迎意则悟”的杨贵妃，带头穿起黄裙，具有以应李唐土德的含义。二是黄色与道士服色有关。杨贵妃当初度为女道士时，曾戴黄冠。唐时，戴黄冠、穿黄袍是女道士的象征。“冠”、“官”同音，所以女道士也常称“女黄冠”，简称“女冠”、“女官”，这都源于黄冠。在朝廷敕令中，也往往以“黄”作为道士代称。李商隐有诗说：“朝元阁迥羽衣新，首按昭阳第一人。”这里是把黄裙比喻为羽衣了，诗的意思是说，杨贵妃随唐明皇去祭祀玄元皇帝时，是穿着新制的黄裙的。从道衣的象征到虔诚的礼道，杨贵妃从一个侧面显示了她“贤内助”的作用。她与唐明皇在世俗的同居、同辇、同餐、同赏的生活之外，又加上宗教信仰上的同道，真是同到一家了。由于杨贵妃带头穿起黄裙，杨贵妃的姐姐虢国夫人就跟着效法，常常“衣黄罗帔衫”。

从某种意义上讲，唐明皇与杨贵妃又是一对精通仙道乐舞的艺术伴侣。唐明皇是有名的“郎当三郎”，他多才多艺，尤其精通戏曲音乐，被梨园行奉为祖师爷，特别是对道教音乐不仅爱好，而且很有造诣。如果说唐明皇是位杰出的音乐家，那么，杨贵妃就是个出色的舞蹈家，而他们创作的宫廷乐舞，大多是与神仙世界联系在一起的。唐明皇本人亲自制作的《霓裳羽衣曲》《紫微八卦舞曲》《降真招仙之曲》《紫微送仙之曲》等道教舞曲，都是常在太清宫演

奏的。只是从这些曲目名称上就可以看出，唐明皇欣赏和制作的这些音乐，都打上了仙道的烙印。

唐明皇制作的乐曲，也往往附会神仙。传说，有一次，唐明皇梦见众多仙女，飘飘而下，悬奏乐器，曲调清越，仙女告诉说，这是《紫云回》之曲，现传授给陛下，为正始之音。唐明皇喜而受之，一觉醒来，余音犹在，忙以玉笛习曲，曲尽其妙，遂成《紫云回曲》。又有《明皇杂录》载："玄宗梦凌波池中龙女，制《凌波曲》。"乐史加以演化，说唐明皇睡觉醒来，尽记梦中之曲，"自御琵琶，习而翻之。"似乎唐明皇手下的乐曲，都是神授的。

关于《霓裳羽衣舞曲》的来历，更有许多美妙的传说。刘禹锡有这样的诗句：

开元天子万事足，唯惜当时光景促。
三乡陌上望仙山，归作霓裳羽衣曲。

大诗人刘禹锡认为，这个曲子是唐明皇望女儿山仙女庙有感而作。女儿山，在今河南宜阳县境，是唐明皇的览胜之地。此外，晚唐诗人王建在《霓裳辞十首》的题解中说："罗公远多秘术，尝与明皇至月宫，仙女数百，皆素练霓衣，舞于广庭。问其曲，曰霓裳羽衣。"《逸史》也把唐明皇游月宫的神话加以渲染，说："上（唐明皇）密记其声调，遂回桥……旦谕伶官，象其声调，作《霓裳羽衣曲》。"这些俚俗相传的故事，当然不是事实，但却反映了唐明皇制作的这一曲目与"神仙"密切相关。而曲名中的"霓裳"，指女性衣裙。"羽衣"，即用羽毛制成的衣服，道教沿用而衍为羽化登仙之意。总之，《霓裳羽衣曲》包盈着仙女翩翩起舞的极美的意境，使人有亲临神仙之府的艺术感受。所以，张祜有诗说"碧云仙曲舞霓裳"，称为"仙曲"。

贵妃出浴图

由于《霓裳羽衣曲》是唐明皇本

人创作的得意之作，所以他对这支乐曲特别喜欢。当初，在骊山温泉宫初次召见杨玉环时，就传令演奏此曲伴乐“导引”。正是通过《霓裳羽衣曲》的演奏，揭开了唐明皇与杨贵妃爱情的序幕。“晓音律”“善歌舞”的杨贵妃得宠以后，无论是在长安兴庆宫，还是在骊山华清宫，“仙乐飘飘处处闻”，生活于“缓歌曼舞”之中。这种仙境气氛，推动了仙舞的创作。杨贵妃深得乐曲的旨趣，依据《霓裳羽衣曲》，编制了《霓裳羽衣舞》。

曲尽其妙，舞尽其态。杨贵妃不仅编舞，而且还亲自参加演出，展现了歌舞天赋。据《杨太真外传》卷上记载，唐明皇宴诸王于木兰殿时，杨贵妃“醉中舞《霓裳羽衣》一曲，天颜大悦”。唐明皇与杨贵妃共同创作的《霓裳羽衣舞曲》，好像一条绚丽的纽带，维系着他们的爱情生活，更倾注了他们对神仙世界的幻想与追求。

据说，唐明皇与杨贵妃尊崇仙道的活动，还真的感动了太上老君。相传，天宝七年（748），老君白天降临，显灵于华清宫。唐明皇为此把这里的会昌县改为“昭应县”。天宝九年（750）的冬天，唐明皇与杨贵妃欢聚于华清宫，有个方士声称见到了太上老君，预告他太白山的宝仙洞有玉石函、《上清护国经》、宝券、符箓等道家珍贵物件。唐明皇得报，郑重其事地派出6位大臣作为专使，取来符应，如获至宝，杨贵妃以欢歌笑语助兴，同享乐趣。诗人张祜的诗说：“昨夜上皇新受箓，太真含笑入帘来。”所谓“箓”，指道箓就是道家的预言符应之类，也就是方士们所说的“妙宝真符。”张祜的诗句道出，唐明皇与杨贵妃对太上老君的“显灵”喜笑颜开。

聪明伶俐的杨贵妃如此热心于仙道活动，唐明皇自然是打心底里高兴。天宝七年（748）三月，据说，兴庆宫大同殿的柱子上长出“玉芝”来，著名道

华清宫

华清宫位于今陕西省临潼县骊山北麓的华清池，自秦汉以来，历代多次修葺增建，唐明皇时改名为华清宫。

△大舞乐奏唱图（唐）

士李含光知道后，奏称道教圣地茅山也出现了“灵芝”。唐明皇神乎其神地宣称：“玉芝遥为合应，斯仙真上佑。”同年五月，群臣上尊号为“开元天宝圣文神武应道皇帝”。所谓“应道”，就是指虔诚奉道得到的符应。为了表彰崇道圣德与瑞祥符应，唐明皇颁发了册封尊号并进行天下大赦的敕书。敕文回顾了他自己一贯弘扬道教、宗道师人、行教尊礼的业绩，追封了历史上一批名道为神仙或真人，宣布扩大道教宫观基地及道士人数。其中，特别指出：

> 贵妃杨氏，禀性柔和，因心忠孝，克慎闺壶，蹈礼循诗，加以勤志元宗，协诚严奉，率励宫掖，以迪关睢，宜赐物三千匹……其太真观虽先已度人，住持尚少，宜更度七人。

唐明皇称赞杨贵妃“禀性柔和”、“蹈礼循诗”，反映了他们爱情生活的和谐。至于“勤志元宗，协诚严奉”，则是对杨贵妃笃信仙道的表彰。这里，“元宗”即指道教圣主玄元皇帝老子。在唐明皇神化玄元皇帝的过程中，杨贵妃也随和“协诚严奉”，“勤志”于老子，足以成为后宫嫔妃的楷模。因此，唐明皇特“赐物三千匹”，以资鼓励。这个敕文还透露了一个事实，即杨贵妃原先修道的太真观，仍然受到非同寻常的优待。杨贵妃虽然已长期住在兴庆宫而不去太真观了，但仍旧关心那里的修道活动。敕文中特许再度7人，表明唐

明皇对太真观是另眼相看的。唐明皇诏敕中“勤志元宗”的赞语，虽与七八年前的“妇女勤道”的含义差不多，但“协诚严奉”却反映了杨贵妃从女道士到贵妃前后崇道思想与行动的深化。显然，这离不开唐明皇对她的深刻影响。

“平生服杏丹，颜色真如故。”这是刘禹锡《马嵬行》诗中的两句，咏唱了杨贵妃服丹护肤的作用。当然，杨贵妃在马嵬香消玉殒之后，保持生前的白皙、红润的颜面是诗人的想象、夸张，事实上是不可能的。但从中透露了杨贵妃生前服丹药的事，则耐人寻味。唐明皇又是广召道家方士炼丹，又是亲手开炉制丹，这些炼制灵丹妙药的活动，无疑深深地影响了杨贵妃，以至于把“杏丹”用于护肤美容。从长寿到健美，丹药在唐明皇、杨贵妃这里，得到更广泛的利用。

女乐图（唐）

值得我们注意的是，唐明皇与杨贵妃好丹、服丹，却没有在他们身上发生丹药中毒事件。丹药可致长生之说，显然是方士的妄言，而服食者多数适得其反，往往是中毒早死。清代赵翼在《廿二史札记》卷十九《唐诸帝多饵丹药》中指出：“古诗云‘服食求神仙，多为药所误。’自秦皇汉武之后，固共知服食金石之误人矣。及唐诸帝又惑于其说，而以身试之。”不少唐代君主“实由贪生之心太甚，而转以速其死耳”。但是，唐明皇与杨贵妃服食丹药却未中毒，这显然与唐明皇懂得医药知识很有关系。当时人有“合炼丹药”的说法，就是在炼丹炉里另加清热解毒的中草药。《旧唐书·萧嵩传》载，“性好服饵”的宰相萧嵩罢官后，“于林园植药，合炼自适。”唐明皇的医药知识比萧嵩高明得多，曾多次为臣下开方治病。他钻研药典，撰集医方，编出《广济方》，流布天下。他利用自己的擅长，解脱了硫化汞之类的毒性，避免了厄运，而且又从中草药中获得保健之道，再加上通晓“服气”（即气功疗法）等养生术，所

以活到了78岁的高龄。当然，促成唐明皇健康的因素是多方面的，养生是其中之一。唐明皇还喜欢踢毽、击剑、骑术、射击、围猎等体育活动；为人性格开朗，不拘小节，诙谐成趣，有利于调节情绪；又懂得医药，注重养身，凡冬季在西京必去骊宫，接受温泉疗养。凡此等等，都有利于他的体质保健。在李唐诸帝中，唐明皇是最为长寿的皇帝。

“渔阳鼙鼓动地来，惊破霓裳羽衣曲。”唐明皇得到杨玉环之后，终日沉湎于歌舞酒色之中，专事仙道，不想再过问天下大事，终于把大唐江山推向了崩溃的边缘。先是奸相李林甫把持朝政，后来杨贵妃的哥哥杨国忠取而代之，更加专横跋扈，排斥异己，社会危机四伏。天宝十四年（755），安禄山酝酿已久的叛乱终于爆发。无奈之下，唐明皇只好带着杨贵妃仓皇出逃。可是，唐军行至马嵬驿，“六军不发无奈何”，所有积怨都指向杨贵妃，面对群情激怒的将士，身为天子的唐明皇也是呼天天不应，叫地地不灵了，只好忍痛割爱，赐命杨贵妃缢死。

在逃往巴蜀的路上，唐明皇神志恍惚，仍迷信仙道。一天，他宣称看见老子降显于汉中郡三泉黑水之侧，唐明皇亲自礼谒，谕命在石岩上雕刻老子真容。没过多久，唐明皇又说，在利州益昌县山岭上看见老子乘白鹿而过，忽然生角变为白卫，以示讨杀安禄山之兆，唐明皇下诏封其山为白卫岭，在山上建造自然观。到达成都后，唐明皇命四川道士设醮祈祷，祈求玄元皇帝保佑他早日平息叛乱，回返长安。至德二年（757）三月，有人称老子降显于通化云龙岩，唐明皇便特为老子图像并作“赞序”。在成都时，唐明皇还交结了一个方伎之士叫僧一行。据说，僧一行临死前送了一包东西给唐明皇。打开一看，原来是蜀地药材“当归”，寓意是唐明皇一定会平息叛乱回归到大唐京城的。

马嵬坡杨贵妃墓

杨贵妃墓在陕西兴平县马嵬坡。陵园面积3000平方米，墓砖砌圆形，立“杨贵妃之墓”碑，大门横书“唐杨氏贵妃之墓”七字，墓园内有历代名人题咏碑刻。

“安史之乱”历经两年平息。至德二年（757）十二月，唐明皇回到长安。不过，此时已经物是人非。这时，他的儿子李亨早已即位，当上了唐肃宗，而唐明皇自己则已被逼退位，成了无权无势的太上皇，而且他的爱妃杨玉环在出逃途中永远地留在了马嵬坡的黄土岗上。睹物思情，悲不自胜。尽管唐明皇曾经找道士为他寻觅杨贵妃的魂魄，而且道士自称在东海的仙山之上见到了杨贵妃，并带回了当年与唐明皇的定情之

△迎玄宗图（南宋）佚名

此图描绘“安史之乱”后，至德二年（757）唐肃宗李亨在陕西咸阳望贤驿迎接从四川归来的李隆基的故事。图中宝盖下即是唐明皇李隆基。

物，但那不过只是骗人的把戏罢了，只能勾起唐明皇更加深沉的思念，带来更大的痛苦。

寂寞和伤感中的唐明皇万念俱灰，只有借助道术来打发时光。而唐肃宗李亨则担心唐明皇与外界交往对自己的统治不利，于是通过亲信出面，将唐明皇强行迁入西内的甘露殿，又将其亲信之人高力士、王承恩等流放外地，只留下几十名老弱兵士侍奉这位太上皇。

唐明皇被儿子唐肃宗逼入西内甘露殿以后，等于被软禁起来，与外界几乎完全断绝了联系。他整日郁郁寡欢，又是炼制丹药，又是炼辟谷服气的道术，靠炼丹修道派遣心中的惆怅。在他生命的最后一年多时间里，道术成了他唯一的精神寄托和生活内容。

这时的唐明皇，曾亲自撰写了一篇《赐皇帝进烧丹灶诰》，其中说：

> 吾比年服药物，比为金灶，煮炼石英，自经寇戎，失其器用。前日晚，思欲修营。

唐明皇向儿皇帝唐肃宗说，从前曾经服丹炼丹，那些炼丹所用的金灶等器具，由于安禄山的叛乱而遗失了，并吐露了想重新“修营”炼丹事宜的想法。唐肃宗在这点上满足了唐明皇的要求，派人送去了一个炼石英的金灶。金灶炼药，自然离不开配方与调剂，已是76岁的唐明皇无疑需要方士来做助手侍奉。于是，西内幽居处所又多了几个方士。进入暮年的唐明皇，大有

△四川安岳玄妙观第14号“张李罗王”四天尊（盛唐）

生命不息，炼丹不止的劲头。当然，这时的唐明皇炼丹，已不在乎能否炼出好丹，只是作为一种消磨时光寻找精神寄托的方式罢了。

在幽禁的境况下，唐明皇还兼习其他方术。《资治通鉴》卷二二一称：“上皇（唐明皇）日以不怿，因不茹荤，辟谷，浸以成疾。”是说唐明皇因心情不快而习“辟谷”术。宋乐史的《杨太真外传》也有一段类似的记载：“（方士）具奏太上后，皇心震悼。及至移大内甘露殿，悲悼妃子，无日无之。遂辟谷、服气。”看来，唐明皇在晚年的确习用了“辟谷”这一养生求仙的道术。

《杨太真外传》还载道，唐明皇临死前对身边人员说：“吾奉上帝所命，为元始孔升真人。”“此期可再会妃子耳。”点破了唐明皇想尸解神游天际与“太真”、“妃子”重圆的心境。接着，唐明皇“即令具汤沐”。“汤沐”，不是指生活上的洗澡，而是礼神前净身的一种宗教仪式，进一步点明了唐明皇将要升仙与杨贵妃相会的情境。

已经78岁的唐明皇，不能与真挚相爱的杨贵妃“在地”为“连理枝”，却“在天”作“比翼鸟”了。大诗人白居易的千古绝句《长恨歌》，为唐明皇与杨贵妃的悲剧性结局创造了他们自己终生梦寐以求的飞升幻想，另有一番仙家意味。

这就是唐明皇，一个道士皇帝，悟道、入道、伴道的一生。

唐宪宗

七、晚唐：丹药丧命的五位皇帝

到了唐朝中后期，道教作为国教的地位得到了进一步的巩固。这一时期，帝位虽然更替不断，但个个皇帝都礼敬道士，信奉道术，以至于使延续了几百年的求仙风气更加充斥大唐宫廷。

在唐明皇之后，有肃宗、代宗二帝，都很是好道崇仙。唐肃宗曾手持彩笔，亲自绘制老子画像，并率领庞大的队伍送往太清宫。唐代宗为追悼肃宗，大兴土木修建了乾元观，据说其宏伟壮观的程度，堪称天下之冠。唐代宗还根据女尼李真如所奏得天帝赐宝，而改年号为“宝应”。特别是唐代宗十分宠用道士李国祯，在李国祯的建议下，兴建了天华上宫、露台等一大批“崇灵迹”。为此，劳民伤财，天下不得安宁，国人怨声载道，以至于斩杀道士李国祯的呼声四起。

值得注意的是，唐朝后期的皇帝们，为了企求长生成仙，服食丹药中毒而死的接二连三，继唐太宗吃了古印度方士的丹药暴疾身亡之后，又有宪宗、穆宗、敬宗、武宗、宣宗5位皇帝死于丹药中毒。且来看看他们是如何在仙道的迷雾下走上黄泉路的。

伊祁玄解

唐宪宗问道玄解。

唐宪宗

唐宪宗是道教金丹服饵的热衷者。《旧唐书·裴璘传》载：“宪宗季年，锐于服饵，诏天下搜访奇士。”元和十三年（818）前后，各地频频推荐药术之士。宰相皇甫镈和鄂岳观察使李道古荐举术士柳泌、僧大通，两名方术士深得唐宪宗的赏识。柳泌上奏说，天台山上多有灵草，可以采集以合丹药，希望能任台州刺史，可顺便经管合制丹药之事。唐宪宗不听朝臣的劝阻，竟准许了柳泌的这一请求。《旧唐书·宪宗纪》就此载道：

> （唐宪宗）以山人柳泌为台州刺史，为上（唐宪宗）于天台山采仙药故也。制下，谏官论之，不纳。

柳泌到达台州后，因叱咤吏民，空耗日月，害怕被治罪，于是逋逃山谷，藏匿起来，后被浙东观察使捕获，解送京师。经宰相皇甫镈和鄂岳观察使李道古的力保，唐宪宗又任柳泌为待诏翰林，为唐宪宗秘密炼丹。

柳泌和僧大通炼制的丹药，不时进献上去。朝臣裴璘等人曾多次谏阻，但唐宪宗哪里听得进去，连连服食柳泌的丹药。元和十五年（820）的春天，唐宪宗终于丹毒发作。《旧唐书·宪宗纪》载：

> “（元和）十五年春正月甲戌朔，上（唐宪宗）以饵金丹小不豫。”“戊戌，上（唐宪宗）对悟于麟德殿上，自服药不佳，数不视朝，人情恟惧。”

《旧唐书·裴璘传》记载说，唐宪宗服丹中毒，“日加燥渴”，“燥益甚，数暴怒责左右。”就在这年正月，唐宪宗“崩于大明宫之中和殿，享年四十三。”据此，唐宪宗吃了道士柳泌、僧大通的丹药中毒而死，年仅43岁。

▲四川剑阁鹤鸣山第2号龛正壁“长生保命天尊”像（唐）

唐穆宗

唐穆宗在元和十五年（820）正月即位的当月，对用“左道”、“奸邪”害死唐宪宗的柳泌、僧大通宣布死刑，命京兆府将其“决杖处死”，并将当初因推荐柳泌而升任金吾将军的李道古贬职外调。

这年五月，安葬唐宪宗于景陵，时已初夏，天气渐热，为保证陵寝不被供品所“薰秽”，唐穆宗诏令尚药局以“香药”代替鱼、肉。这种“香药”究竟为何物，没有明确记载，从药名上看，大概是一种散发香味的奢侈性药品。不管怎样，它既归尚药局专管，属于皇家享用的特殊药物则确定无疑。唐穆宗以“香药”入景陵，说明他对药物的功效是很看重的。

在后来的日子里，唐穆宗对“金石之药”的态度也渐渐地发生了变化，由问罪方士到消除反感，直至热衷于服食。结果，在长庆四年（824）正月中丹

▶河南王屋山阳台宫大罗三境殿内景
王屋山被道家称为“第一洞天”，唐代许多著名道士在此修炼。

毒身亡。《旧唐书·穆宗纪》载：

> （长庆）四年正月……上（唐穆宗）饵金石之药，处士张皋上疏切谏……辛未，上大渐，诏皇太子监国。壬申，上崩于寝殿，时年三十。

李唐王朝又一个风华正茂的皇帝，年仅30岁的唐穆宗，又死于“金石之药”。

唐敬宗

长生“金石”葬送了唐穆宗，年仅15岁的唐敬宗即位。这个少年天子对神仙灵药尤为宠信。就在唐敬宗登基的当年长庆四年（824）秋冬之季，他大修牛心山上的仙人李龙迁的祠庙，征用民工达数万之多。

第二年，宝历元年（825）八月间，唐敬宗派出大量宦官为使者，到南方各地寻觅“灵药”，并把精通“长生久视之道”的道士刘从政授职光禄少卿，拜为“升玄先生”。《旧唐书·敬宗纪》载：

> （唐敬宗）遣中使往湖南、江南等道及天台山采药。时有道士刘从政者，说以长生久视之道，请于天下求访异人，冀获灵药，仍以从政为光禄少卿，号升玄先生。

唐敬宗还在宫内供养着一批道家术士，大约有二十几人，不时把他们召到身边，问询道术。当时，也有的大臣认为这些道士“诞妄”骗人。《旧唐书·敬宗纪》载：

（宝历二年八月间，唐敬宗）令供奉道士二十人，随浙西处士周息元入内宫之山亭院，上问以道术，言识张果、叶静能。浙西观察使李德裕上疏言，息元诞妄，无异于人。

可是，唐敬宗宁信其有，不信其无，对道家方士之言并不怀疑。

唐敬宗又宠信道士赵归真，委以“教授博士”的职衔。还在宫内抓妖闹鬼，搞什么打夜狐。《旧唐书·敬宗纪》说：

（唐敬宗）以太清宫道士赵归真充两阶道门都教授博士。帝好深夜自捕狐狸，宫中谓之打夜狐，中官许遂振、李少端、兼志弘以侍从不及削职。

唐敬宗在位不满3年，即酒后驾崩。他的死也与服饵药石有直接关系。

四川剑阁鹤鸣山第4号窟外室右壁的护法神（晚唐）

唐武宗

唐武宗27岁即位，春秋正盛。他喜好长生神仙术，热心崇道炼丹活动，在唐朝后期影响很大。

据《旧唐书·武宗纪》载，唐武宗即位前就“颇好道术修摄之事”。因此，唐武宗刚刚登基就下诏，重申唐明皇时的规定，二月十五日老子诞辰的这一天为“降圣节”，全国放假休息，传令长安、洛阳及各州府，都要在这天设斋作乐，而且今后年年都要如此。

作为一国之君，唐武宗对道教的偏爱是从来不掩饰的。会昌元年（841）六月，唐武宗过生日，在宫中设斋庆贺，让僧人与道士两人一对一地进行辩论，

▶四川剑阁鹤鸣山第1号窟外室右壁上的护法神（晚唐）

为皇帝的寿辰活动助兴。出乎意料的是，唐武宗当场赏赐道士两件紫袍披在身上，而把佛教徒晾到一边，其重道轻佛的态度可见一斑。

唐武宗即位那年秋天，召请赵归真等81名道士进宫，在三大殿举行金箓斋。唐武宗亲临在三大殿设的九玄坛，接受法箓，同唐明皇一样成了道士皇帝。看到这种情景，朝中大臣右拾遗王哲上奏说：皇帝即位之初便如此偏信道教，实在不该。可是，唐武宗毫不省悟。不久，唐武宗又任命赵归真为左右街道门教授先生，武宗以赵归真为师，开始学习神仙方术。

会昌二年（842）六月，唐武宗又召衡山道士刘玄靖到京师，授职银青光禄大夫，崇玄学学士，赐号广成先生，让他与赵归真一起在皇宫禁地共修法箓。赵归真还推荐罗浮山的道士邓元起，说他有长生术，唐武宗便遣派使者，把邓元起也迎至宫中。据《剧谈录》载："武宗皇帝好神仙异术，海外道士方士多至辇下。”对唐武宗如此大肆搜罗道家方士，朝中大臣左补阙刘彦谟曾经上疏进行劝阻，结果因触怒唐武宗而被贬为河南府户曹。

会昌四年（844）的夏天，唐武宗又召81名道士来到内宫，设道场祭祀天尊，从四月一日起历时三个半月之久，由于是设在户外露天的，所以，晴天遭受暑热，雨天淋得透湿，许多道士因此得了重病，卧床不起。

唐武宗还下令，在宫中建造望仙台。一时间，宫内人欢马叫，工匠吏役往来穿梭，日夜兴工，一派赶造“仙台”的繁忙景象，好不热闹。即使这样，唐武宗还嫌不够快，一再催促工程进度。到会昌四年（844），望仙台总算落成，《东观汉记》载：“宫筑望仙台，势侵天汉。”可见，唐武宗的望仙台的确是高耸入云了。

唐武宗在崇奉仙道的同时，对佛教采取了贬斥的政策。应该说，佛教自西汉末期传入中国，为了争夺生存空间，与儒、道尤其是道教之间的矛盾一直不断，从最初的互相比赛说大话发展到相互诽谤与谩骂，都想借助帝王的手削弱对方抬高自己。因此，从南北朝开始就发生过多起灭佛或灭道的事情。会昌年间，道士赵归真等在唐武宗面前不断地诋毁佛教，说：佛生西戎，非中国之教，蠹耗生灵，尽宜除去。会昌四年（844），又有道士上奏说：孔子曾说，黑衣继十八子。黑衣指僧人，十八子指李氏，意为僧人将代李唐为帝。唐武宗相信此话，憎恨佛教的念头更加强烈。终于，在会昌五年（845），唐武宗下令“废佛”，大批寺庙被拆，佛像被毁，勒令僧尼还俗，寺院财产一律充公，史称“会昌法难”。

▲四川剑阁鹤鸣山第1号窟内室左壁上的护法神（晚唐）

唐武宗一边贬佛，一边崇道。他被道家方士的说教所迷惑，以至于服食丹药日不间断，看到他因服丹而日渐憔悴，嫔妃们忧心忡忡。《新唐书·王贤妃传》载：

> 帝稍惑方士说，欲饵药长年，后寝不豫。才人每谓亲近曰：“陛下日燎丹，言我取不死。肤泽消槁，吾独忧之。”

会昌六年（846）三月，唐武宗终因长期服丹，“药躁”毒深，导致情思错乱，精神恍惚，喜怒失常，紧接着又丧失了说话功能，张口而不能言，就在这个月，年仅33岁的唐武宗驾崩了。

唐武宗服丹中毒而死，为他炼制丹药的道士赵归真等人十分恐慌，私下里商议打算潜逃西藏，但并未逃脱，被朝廷拿获。唐武宗的叔叔新继位的唐宣宗一怒之下，将道士赵归真等人一并杖杀。炼长生药的方士与服长生药的皇帝，结果都一样地早早归天了。

唐宣宗

李唐新君唐宣宗，曾亲眼目睹了唐武宗迷信金丹而误国亡身的悲剧，因此，在他即位初期对道家方士是很有些反感的，对仙道丹药保持着一定的距离。他不仅杖杀了为唐武宗炼丹的道士赵归真等人，而且还把唐武宗苦心经营起来的望仙台给拆了。可是，没过几年，唐宣宗就忘却了好道炼丹给李唐皇帝带来的惨痛教训，他又下令重修望仙台，并开始服食丹药。《东观奏记》载：

> 上（唐宣宗）始即位，道士赵归真等杖之，罢望仙台院，大中八年，复命葺之。

《新唐书·崔慎由传》载：

> 初，宣宗饵长年药，病渴且中躁……时大中十二年也。

这里明确记载，大中十二年（858），唐宣宗吃道家丹药出现了中毒迹象。第二年五月，唐宣宗丹毒大发，病情恶化，不能上朝理政，到八月就一命呜呼了。据说，唐宣宗是吃了方士李玄伯的金丹“升天”的。

就这样，唐朝后期的皇帝们几乎是个个都崇奉仙道，迷恋丹药，与道家方术士各有着不寻常的交往。而纵观近300年的整个李唐王朝，又有哪个皇帝不崇道呢？就整体而言，唐朝帝王崇奉仙道之深，唐朝皇帝受丹药毒害之重，在中国历史上是空前绝后、绝无仅有的。虽然各朝皇帝都不乏贪生恋丹之徒，但像李唐王朝这样普遍地、一个赛过一个发疯似的奉道求丹，并又接二连三地服丹倒地，在其他朝代是没有见到的。这正是：李唐皇室造就了道教的黄金时期，而仙学丹道的繁荣却给大唐皇帝带来了一幕又一幕的悲剧。

△轩辕集

唐宣宗问道轩辕。

这是为什么？有唐一代的帝王为什么让服丹丧命的

悲剧在皇家屡屡重演？大致说来，有如下三个原因：

一是道教在政治上的得势和唐朝帝王的大力支持。唐代是我国道教全面发展的繁荣时期之一。在唐皇朝近三百年的统治中，道教始终得到扶植和崇奉，道教的地位处于儒教和佛教之上，居三教之首。道教教主老子，不仅被尊为唐宗室的“圣祖”，而且先后被册封为“玄元皇帝”，和“大圣祖高上金阙玄元天皇大帝”，事实上已成为道教的至高神和唐皇朝的护国神，道教也就受到了前所未有的尊崇。总的来看，唐皇朝崇奉道教，既是出于政治上的利用，利用老子来抬高李唐皇室的地位；也有唐朝帝王个人信仰的因素，综观唐朝皇帝，几乎都宠信方士，热衷神仙方术，追求长生不老方，以及制造点化的金银。唐朝皇帝对道教的推崇、对丹药的癖好，是使炼丹术达到空前繁荣的重要原因。

四川剑阁鹤鸣山第3号龛天尊（晚唐）

二是炼丹术本身的历史发展，到了唐朝已有了几百年的丰富经验。自魏晋南北朝以来，神仙方术完全沉溺于道教，笃信长生成仙的丹道术士们安炉置鼎、炼丹合药，不断进行探求，积累了丰富的炼丹实践经验。同时，随着两晋、南北朝时期道教的成熟化，属于道教范畴的炼丹术也在向义理化方向发展。湮没了数百年之久的古代炼丹术理论典籍重新被翻腾出来，并且得到新的高度重视，很快成为炼丹理论繁荣的“生长点”。就此说，炼丹术在唐朝达到鼎盛，是其历史的自然发展结果。

三是国家的统一、社会的安定，为道家炼丹术的大发展提供了良好的社会基础。唐代一统天下，社会生产力迅猛发展，经济繁荣，这就使得炼丹术的发展有了物质条件的保障。当时，只要皇帝一声令下，各方奇稀药石均可罗致。

就是由于这些历史因素的聚合，把唐朝的道教推向了辉煌鼎盛的天堂，也把唐朝的皇帝带进了服丹丧命的地狱。

第四章
皇权下的“三教合一”与“内外双修”

宋元时期，道教发生重大变革。在教义上，道教较之以往有了两个显著的不同：一是宣扬儒佛道三教合一，二是强调内外双修。在教团上，先后出现了太一道、真大道、全真道等新兴道派。道教在这一特定时期的新特点：一方面与帝王的倡导和利用密切相关，另一方面又反过来影响着皇权和皇室。

五代十国，政权更迭，乱云飞渡，立王称帝者还都继承李唐的遗风，对仙道方术兴致颇浓。前蜀王建，请来道士杜光庭做太子的老师。后蜀孟昶，秘学金丹口诀，向道人程晓垂问长生之法。南唐烈祖李昇，探问女道王栖霞的道法，并服丹中毒身亡。北方赵王，兴师动众，“合炼仙丹”。燕王刘守光父子也曾召请道士，“合仙丹，讲求法要”。东南闽王，则“求大还丹”，“极土木之盛”。还有后周世宗，请来名道陈抟，询问“黄白修养之事”。

到了两宋，赵宋皇帝崇奉仙道，注重的是内外双修。北宋太祖赵匡胤，一度宠用擅长服气的道士刘若拙，又召见高道苏澄隐，问以养生秘术，得到的回答是“无为”、“无欲”。宋太宗访求仙术，与道家隐士张守真、丁少微、种放、王昭素、陈抟等往来频繁，这些高道所谈的大都是治世安民、寡欲养身的道理。宋真宗重道法，轻炼养，竟搞了三次“天书下降”，这背后或许还有其他隐情。宋徽宗崇奉仙道掀起狂潮，他先是向茅山道祖刘混康、龙虎山道祖张继先、泰州道士徐神翁等索取“灵丹”、“仙饵”，接着又宠用道士王老志、林灵素，演出了天神降临、自称“教主道君皇帝”的种种闹剧，直至误国，成为金人的阶下囚。南宋第一位皇帝高宗，在南方临安(杭州)落脚稍稳，便屡屡召请道家“真人”，因为宋高宗认为，道教论说对于养生与治国是有效的。在南宋，重视道家炼养方术最为突出的当是宋理宗，他先后召见过正一道天师张可大、茅山第38代宗师蒋宗瑛、融内丹与符箓于一体的清微派大师黄舜申等，他更为《太上感应篇》御笔题字“诸恶莫做，众善奉行”，以帝王之力弘扬劝善惩恶、修身养性的内炼思想，这实际是三教同旨的一次典型体现。

金元时期，铁骑纵横，血火纷飞，女真和蒙古作为异族入主中原。出于治世和养生的双重需要，金元统治者对中原的道教很快就接受和容纳了。金熙宗把太一教始祖萧抱珍请入内廷，为皇后治病。金世宗“博访高道，求保养之术”，为此先后接见过大道教教主刘德仁、太一教第二祖萧道熙、全真道“真人”王处一、丘处机。金章宗时，不仅皇帝召见王处一、刘处玄等道家名流，元妃李氏还向高道丘处机等颁赐道经，太一教第三祖萧虚寂并在宫中为女官治病。一代天骄成吉思汗，以铁骑踏出大元帝国，他还在西域征伐时，就把丘处机千里迢迢地迎入雪山行宫，“问长生久视之道”，丘处机以“清心寡欲为要”奉答劝诫。元世祖忽必烈唯道必求，博采众道之术，广交诸派教祖，他先后召见太一教第五祖萧居寿、第六祖萧全祐、第七祖萧天祐，宠用正一教天师张可大、张宗演父子及其随行弟子张留孙，与真大道第六祖孙德福、第七祖李德和、第八祖岳德文往来甚密，忽必烈还请上清派四十三代宗师许道杞为他治病，对大讲内丹修炼的全真道更有好感，多有册封。忽必烈还曾把将内丹与符箓融合于一起的神霄派道士莫月鼎、清微派第十代宗师黄舜申请入大元的内廷。忽必烈这个大元皇帝，真可以说是撒向道家都是爱。

一、五代君王的炼养双修

五代十国时期，帝王与道教的关系发生了些许变化。这时的道家，虽然也还引导帝王行方术、求神仙，但更多的是给帝王们一些建议，这些建议大多有着安邦定国、求为治之道的思想内容，变以前主要是怂恿帝王去服食求仙，而为劝帝王清心寡欲。这实质是道士们向帝王灌输道教的修身炼养思想的一种特殊形式。大概可以这样说，五代十国时期的帝王，在崇奉道教方面已开始趋向内外双修了。

（一）前蜀时期。前蜀是唐朝末年壁州刺史王建在四川一带建立的政权。907年，王建称帝，就在这年，他把唐末五代时期的著名道士杜光庭召进宫内，做太子的老师，并让杜光庭在宫内修金箓斋。王建的家族中也有不少人喜好辟谷法、服气法。继承王建的王衍尤其好道，他曾亲往青城山上清宫设醮。王建甚至让宫女们戴上黄金莲花冠，穿起道服。王衍还将王子晋的传说中的神仙封为圣祖至道玉晨皇帝，并将王子晋画像安放在上清宫，或许这是学习唐代视老子为先祖的榜样，而把王子晋当成王家的祖先。王建、王衍还将他们本人的画像与老子和唐朝各位皇帝的画像并排挂在宫中。另有记载说，王衍曾接受过杜光庭的道箓，因此可以说王衍是道家门槛里的人了。

刘海戏蟾图

刘海，五代宋初的道士。

（二）后蜀时期。后蜀是孟姓灭掉前蜀所建的政权。据说，后蜀的后主孟昶追求长生不老，掌握了某位隐士传授的金丹口诀，著有《阴符经》、《参同契》注，还将经常用神符治愈病人的道士程晓召入宫中，垂询长生之法。程晓进言说：若以仁义之心治国，便能如尧舜万古不死，这便是王者的长生法。孟昶还喜好房中术，在后宫集中了许多良家妇女。

（三）吴国是唐末淮南节度使杨行密在扬州建立了吴国政权。902年，吴王杨行密为当时闻名于江苏地区的道士聂师道建造玄元宫，供其居住，还常请聂师道祈祷神灵降福。据说，下雨连绵时，聂师道能祈祷天晴，天旱时祈雨，立即雷雨大作，因此吴王杨行密授以“逍遥大师”的

尊号。吴王杨行密还就治国安邦问题，常向聂师道请教商讨。

（四）南唐。南唐继承了吴的统治区域。由于在这一地区有茅山、龙虎山，因而南唐的烈祖、元宗都非常关心道教，特别是对神仙思想、金丹之类尤感兴趣。据说，吴地著名道士聂师道有个女弟子叫王栖霞，道术很高，南唐烈祖先后赐予金印、紫绶等物，后来又为她专门建造了上章坛，想请她在这里修道炼丹，结果被王栖霞拒绝了。这个女道士开导南唐烈祖李昪说：只有很好地治理身心才能治理国家，这才是王者应有之态度。可是，南唐烈祖对丹药的兴趣依然很浓，想方设法地找来不少道士炼制金丹，并不时服食以求长生，结果反倒缩短了寿命，中毒身亡。有个道士声称，烈祖是尸解而去了，可是后来打开墓一看，尸骨仍存，哪里是什么尸解。南唐烈祖之后是元宗，他深信一个女冠的道术，召她入宫予以特别优待，据说这位女冠精通金丹道术，也为元宗炼制了不少的丹药。

吴越国王钱镠

（五）吴越。唐末镇海节度使钱镠在杭州建立了吴越国。907年，吴越国王钱镠专程访询了精于服气守一法的道士闾丘方远，并在天柱山的大涤洞为他建造庵堂居住，钱镠本人还亲自撰写了《天柱观记》。也许是吴越的政治情况比较稳定，在大约70年的时间里，百姓安居乐业，吴越的几代国王对道经进行了大规模的搜集整理，这为北宋真宗时编纂《道藏》打下了一定的基础。吴越的第五代忠懿王，将搜集来的道经全部藏在天台山的桐柏观内。

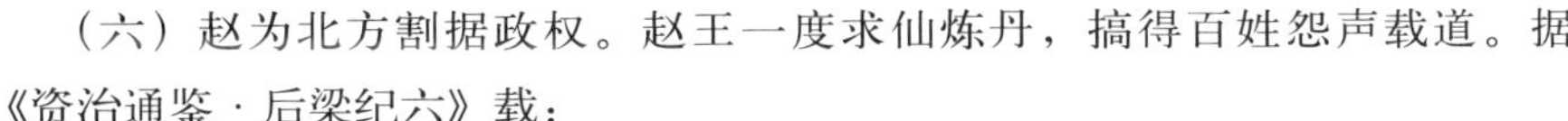

（六）赵为北方割据政权。赵王一度求仙炼丹，搞得百姓怨声载道。据《资治通鉴·后梁纪六》载：

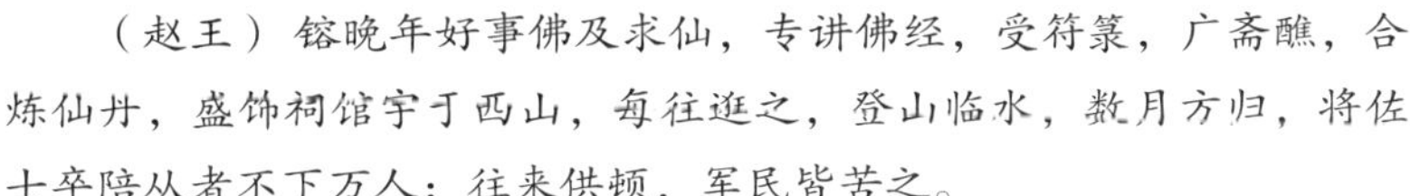

（赵王）镕晚年好事佛及求仙，专讲佛经，受符箓，广斋醮，合炼仙丹，盛饰祠馆宇于西山，每往游之，登山临水，数月方归，将佐士卒陪从者不下万人；往来供顿，军民皆苦之。

在这里，赵王又是接受道家的符箓，又是炼制丹药，还率领上万人的队伍拜谒道家祠馆，可见赵王崇道是不折不扣的。

（七）燕。刘姓在幽州建立的政权。燕王刘守光的父亲刘仁恭，十分热心于仙道。对此，《旧五代史·僭伪列传第二》载：

> 仁恭啸傲蓟门，志意盈满，师道士王若讷，祈长生羽化之道。幽州西有名山曰大安山，仁恭乃于其上盛饰馆宇，僭拟宫掖，聚室女艳妇，穷极侈丽。又招聚缁黄，合仙丹，讲求法要。

后周世宗柴荣

燕王刘守光的父亲刘仁恭，不仅拜道士王若讷为师，习炼长生之术，而且还召请道士合炼仙丹，燕王刘家对道教的喜好也是毫不掩饰的。

（八）闽。东南地区的闽王王延钧、王继鹏父子俩，也是对仙道入了迷的。《资治通鉴·后唐纪六》载："闽王延钧好神仙之本，道士陈守元、巫者徐彦林与盛韬共诱之作皇宫，极土木之盛。"道士陈守元等人，已经左右了闽王王延钧的王宫兴建大事。根据《新五代史·闽世家第八》的记载，第二代闽王王继鹏的道务活动更为频繁，他先是拜道士谭紫霄为"正先生"，后来又拜道士陈守元为"天师"，而专门耍弄妖术的林兴尤其得到王继鹏的宠信，事无大小，妖人林兴都以"宝皇"的口气传命，王继鹏则是言听计从。在道士陈守元的指点下，闽王王继鹏建起三层高的三清台，用掉数千斤的黄金铸造宝皇及元始天尊、太上老君的塑像，日夜焚香，乐声不停，说只有这样才能求得"大还丹"。

（九）后周。这是五代时期的最后一个政权。后周世宗很关心"神仙黄白修养之事"，为得到"飞升之道"，他曾将五代宋初的著名道士陈抟召至京师求教。关于陈抟其人的访道求仙，《宋史·陈抟传》说："（陈抟）以山水为乐。自言尝遇孙君仿、獐皮处士，两人者高尚之人也。语抟曰：'武当山九室岩可以隐君。'抟往栖焉。因服气辟谷，历二十余年，但日饮数杯。移居华山云台观，又止少华石室。每寝处，多百余日不起。"《仙籍总龟》也说，陈抟曾与孙君仿、獐皮士谈论易经和老庄，一谈就是七天七夜。陈抟有"一睡八百年"之称，他的"睡功"功底很深。周世宗久闻陈抟之名，显德三年（956）召他进京，当面请教长生神仙术，对这件事，杨文公的《谈苑》有记载说：

> 周世宗召至阙下……因问以神仙黄白修养之事、飞升之道，抟曰："陛下为天下君，当以苍生为念，岂宜留意于为金乎？"世宗弗之责，放还山，令长吏岁时存问。

周世宗想从道士陈抟那里得到长生之术，可是，道士陈抟却告诉周世宗，身为帝王，当以天下苍生为念。听了这话，周世宗也没有什么责怪的了，只好把陈抟这道士放归山里。但周世宗并不死心，还是命人经常去看望询问一番。另据载，周世宗召见陈抟之后，曾打算授职"谏议大夫"，可是陈抟固辞不受，周世宗便赐号"白云先生"。

二、赵匡胤，混沌道士称“真龙”

在中国历史上，北宋是继唐朝之后道教的兴盛时期。北宋帝王对道教的扶持，与唐朝一样，也是为了利用道教神化其统治，制造所谓“天神授命”的神话。

那是959年，后周的周世宗柴荣撒手人寰，身后只留下20多岁的周太后和年仅7岁的儿子柴宗训。这一年，柴宗训继位，也就是后周的恭帝。这时，重兵在握的殿前都点检、归德军节度使赵匡胤，看到恭帝一对孤儿寡母，便起了异心。他暗地里联络部将，假称契丹进犯，亲自率兵北征，实际上是伺机发动兵变，以便取恭帝而代之。这时，社会上已经盛传：后周气数已尽，都点检是未来的天子，人心惶惶。

传说，有一天，空气中的水汽很重，赵匡胤率部来到陈桥时，天色几近黄昏，各部队接到命令，就地安营扎寨。赵匡胤帐下有个叫苗训的，擅长天文占卜之术，他在大营外仔细观察天上的云气，但见阳光经空气中冰晶的折射，天上出现了两个太阳，互相摩荡，熔成一片黑光。一会儿，一个太阳隐没黑云之中，另一个却投下万道霞光，格外耀眼，旁边还有紫云环绕，五彩斑斓。此时，帐中亲吏楚昭辅走过来问道：“先生在此仰望，不知有何征兆？”苗训看了他一眼，用手指着天空说：“你没看到天上有两个太阳吗？被遮没的太阳是后

道观云龙鹤幡帐

雪夜访赵普　（明）刘俊

此画描绘的是宋太祖赵匡胤雪夜私访宰相赵普商议统一大计的故事。

周，如今气数已尽；而发着耀眼光芒的太阳，就是都点检赵将军。这是改朝换代的征兆，如今天象已现，天命啊！”立刻，苗训的话在军营中迅速传播开来。第二天一大早，赵匡胤还没起床，一大群部将就涌进他的帐中，大声叫嚷着天上出现了两个太阳，天命不可违，要拥立他为皇帝。在他的兄弟赵匡义和众将的劝说下，赵匡胤半推半就地披上黄袍，众将校一个个跪倒在地高呼万岁。这就是历史上有名的“陈桥兵变”。后来，7岁的小皇帝无奈“禅位”，赵匡胤正式登上皇帝宝座，建立了北宋王朝。

其实这一切的出现绝非偶然。早在兵变之前，赵氏兄弟就与许多道士有着密切的往来，他们都为赵匡胤后来登上王位出过不少力。其中一位名叫混沌的道士，与赵氏兄弟俩交往尤其密切，混沌道士常常半真半假地在众人面前称赵匡胤为“真龙”。一次开怀畅饮，混沌道士当着众人之面，半睁着惺忪的醉眼指着赵匡胤说：“金猴虎头四，真龙得其位。”当时众人皆不解道士话中的意思。现在正应了混沌道士当年的预言，“金猴虎头四”，就是赵匡胤登基的日子——农历庚申年的正月初四。

称帝建宋后，宋太祖赵匡胤对儒、佛、道三教采取并用的政策，既扶持佛教，又尊崇

赵匡胤华山围棋木版年画

传说道士陈抟隐居武当山，算定赵匡胤将来必登基为皇帝。赵匡胤称帝后，与陈抟在华山下棋，以华山为注，最后陈抟赢得华山。

儒教，同时又充分利用道教。他经常巡幸北岳庙、太清观等道教宫观，仅建隆三年（962）就4次去太清宫祈祷。他还在华山建西岳庙，在京城造建隆观，并多次召见著名道士。每当水旱之时，则一定要将道士刘若拙请到宫中祈神消灾。

开宝二年（969），宋太祖召见道士苏澄隐，询问养生之道。苏澄隐是五代宋初的高道，后唐、后晋的王室也曾召请过他，但都被他借口有病在身而拒绝了。后晋末年，辽皇帝自立后曾到处召请有名的僧侣、道士，予以恩宠，而苏澄隐仍拒不前往。宋太祖希望苏澄隐住进京城的建隆观，但苏澄隐也谢绝了。不过，宋太祖总算还是见到了苏澄隐，当宋太祖见到这位年过八旬的老人时，看到眼前的苏澄隐犹如年轻人一样健壮，便问他有何养生秘法。苏澄隐回答说，皇帝本不该询问此事，而应该去奉行老子提倡的无欲无为之道，以求长久治国。“我无为而民自化，我无欲而民自正。”苏澄隐不愧是高道，他强调，帝王之养生与平民百姓不同，按老子无为无欲的思想去做，内可以养生，外可以理国。苏澄隐的一席话，将宋太祖的崇道需求说得清清楚楚。宋太祖听了苏澄隐的奉劝，十分满意，赐给道士紫衣和其他一些贵重物品。

宋太祖还曾宠用道士刘若拙。刘若拙，号华盖先生，擅长服气法，他虽年逾九十，但仍步履轻快。开宝五年（972），宋太祖禁止民人私度道士，任命刘若拙为左街道录，负责将各观道士集中到京师举行会考，责令学业不足的道士还俗。刘若拙深得宋太祖的信任。据传，每当大雨不止或旱情严重，宋太祖必请刘若拙到宫中设坛，祈晴求雨，特别灵验。

宋太祖还向元秘大师马志通授以“通议大夫”称号，以表彰他为开封府长官治病有功。后来，宋代皇室经常赐予道士这类称号，看来是宋太祖开了这个先例。

三、宋太宗的“清静”“无为”

宋太宗赵匡义

北宋第二位皇帝太宗，为宋室与道教之间的关系进一步铺平了道路。宋太宗的即位就蒙上了仙道的色彩。据宋代宰相王钦若编集的《翊圣保德真君传》载：宋太祖建隆元年（960），凤翔府周至县的道士张守真，登游终南山，忽然听到空中有召唤的声音，四处寻找又不见其人，回到家中，那空中之声竟出现在他的小屋内，自称是高天大圣玉帝的辅臣，奉玉帝之命降显于世，以辅佐大宋皇朝，要张守真虔诚地崇奉于它。这部书又载：在宋太祖临死前夕，此神命张守真传言给宋太祖说，他作为高天大圣玉帝的辅臣，遵照符命为保佑大宋王朝下凡来到人间，并再三强调：“晋王有仁心，晋王有仁心。”晋王就是宋太祖赵匡胤的弟弟宋太宗赵匡义即位前的封号，意思是晋王应该继承帝位。第二天，宋太祖死去，宋太宗遂登基即位。这个君权神授的故事，其实是宦官王继恩奉宋太宗的旨意，授意张守真编造的，意在证明他继承皇位的合法性。为此，宦官王继恩和道士张守真都受到了宋太宗不同一般的宠信。

即位后的宋太宗，在太平兴国元年（976）召请道士张守真，在宫中设醮，醮后又有真君降言：我从建隆元年下凡以来，一直保佑着君主和百万灵官，此后只要让百姓重视忠孝，赏罚分明，则大宋天下可保永久。宋太宗听后不胜惊喜，遂下命在终南山上修建上清太平宫，用了整整三年的时间才建成。每年三元日、诞辰日设醮，凡有旱涝灾害或国家大事，便祈神求福免灾。从这以后，每当遇有军国大事，总有真君降言。为此，宋太宗献上“翊圣将军”尊号，向张守真赏赐紫衣和“崇元大师”称号。不久，宋太宗又决定，把张守真在终南山的住宅改为北帝宫。

在张守真的影响下，宋太宗公开支持道家，大力营建宫观。他在苏州建太一宫，祭太一神；在舒州建灵仙观，祭司命真君；在京师分别建造太一宫、上清宫。当时有个擅长方术的道士叫王德一，请求将私宅改为道观，宋太宗亲口答应了他，并赐“寿宁观”匾额。宋太宗还将祖父宣祖的旧宅改为“洞真宫”，设女冠31名。这些充分表明了宋太宗对建造道教宫观是持积极赞许态度的。

对当时的著名道士，宋太宗屡屡召见，访求仙术。太平兴国三年（978），宋太宗召请华山道士丁少微。据说丁少微不仅擅长服气法，还精通服饵，年过百岁仍很健康。这个丁少微奉命进宫，向宋太宗进献了金丹、巨胜等延年益寿药，在京师逗留了几个月后又返回华山。

淳化三年（992），宋太宗召请擅长辟谷术的隐士种放，但种放托词未从，宋太宗不仅没有责怪，反而更钦佩他的高节，还赐钱三万。

宋太宗还曾召见道士王昭素，询问治世养生之术。王昭素回答说：“治世莫若安民，养身无非寡欲，此外无他。”这里所谈的治世养生之道，全在安民寡欲。

在宋太宗接触的道士中间，尤其值得一提的是陈抟。先是在太平兴国二年（977），陈抟应诏入阙。据《太华希夷志》载，“帝恳求济世安民之术”，陈抟要来纸和墨，挥笔写下“远近轻重”四个大字，宋太宗不解其意，陈抟解释说：“远者，远招贤士；近者，近去佞臣；轻者，轻赋万民；重者，重赏三军。”陈抟的进言正中时弊，因而深得宋太宗的欣赏和宠信。

△西华山陈抟高卧 明刻本《元曲选图》

宋太宗也是一个希望长生之人，他见陈抟那么大年纪，身体还很硬朗，非常羡慕，当着宰相宋琪的面夸奖说：“朕见他已是年近百岁之人，虽然终日不食，却依然精神矍铄，步履雍容，真正难得啊！”言外之意，宋琪自然心领神会，于是专门在中书省设宴，殷勤款待陈抟。席间，宋琪问道：先生玄默修养，得此道术，可否赐教一二？据《宋史·陈抟传》载，陈抟的回答很耐人寻味：

> 抟山野之人，于时无用，亦不知神仙黄白之事，吐纳养生之理，非有方术可传。假令白日冲天，亦何益于世？今圣上龙颜秀异，有天人之表，博达古今，深究治乱，真有道仁圣之主也。正君臣协心同德、兴化致治之秋，勤行修炼，无出于此。

陈抟不但述说自己没有什么特殊方术可传，还直接提出了白日升天，无补于世的思想；进而指出最高的修炼是君臣同德，求得天下大治。这种思想代表了五代宋初时期，道教从出世到入世的根本转化。陈抟的话，博得了宋太宗、宋琪君臣的赞赏，宋太宗下诏为陈抟赐号“希夷先生”，赐紫衣一袭，并留在宫中住下。宋太宗又传令重新修缮扩建陈抟在华山云台观的居所，待修筑告竣时，太宗又亲自书写了“华山石室”4个字作为礼物，才依依不舍地送陈抟返回华山。陈抟最后以118岁的高龄老死在华山石室中。

△华山陈希夷（陈抟）像

宋太宗崇道，把黄老思想作为政治思想来运用，推行“清静致治”的政策。这有其社会原因。五代动乱，一些不愿出来做官的儒生和失意官僚，纷纷隐遁以自保，他们往往以黄老思想作为安身立命之道，因而黄老思想在社会上得到广泛的传播。宋初，政局还不是很安定，隐逸之风仍很盛行，使得黄老思想继续流传。宋太宗为了安定社会，巩固政权，便积极推行黄老之治。

据《续资治通鉴》卷三十四载，当时的宰臣吕端曾对宋太宗说：“若行黄老之道，以致升平，其效甚速。”宋太宗就此谈道：

> 清静致治，黄老之深旨也。夫万务自有为以至无为，无为之道，朕当力行之。

在这里，宋太宗对黄老思想的领悟是很深的，“清静”与“无为”，对宋太宗而言，既用于养生，又用于治国。

四、宋真宗“天书”背后的隐情

宋真宗赵恒

北宋真宗赵恒是个著名的崇道皇帝。他的崇道可分为前后两个阶段，在他即位的前十年中，只是一般性地参与一些道务活动。后十余年间，即从大中祥符元年（1008）起，则开始在全国大规模地崇奉仙道。而在三次“天书下降”的背后，宋真宗或许还有其他的隐情。

宋真宗在其执政后期大力奉道，是与当时的政治背景密切相关的。宋王朝建立以来，北方的辽国统治者连年领兵南下，意在夺取中原地区。在双方争斗中，宋朝一直处于被动挨打的地位，战事屡屡失败。景德元年（1004）萧太后率辽兵再次南下，进逼冀州，直抵澶州，边书告急。在主战派寇准的坚持下，宋真宗御驾亲征，大大鼓舞了宋军的士气，结果取得澶渊之战的胜利。本来宋朝是胜利者，但宋真宗贪图眼前的安宁，为使辽国今后不再来犯，两国签订了“澶渊之盟”。和约规定，宋朝以后每年向辽国缴纳白银10万两，绢20万匹。枢密院知事王钦若与寇准历来不和，见寇准因澶渊之功深得真宗信用，便想方设法进行诋毁，他向真宗进言说：“澶渊一战，陛下不以为耻，反而称赞寇准有功于社稷，臣实在想不通。”真宗很吃惊，忙问：“何故？”王钦若回答：“城下之盟，《春秋》所耻。陛下亲征，又取得澶渊之战的胜利，

然而我泱泱大宋反倒向区区契丹小国讲和纳银。这不是耻辱又是什么?”宋真宗一听，怏怏不乐，问如何才能雪耻?王钦若知道宋真宗不敢再与辽兵开战，故意激他出兵收复幽、冀二州，真宗自然不同意。于是趁机提出：“陛下如果不忍出兵，不如学古代帝王去泰山封禅。这样既可以镇服四海，又可以夸示戎敌。”

然而，封禅是古代帝王炫耀其受命于天的一种隆重仪式，向来被称为“古今盛典”，不是随随便便就可以搞的。王钦若向真宗出主意说：“自古封禅，事先都会有天降神瑞等稀世绝伦之事。但天瑞岂是那么容易就能得到的？所以过去有不少人为制造‘天瑞’的事。其实只要皇上把这件事当成真的来做，并明示天下，那么真假又有何区别呢？”真宗听后，沉思良久，为了掩饰自己对辽国的屈辱求和，便认可了王钦若的主意。于是由他亲自导演，宰相王旦和王钦若等人积极参与，利用道教神学演出了一场场“天书下降”的闹剧。

△道教寿星像（宋）

大中祥符元年（1008）正月的一天，宋真宗在崇政殿上召见王旦、王钦若等朝中重臣，对他们说：去年十一月二十七日夜将半，朕正想就寝，忽然一室明亮起来，不一会儿见神人星冠绛袍，对朕说：“来月三日宜于正殿建黄箓道场一月，当降天书《大中祥符》三篇，勿泄天机。”朕悚然起对，神忽尔不见。十二月初一，朕即于朝元殿建道场，恭告神贶。现有皇城司奏报说：左承天门屋南角鸱吻之上落有黄帛一卷。朕暗中派宦官前去看视，宦官回来说：“其帛长二丈许，缄一物，如书卷，缠以青缕三周，封处隐隐有字。”朕细细思量，这大概就是神仙所说的天降之书吧。

宰相王旦等朝中大臣听了宋真宗这番话，当即叩奏称贺，欢呼万岁。于是，宋真宗率群臣步行来到承天门，焚香望拜，命内侍登屋取下“天书”。然后来到道场，当众打开，只见封帛上有文：“赵受命，兴于宋，付于恒（真宗名赵恒），居其器，守于正，世七百，九九定。”撕去封帛，里面有三幅天书，黄字，大意是讲宋真宗能以至孝至道绍世继位，晓谕他为政要清静简俭，最后讲大宋江山当会世代永传。这份天书由知枢密院事陈尧叟宣读后，藏于金匮。接下来，群臣朝贺，皇上赐宴，又奏告天地宗庙社稷及京城祠庙，皇上还酌献天书，宣布大赦，改年号为“大中祥符”。不久，又有所谓的天书降下。看准宋真宗的所好，宰相王旦率文武百官、诸军将校、官吏藩夷、僧道耆寿等23200余人，上表请求宋真宗封禅。宋真宗故意迟迟不决。后来，这些人又连续5次上表，宋真宗终于同意，在王旦、王钦若等人煽动下，举国若狂，开始了热闹非凡的封禅筹备。

就在真宗要出发泰山封禅时，打前站的王钦若派人呈报好消息，说泰山上有甘甜的泉水涌出，山下的小山有苍龙显现。不久又报称，流出甘甜泉水的醴泉亭北边，又有天书降落于林木之上。宋真宗当即将朝中辅臣召于崇政殿说："朕五月丙子夜间，又梦见上次的天神下凡告诉朕，说下个月上旬要在泰山再降天书。朕将此事秘密告诉给王钦若，让他留意此事。没想到呈报的情况与梦中的情景一样。上天对我大宋的护佑，实在是太深厚了。只是朕自愧无德，不知怎样来报答上天的庇荫。" 宰相王旦等辅臣听了旨意，又是叩拜称贺，又是安排迎接和开读天书。这一次天书上写的是："汝（指宋真宗）崇孝奉吾，育民广福。锡尔嘉瑞，黎庶咸知。秘守斯言，善解吾意。国祚延永，寿历遐岁。"读完天书，百官上表，尊称宋真宗为"崇文广武仪天尊道宝应章感圣明仁孝皇帝"。

半年之内，接连三次天书下降，闹得朝野轰动，都说上天真心护佑大宋，江山可保万年。然而，其中的蹊跷，又有几人能知？唯有大臣孙奭对这一套不大相信，质疑道："圣人曾经讲过，天是不会说话的，既然不会说话，又何来的天书呢？"但与众多大臣的马屁声相比，这点声音毕竟太小了。

大中祥符五年（1012）十月，真宗让王钦若与内侍刘承圭等人串通，效仿唐代皇帝认老子做始祖的做法，又一次编造天尊下凡的神话，上演了一出"赵氏始祖降临"的新闹剧。据说，这年十月的一天，内侍刘承圭向真宗

泰山神启跸回銮图（局部）

此图是天贶殿内的巨大壁画，相传为北宋时期的作品，分为东西两幅。东为"启跸图"，西为"回銮图"，生动描述了东岳大帝出巡的场面，是道教壁画中的珍品。

◀重庆大足石篆山第8号“老君龛”（北宋）

呈报，说汀州一个名叫王捷的人，在南康遇见一位道士，自称姓赵名玄朗，是道教中的神仙“九天司命真君”，授其丹术及小环神剑后就不见了。真宗听了，立即召王捷入朝，赐名中正，授官左武卫将军。大臣们对真宗的这一举动感到不可理解。宋真宗解释说：“朕曾经梦见神人传达玉帝旨意，说要让朕的始祖赵玄朗授朕天书。次日，又梦神人传朕圣祖的话说，圣祖当晚要下凡，并说圣祖坐西，圣祖旁边还要另设六个坐席。当晚，朕在延恩殿设道场，五鼓一筹，果然就闻到异香，然后满殿黄光，朕的先祖就降临了。接下来又有六人到来，各揖圣祖，一一就座。圣祖对朕说：‘我乃人皇九人中的一个，是赵氏的始祖，再降为轩辕皇帝。后唐时下降，总治下方，主赵氏之族。皇帝要善为抚育苍生，勿怠前志。’说完，各自离席乘云而去。王捷遇到的，想必就是朕的这位圣祖了。”宰相王旦等人听了宋真宗一番解释，心中自然清楚，又是真宗玩的把戏，但谁也不敢点破，只能以假当真，黑压压地跪了一地，撅着屁股，齐声称贺。

为了加大圣祖下凡事件的宣传效果，宋真宗特为此大赦天下，并且煞有介事地奉这位赵氏始祖为“圣祖上灵高道九天司命保生天尊大帝”，圣母懿号“元天大圣后”。从大中祥符元年至七年(1008—1014)，委派权三司史丁谓主持修建了规模宏大、雕镂精巧的玉清昭应宫。宫中除了供奉天书外，专门委派江淮发运史李溥在建安招募巧匠铸造玉皇、圣祖、圣母及太祖、太宗尊像，造成后运抵京师时，真宗亲率百官迎入宫内。此后玉清昭应宫祭祀之事，都交由王旦承办，同时加赐他一个官名，叫“玉清昭应宫史”。王旦虽然觉得好笑，但帝命难违，也只好随来随受罢了。

从此，赵宋王朝便有了一位道教神人赵玄朗为始祖，再也不用羡慕有“太上玄元皇帝”做始祖的李唐皇帝了。宋真宗将“天书”及“圣祖”降临的日子都定为节日，节日期间，文武百官放假，两京及诸路州府军监均建道场设醮，禁止屠宰，听凭士民宴乐，京师在节日之夜张灯结彩，百官均往道教宫观上香。

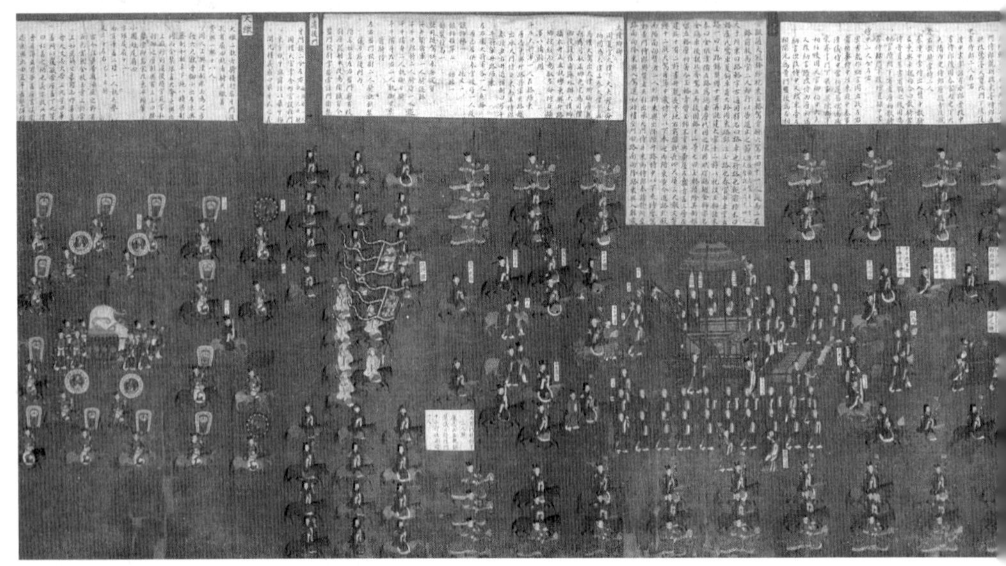

大驾卤簿图（宋）

卤簿指的是古代皇帝仪仗队。宋代卤簿分为四等，大驾卤簿列为第一等，专用于南郊大礼。为便于官吏将士演练，宋太宗曾命人绘制了三幅《卤簿图》，藏于秘阁。宋仁宗时，重新制定大驾卤簿，编写《图记》10卷。本图即是在《图记》基础上完成的。图中表现了皇帝前往城南祭祀天地时的宏大场面，是研究宋代舆服、仪仗、兵器、乐器等制度的形象资料。

崇道入迷的宋真宗，为了奉祀玉皇和赵氏圣祖，不惜耗费财力，大兴土木。为供奉“天书”，从大中祥符二年至七年，委派丁谓主持修建规模宏大、雕镂精巧的玉清昭应宫，每天役使军民数万人，不分寒暑，昼夜赶修，耗资不计其数，建成后共有2610间，仅是铸造玉皇像、圣祖像和真宗御容，就用黄金一万两，白银五千两。大中祥符九年（1016），宋真宗诏命在宫中建景灵宫，在曲阜寿丘建景灵宫和太极观，各地的天庆观增设圣祖殿，以供奉“圣祖”和“圣祖母”。后来又在亳州建明道宫供奉老子，在茅山建元符观供奉三茅真君等。天禧三年（1018），宋真宗为“虔思报请”，“永耀鸿祯”，下诏将武当山的五龙祠“升祠为观”。

宋真宗甚至作出这样一个规定，都城里的道观由宰相直接管理，地方道观由侍从或其他退役者管理。这是很值得注意的，因为道观由国家管理，不仅能在钱财物等问题上会把事情办得更好，而且还加强了道家与宋室的密切联系。

据载，宋真宗还曾派遣宦官为使者前往茅山，诏请第23代宗师朱自英为国求嗣。第二年，宋宫果然生下了后来当了皇帝的宋仁宗。宋真宗喜得皇子，遂敕命朱自英住持玉清昭应宫，并敕建茅山乾元、天圣二观，赐“国师”尊号。相传，宋真宗也让女儿入道，但未见详确记载。

我们略加回顾就会发现，宋真宗所搞的崇道闹剧，基本上都是效法唐代，与唐明皇几乎如出一辙。请看：唐代奉老子为“圣祖”；宋真宗便奉“九天司命天尊”为“赵氏始祖”。唐明皇东封泰山，西祀后土；宋真宗也东封泰山，

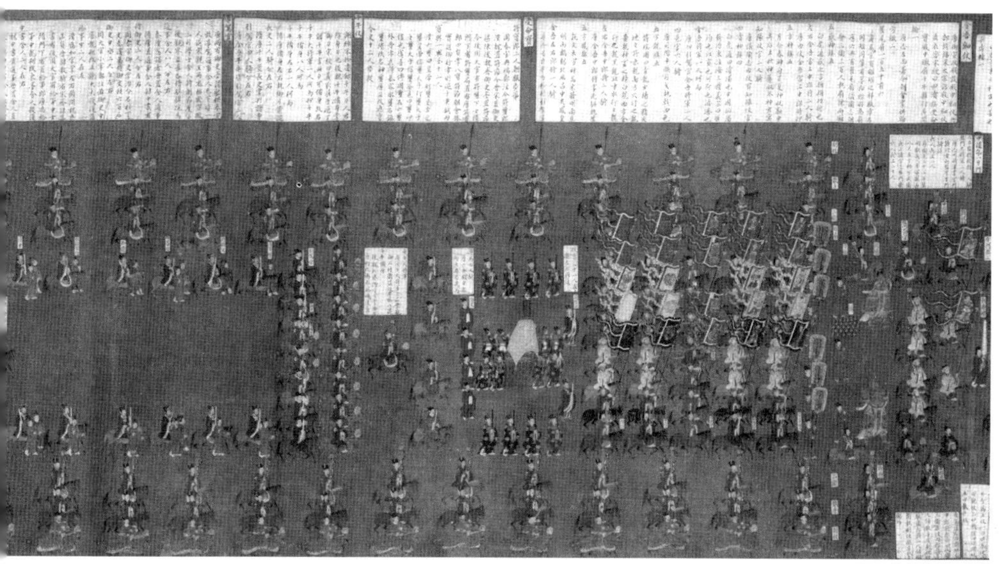

西祀后土。唐明皇诡称获“灵宝符”而改元天宝，在全国建真符观；宋真宗亦诡称获“天书”而改元大中祥符，在各地建天庆观。唐明皇把自己的塑像立于老子之侧；宋真宗则把自己的塑像立于玉皇之旁。唐明皇装神弄鬼多次自称梦见神人；宋真宗也称梦见神人，编造了不少的神话。如此等等，宋真宗亦步亦趋地效仿唐明皇，以致招来群臣的非议。为此，宋真宗还特作《解疑论》，为自己“事事慕效唐明皇”进行辩解。

综观宋真宗的一系列崇道活动，我们会发现，注重道法是其一大特点。宋真宗曾总结了汉唐这些前朝帝王用道教治国的经验，他说：“汉尚其言，措于刑辟，唐宗其道，至于升平。”他的这个总结非同一般，用今天的话说，其大意是，汉朝治国，在道家道教的运用上，只注意形式，措施重点在刑法上，并不是理想的得道之治；而唐朝却不同，重视其“道”，这是道家道教之根本，以道治国，因此大唐天下达到了升平盛世。宋真宗欣赏有唐一朝用道治国的做法，他依照自己对“道”治天下的理解，回顾宋太祖和宋太宗的治国道行时说：“太祖皇帝神武不杀，舞干戚而宾九围。太宗皇帝清明在躬，垂衣裳而立教，增修俊德。”这个总结中的“神武不杀”和“垂裳立教”是宋真宗非常看重的行为和结果，也是他对以“道”治国的追求。因为宋真宗时代是一个战争不断的时代，辽国不断用兵南侵，宋皇室一直陷入战争的疲惫旋涡之中。宋真宗在主和派大臣的策应下，以“神武不杀”和“垂裳立教”为宗旨，具体的做法就是以道教之法术神化宋朝政权，同时效仿唐朝大立道教，以达到“镇服四海，夸示戎狄”的目的，使契丹不敢轻视宋皇室。这也是宋真宗注重道法的一个症结所在。

客观地说，宋真宗崇道，重道法，轻炼养，主要是出于政治上的需要。对外，企图利用道教来神化大宋皇朝，慑服辽国君臣，使其无南侵之心；对内，则要利用经由道教神化了的皇权来安定社会，稳定江山。宋真宗公开声称，他崇道是为了保国安民，“非敢溺方术，求神仙。”为此，他对能为国家祈福禳灾、除妖驱邪的道法派较为重视，认为这是道教的正统。宋真宗也曾频频召见炼养派道士，但所询问的主要是清静无为之道，对炼养方术则不是很上心。宋真宗重道法轻炼养的倾向，在他钦定的官方宗教著作《翊圣保德真君传》中也有反映，此书详细介绍了道法派的“剑法”（即除妖驱邪之法）和“结坛法”（即祈福禳灾之法），记载了较多的斩妖驱邪的神话故事，而且捧道法派祖师爷张道陵及其龙虎山子孙为道教正宗；与此相反，对炼养派则颇有一些贬斥之词。了解了这些，对宋真宗看似荒唐的崇道闹剧，也就更多了一些理性认识了。

五、宋徽宗——“教主道君皇帝”

宋徽宗赵佶

宋徽宗赵佶是多才多艺的，他的书法绘画总是让后人赞叹叫绝，而他的命运却是可悲的，这多少与他的崇道有着直接的关联。在宋徽宗时期，北宋王朝再次出现了崇奉仙道的狂潮。

宋徽宗即位后，最先宠信的道士是刘混康。刘混康是茅山第二十五代宗师，他自宋神宗时代起，便常常出入宫廷，深得大宋天子的信任。宋哲宗曾亲自召见刘混康，请他为皇后孟氏治病，宋哲宗为此赏给刘混康“洞元通妙先生”的称号，并敕命江宁府将他所居住的茅山潜神庵扩建为元符观。宋徽宗即位之初，没有子嗣，便又请来刘混康，教以“广嗣之法”。不久，宋徽宗果然连得数子。由此，宋徽宗对刘混康很崇信，赐予金印、宝剑及田产财物，先后给他敕书及赠诗70余次。特别是，宋徽宗还多次向道士刘混康讨取“灵丹”、“仙饵”、“伤风符”、“镇心压惊符”等神丹妙药，以求健体强身，长生不老。刘混康死后，宋徽宗十分怀念，追赠他为“葆真观妙冲和先生、太中大夫”。

除刘混康之外，在宋徽宗执政前期，还接触了其他不少的道士。其中有龙虎山三十代天师张继先，泰州道士徐神翁，精通阴阳、术数的魏汉律等人，宋徽宗或向他们讨取“镇妖符”、“灵丹”药，或命其预卜吉凶，往来不断。

宋徽宗大规模地崇奉仙道，大致可从政和年间（1111—1118）算起。据说，当时有个叫王老志的人，是濮州临泉人，曾经做过运转小吏，后来自称巧遇钟离权，并授予他内丹要诀，便抛弃了家人当起道士，他在田野里盖起了一座茅屋，以其道术知名于江湖。后被人举荐征召入京，住在宰相蔡京家中。一天，王老志叫人送了一封密封的书信给宋徽宗，原来里面记着某年中秋节那天宋徽宗与乔、刘二位妃子的燕好之语，宋徽宗读后更加相信道家的仙术，遂赐号王老志为“洞微先生”。

还有一个道士叫王存昔，是洪州人，起初隐于嵩山，自言遇到高道许逊，得《大洞隐书·豁落七元之法》，说能预知人们的未来之事，也由蔡京推荐给宋徽宗，宋徽宗赐号“通妙先生”。王老志、王存昔这两个人，实际上都是大言不惭的江湖骗子，钟离权为五代人，许逊为晋人，王老志和王存昔怎么可能见到他们？

张继先，龙虎山三十代天师

这里要说明的是，蔡京接连向宋徽宗推荐道士，并在宋徽宗崇道问题上推波助澜，是怀有政治野心的，他是要以此来讨好宋徽宗，并利用道教扩大自己的权势。宋徽宗也是出于政治上的特殊需要，来信奉和扶植道教的，他企图利用道教来神化宋皇朝，以达到慑服外敌和镇服百姓的目的。而这些，对一心想推广和抬高道教的道士们来说，自然是求之不得的好事。三者一拍即合。

宋徽宗和蔡京集团效法唐明皇和宋真宗，接连编造了不少天神降临、老子托梦的神话。那是政和三年（1113）九月的一天，宋徽宗祀天于圜丘，刚出南薰门，宋徽宗忽然说道：“玉津园的东面像是有楼阁重重叠叠，那是什么地方？”蔡京的儿子蔡攸赶快奏道：“我也看到有楼阁亭台数重隐现于彩云之中，但仔细审视，都离地有数十丈。”宋徽宗又问：“有人物否？”蔡攸回说：“有，像是道家的童子，执着幡幢节盖，相继出现在云间，眉眼都历历可识。”宋徽宗以为是天神下降，就命令在那个地方建立道宫，取名“迎真”。宋徽宗还为此亲自撰写《天真降临示现记》，记录此次天神降临的始末经过，颁示天下，并刻成石碑树立宫中。这种奇瑞，显然是王老志等道士们策划的。

蔡京，北宋的宰相

同年十一月，宋徽宗又声称梦见了老子，老子对他说：“汝已宿命，当兴吾教。”而且，宋徽宗还说，在梦里道士王老志也在场。王老志这时便信誓旦旦地对百官们证实确有其事，因为他当时也在梦中与徽宗同时见到了太上老君。徽宗与王老志的一唱一和，弄得文武官员相信也不是，不相信也不是，只好说什么就听什么了。

政和六年（1116），宋徽宗又接触了一位道士，名叫林灵素。这人的原名叫林灵噩，是温州人，从小投入佛门，因不堪师傅的打骂，又转而从道，往来于淮泗之间，修习过茅山派和天师道两系统的道法，懂得一些法术，擅长役使鬼神消灾的五雷法。这个林道士善于迎合，又爱说大话，由左道录徐知常推荐给宋徽宗。宋徽宗将林道士召进宫中，问其有何道术，他吹嘘说：“上知天上，中识人间，下知地府等事。”当时宋徽宗崇奉道教已将近10年了，虽然宠信的道士有不少，但“独思未有一压服群下者”。林道士利用宋徽宗急欲神化自己的心理，对他说：上天有九霄，最高者为神霄，神霄府中有一位神霄玉清王，乃上帝之元子，号长生大帝君。陛下就是神霄玉清王转世，下降为人主，现暂由王弟青华帝君摄领天上神霄府事宜。林道士又说，自己是神霄府的仙卿，降临人世辅佐帝君，蔡京、童贯这些朝中重臣分别是神霄府的仙伯、仙吏，甚至连宋徽宗宠爱的贵妃刘氏也是上天“九华玉真安妃”。这番话说得宋徽宗心中大喜，立即赐林改名为灵素，赐号“通真达灵先生”，又赏发大量财物，还特在皇宫附近建上清宝箓宫，供林灵素居住使用。从这以后，宋徽宗便成为神人合一，神权与君权合一的皇帝。据北宋末年所作的《无上九霄玉清大梵紫微玄都雷霆玉经》载：神霄玉清王是仅次于昊天玉皇上帝的最尊神，能主宰天上、人间、地府的一切祸福。宋徽宗既然是神霄玉清王下降，也就成为天上、人间、地府的主宰。蔡京、童贯等也成为仙吏与人臣合一的官僚。这无疑是宋徽宗与蔡京、林灵素等合谋炮制的谎言。

政和七年（1117）二月，宋徽宗自称：青华帝君在深夜降临宣和殿，授给他“帝诰”、“天书”、“云篆”等神物，命道士2000余人集合于上清宝箓

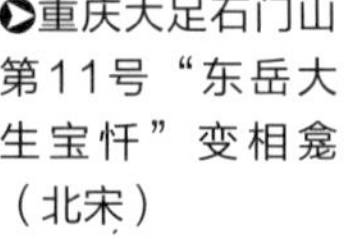

重庆大足石门山第11号“东岳大生宝忏”变相龛（北宋）

宫，听林灵素宣布此事。据《资治通鉴》卷九十二载，这年四月，宋徽宗对道录院讲：

> 朕乃昊天上帝之元子，为太霄帝君。虑中华被金狄之教（指佛教），焚指炼臂，舍身求正觉，朕甚悯焉，遂哀恳上帝，愿为人主，令天下归于正道。帝允所请，令弟青华帝君权朕太霄之府。朕夙昔惊惧，尚虑我教所订未周，卿等可表彰，册朕为教主道君皇帝。

于是，群臣及道录院秉承旨意，向苍天上奏表章，请求以上帝的名义册封宋徽宗为“教主道君皇帝”。册封之时，百官不免又是一番称贺。宋徽宗因此而成为集天神、教主、人君于一身的帝王。唐明皇、宋真宗还只是利用“灵符”、“天书”来神化皇权和神化帝王，宋徽宗则更进一步了，他自称是天神下凡，这可算是他崇道的创新和升级了。

△北宋道士林灵素

同年，宋徽宗又命道士林灵素在上清宝箓宫多次开讲道经，官民入殿听讲者达数千人之多，宋徽宗有时也带着爱妃听讲。据载，林灵素的讲演十分平常，并没有什么新鲜货色，只好不时说些插科打诨的话来取笑，搞得很不严肃。可是，宋徽宗对林灵素却是越来越宠信，重和元年（1118）五月，宋徽宗为林灵素加号为“通真达灵元妙先生”，不久又赐号“金门羽客”、“冲和殿侍宸”，恩准身带金牌，可随意出入宫禁，其地位竟相当于朝中大臣。后来，林灵素恃宠跋扈，一次出行面遇太子，互不相让，竟争起道来，太子入诉，林灵素遂于宣和元年（1119）十一月被贬斥，回到故里死去。

宋徽宗在宠信林灵素等一批道士，利用道教编造政治神话的同时，还在全国范围内大力扶植道教——

首先，大兴土木，在各地增建和扩建道教宫观。在京师，先后修建玉清和阳宫（后改名为玉清神霄宫），以安置道教神像；作迎真馆，以迎天神降临；建葆真宫、宝成宫、九成宫，安置九鼎；修上清宝箓宫，供道士修道之用。崇宁、大观年间，在茅山修建元符万宁宫，在龙虎山迁建上清观，增建靖通庵、灵宝观等。政和六年（1116）四月，又命全国于“洞天福地修宫建观，塑造圣像”。政和七年（1117），宋徽宗听信林灵素等关于他是天上神霄玉清王、号称长生大帝君的说法，诏命在全国各州府均建神霄玉清万寿宫（简称神霄宫），以供奉长生大帝君、青华帝君的神位。由于神霄宫是供奉和神化宋徽宗

重庆大足舒成岩第5号“玉皇大帝”窟（南宋）

神位的场所，因而宋徽宗相当重视，对修建不力的官员分别降革惩处，各地官吏都把修建神霄宫当成头等大事来抓。在宋徽宗的倡导下，全国道教宫观一时极盛，为此而劳民伤财，靡费巨大。

其次，给道士以进身之阶，提高道士的社会地位。政和四年（1114）三月，“诏诸路监司，每路通选宫观道士十人，遣发上京，赴左右街道录院讲习科道声赞规仪，候习熟遣还本处。”宋徽宗又命各地州县仿照儒学的形式设立道学，凡初入道学者称道徒，以后每年进行考试，根据考试成绩，分别授予10个等级称号，而且这些称号与官员的品级相对应，从五品到九品，具体是这样规定的：元士——正五品；高士——从五品；大士——正六品；上士——从六品；良士——正七品；方士——从七品；逸士——正八品；居士——从八品；隐士——正九品；志士——从九品。宋徽宗还依照儒学的贡士法，准令学道之士也可通过考试成为贡士，到京师入辟雍和太学学习，并且可以参加每三年一次的科举大比（试题与儒生不同），殿试合格者则称为有道之士，即高级道士。宋徽宗还比照政府官吏品级，设道官26等，道职8等，其中有先生、处士、诸殿侍晨等职称。另外，除中央有道录院外，还在三京及各州镇设立道录、副道录、女道录、道正等官员。又规定，地方的郡县官员与道观的掌门道士当以客礼相见，天下道士免阶墀迎接府衙。在宋徽宗的关照下，道士们的生活相当富足，他们按规定领取俸禄，道观拥有许多田地，不少道士还暗中养有妻妾。

最后，大规模地整理和编写道教典籍。宋徽宗即位不久，就在全国搜访道书。崇宁年间，“诏天下搜访道教逸书”。政和三年（1113）十二月，“诏天下访求道教仙经”。政和四年（1114）八月，又命“搜罗天下奇异之文”。

在政和年间，编成《政和万寿道藏》一部，共有540函，5481卷，这是我国第一部全部副刊的《道藏》。宋徽宗又组织人马编写了一部《道史》，该书模仿史书体例，分纪、志、传三部分，时间起自龙汉（道教年号），止于宋代，其宋代部分另称《道典》。当时还编有一部《仙史》，“述所得仙者五万人”，其数目实在惊人。宋徽宗本人竟也编写道书，曾把他的《御注道德经》颁布全国，并在神霄玉清万寿宫刻在石碑上。宋徽宗又命国子监刊印他的《御注冲虚至德真经》。他还写有《南华真经逍遥游真义指归》、《圣济经》、《天真降临示见记》、《神霄玉清万寿宫记》等。宋徽宗作为皇帝是昏庸的，其崇道活动是荒唐的，但他对道教典籍的整理和刊印，还是有一定功绩的。

宋徽宗在大力崇道的同时，听信林灵素等道士的建议，对佛教采取排斥贬抑的政策。宣和元年（1119），下令将佛陀改名为大觉金仙；其余佛教神菩萨改称仙人、大士；僧人改为德士，尼姑改称女德；改佛教寺院为宫观；还要求德士头戴道冠，身着道袍，甚至连佛像也给换上道冠道服。这种为崇奉仙道而采取的形式上的废佛，推行不到一年，便由于林灵素的失宠与倒台而停止了。

如同唐明皇崇道误国一样，宋徽宗困竭民力的崇道活动，加速了北宋的灭亡。就在宋徽宗借助道教神化自己达到高潮时，北方金人已兵临城下了。在国家危在旦夕的时候，宋徽宗仍迷信道教法术能抵御“金贼”，可挽救“王师溃败”。宣和七年（1125）秋，金兵已渡过黄河，宋徽宗还派遣使者带着道士刘知常的“神霄宝轮”去各地宫观供奉，宣称可以镇四方兵灾。金兵围困汴京后，兵部尚书孙傅相信方士郭京“能六甲法，可以生擒金二帅”。结果郭京驱使“神兵”开城不战而逃，使金兵趁机登上城墙，加速了京师的陷落。

可笑的是，直到宋徽宗这位“教主道君皇帝”做了金人的阶下囚时，仍然身穿紫道袍，头戴逍遥巾，一付道流打扮。这位自称天神下凡的皇帝，以战俘囚徒的身份，在人间地狱中度过了残生。

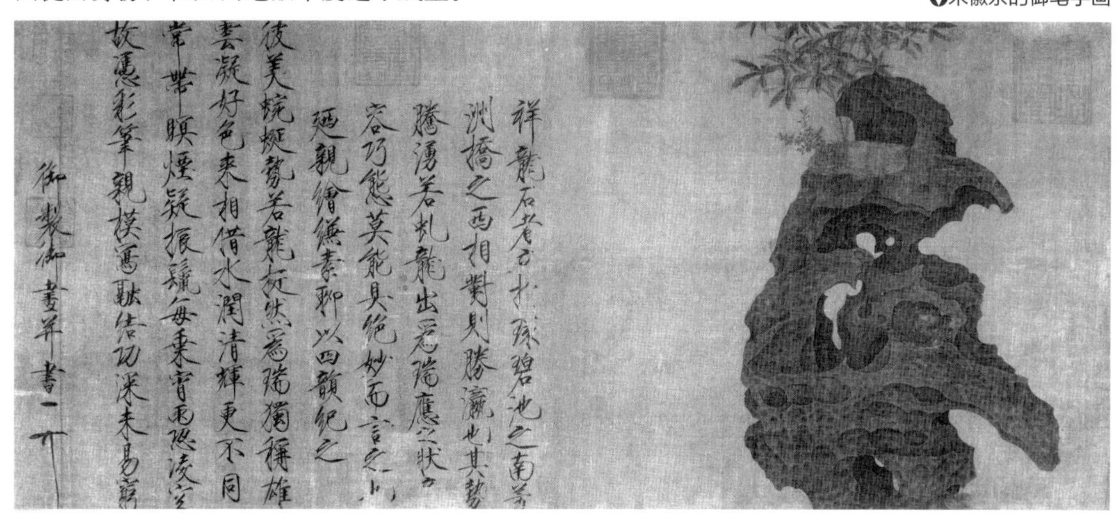

宋徽宗的御笔字画

六、南宋高宗，养生治国召“真人”

南宋是仙道思想发展的一个转折期。由于宋徽宗崇道失败和北宋灭亡，使得以道法为主的旧道教渐趋衰落，以炼养为主的新道教日渐兴起。道家修身养性的思想主张，在南宋时期有了新的发展。在南宋统治的150余年间，朝廷虽然也对一些道士予以召见和封赐，但没有出现受到统治者特别宠信的道士；虽然也利用道教搞了一些斋醮祈禳之事，但没有形成大规模的崇道狂潮。可以说，南宋皇帝对道教的崇奉不像前代帝王那样起劲，但是奉道活动也不曾间断。这是南宋王朝与道教关系的基本特征。

宋高宗赵构即位，是南宋的开始。多数史书在总结宋高宗时，几乎不谈他崇道的问题。究其原因，大概是因为宋高宗前面的宋徽宗崇道失国，乃至成为金国的俘虏，人们一般会认为，宋高宗总结前朝经验，应该远离道教，至少不会崇道。可是，历史事实却不是这样，实际情况是宋高宗也是崇道的，而且还有他自身的特色。

宋高宗赵构

南宋的第一位皇帝高宗在南方临安(杭州)落脚稍稳，惊魂略定，想的就是要用道家道教思想治国。当时，宋高宗效仿他的祖上，四处找寻高道。据《历世真仙体道通鉴续篇》记载，宋高宗刚即位的建炎初年，便召请谯定和姚平仲两位高道。《通鉴续篇》这样记述：“焦先生名定，字天授。涪州乐温县玉溪人。深于《易学》，隐青城大面山中得道。宋高宗建炎初，以经行诏至扬州，欲留之讲筵。”讲筵，就是专职为皇帝本人和近臣讲学的师傅。这段文字，反映了刚建南宋的高宗，多么需要道家道教理论为其治国。同年，宋高宗又下诏，请青城山另一位高道姚平仲。但是，这个姚道士却不肯出山。

宋高宗赵构还曾资助重建被战乱破坏的茅山上清派道观。据《茅山志》记载，当初在靖康之变时，茅山教主第二十七代宗师徐希和，因感激宋徽宗曾赐给他凝神殿校籍这个道职，绝食数月，最后以死来表示对北宋殉职。在北宋末、南宋初这段时间，上清派的本山茅山的宫观在战乱中受到了不同程度的破坏，据说新的教主蒋景彻好不容易才把经文、符箓、印章、宝剑保存下来。这事由左街道录傅希烈上奏南宋高宗赵构，高宗当即赏发一批资

△重庆大足石门山10号“三皇洞”石像（南宋）

金，重新修建茅山宫观。后来，宋高宗还曾派人去召见茅山第三十代宗师李景暎，但这位教主称病未赴，于是高宗赐以“靖真先生”称号。又过些年，因李景暎几次祈雨很灵，高宗再次召请入宫，据说李景暎道士仍未应召。

宋高宗的南宋王朝，急切需要道家道教的理论支持，他从骨子里认为道教理论对于治国理政是有效的。后来，宋高宗看重的高道还有张道静、张守真、张伯璟、张春龄、刘居中、饶廷直、皇甫坦等人。《汉天师世家》记载，张守真是第三十二代天师，宋高宗赐号“正应先生”；张伯璟是第三十三代天师，宋高宗御赐更名“景渊”。另有高道宁全真，曾以善“通真达灵”而名震京师，门徒很多。绍兴十六年（1146），高宗召他祈晴，不久又召他入宫祈禳金兵南侵之患，敕赐“洞微高士”，接着又封“赞化先生”，经常主典朝廷醮祭之事。

宋高宗看重这些高道，希望从他们那里得到什么？其实同他祖上一样，依然是道家道教养生理国的宝典。如绍兴二十七年，宋高宗诏皇甫坦：“殿问，何以治身?先生对曰：‘臣之治身，犹陛下之治天下也。心无为则身安，帝王无为则天下治。’上善其言。”这个记载很有意思，说“上善其言”，起码有两种理解，一是宋高宗喜欢听，认为说得好；二是宋高宗照这句话的意思做了。

宋高宗也是一个喜欢道家修炼工夫的人，他与道士皇甫坦探讨时，问及“长生久视之道”，“先生对以清虚寡欲为先。先损诸欲，莫令放逸，丹书万卷，不如守一。”宋高宗对皇甫坦的话“嘉叹久之”，称皇甫坦是“真人也”。

宋高宗在位35年，他的崇道一以贯之，并非一时权宜之计。除了探讨用道教理论养生理国的问题，宋高宗还做了不少为道教大兴土木，修建宫观的实事，史书载："高宗在位的三十余年之间，道教宫观的兴建从未间断。"这些大型的宫观主要有：显应观、景灵宫、延祥观、太一宫、洞宵宫、天庆观等等。这些宫观，其修建的规模和样式都非常惊人，耗资甚巨。如显应观，不仅祠宇宏丽，而且布局森严，长廊靓深，采绘工致，铁骑戎卒，左出右旋，戈铤旗盖，势若飞动。如此气势不凡的宫观建筑群，也从一个侧面佐证了宋高宗的崇道并不逊色。

重庆大足南山4号"三清古洞"窟（南宋）

飞天形象

七、宋理宗推崇《太上感应篇》

在南宋的皇帝中，重视和利用道教最为突出的，应该是宋理宗赵昀。宋理宗曾御笔亲书：

> 神与道而为一，天与人而相连，苟精守以专密，必驾景凌霄。

这几句话，道出了宋理宗崇道的心理。

道教分为很多流派，其中最主要的有两派：一个是张天师的正一派；另一个是三茅真君的上清派。对这两个道派，宋理宗都很看重。

对张天师的正一派，宋理宗再三显示皇恩。宋理宗在歌颂道教的御制文中，除全面肯定天师张道陵的创教功绩外，还加封张道陵为“三天扶教辅元正一靖应显佑真君”。嘉熙三年（1239），宋理宗召见龙虎山正一道三十五代天师张可大，命他提举三山（龙虎山、茅山、阁皂山）符箓兼御前诸宫观教门公事，主领龙翔宫，又赐号“观妙先生”。宋理宗还为龙虎山御书真凤殿、紫微阁、真懿观等匾额，赏赐田亩，恩免租税。从这以后，正一道成为江南诸道派的首领，这与元代形成全真、正一两大道派有着直接的关系。

对茅山的上清派，宋理宗也很重视。淳祐九年（1249），宋理宗颁诏加封三茅真君，分别赏封“圣祐”、“德祐”、“仁祐”六字圣号。这样大茅君茅盈加封为“太元妙道冲虚圣祐东岳上卿司命神君”；中茅君茅固加封为“定录右禁至道冲静德祐真君”；小茅君茅衷加封为“三官保命微妙冲慧仁祐真君”。宋理宗曾与茅山第三十八代宗师蒋宗瑛多有来往，蒋宗瑛奉旨祈晴灵验，于是宋理宗亲自书写“上清宗坛”四个大字相赐，还赏给10万钱。宋理宗还于淳祐十二年（1252）在临安建西太乙宫，宝祐二年（1254）九月，亲谒太乙宫为国祈祥。凡遇灾祸或节庆日，宋理宗必命道士斋醮祈禳。

△张天师像，清代重刻本

宋理宗还曾召见过融内丹与符箓于一体的清微派大师黄舜申。清微派，创始于唐末，流行于两宋，主张内炼为本，符箓为末，强调修炼内丹。清微派第九代宗师南毕道，曾任广西宪司官职，一次他的幕僚黄某的儿子黄舜申得了重病，久治不愈，南毕道便施予内丹功法，也就是今天所说的气功治疗，黄舜申竟奇迹般地从病魔中摆脱出来，并叩拜南毕道为师，一心研习丹法，后来接替南毕道成为清微派的第10代宗师。黄舜申在宋理宗宝祐年间曾出任京官检阅，京师内外都知道他擅长内炼丹法。皇兄赵孟端，曾一度跟随他学习丹法。宋理宗听说黄舜申其人其

宋理宗赵昀

事，便把这高道从皇兄府邸召入内宫，询问炼养方术。宋理宗或许受益不小，黄舜申临走时，御书“雷囦真人”四字相赠。

宋理宗对一些高道经常加封名号，有的为“先生”，有的为“真君”或“真人”。除了加封张可大、三茅真君、黄舜申外，宋理宗还先后加封张道清为“真牧普应真人”，加封易如刚为“通妙葆真先生”，加封杨维为“清隐妙济披云杨真人”；加封章自然为“通真至妙灵应自然广惠真君”；颁赐御诗给莫月鼎；等等。道士们都把当朝天子的加封看作是十分荣耀的事。

宋理宗很有特色，他既崇儒，又崇道。这是儒道合和最好的一个时期。历史上笼统说宋代理学昌兴，其实主要是在理宗时代。宋理宗特别见重朱熹，赐号大师，并追封朱熹为信国公。宋理宗一边诏封名儒，一边又诏封名道。他这样做不是双方都讨好，而是认为双方的学理主张对宋王朝来说都是治国资源。《道藏·汉天师世家》记载：宋理宗曾说：“道家以清静无为为宗……治道之一助欤。”这就是说，在宋理宗看来，道家的理论，若用于治国，同儒学一样，也是一重要的资源，不可轻视。宋理宗正是从治国需要的角度来考虑，而对儒道二教同时推崇的。

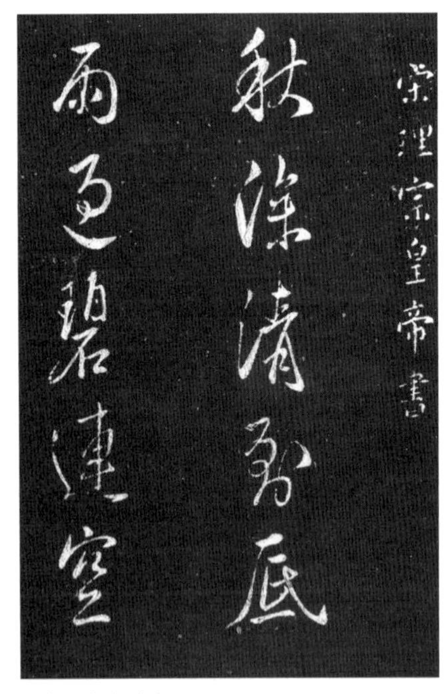

宋理宗书法

宋理宗亲自为道书《太上感应篇》题字，是件影响较大的事。道书《太上感应篇》大约成书于北宋，宋徽宗时的《政和万寿道藏》曾予收录，但当时并未受到统治者的重视。南宋以后，逐渐在社会上流传。宋理宗赞成该书的宗旨，绍定六年（1233），命道士胡莹微负责刊印，御笔题词，作为首页。宋理宗为《太上感应篇》亲笔题写的八个大字是：

诸恶莫做，众善奉行。

在宋理宗为《太上感应篇》题词后，又有当时名儒真德秀为该书作序和跋，宰相郑清之作赞文。由于有宋理宗君臣的重视和推荐，此书一时身价百倍，在社会上得到广泛的传播。

那么，《太上感应篇》究竟是怎样的一部道书，而

值得宋理宗如此青睐呢？我们先来诠释一下它的书名，所谓“太上”，可以作“天”解，作“自然”解，作“神”解，作“上帝”解等。所谓“感应”，就是天、自然对人有其影响，人有其反应。但是，这个反应不是被动反应，而是有感动的反应。所以，书中说：“保卫良心，适其情性之正惕……天以天为，不可不信……感之在我，应之在我。”应该说，“太上感应”，就是“自然正义”在人身上的自然体现。

《太上感应篇》这部仅有1277字的短篇著述，托称是太上的启示。它以宣扬善恶报应思想为主旨，第一句便开宗明义地说：“太上曰：祸福无门，唯人自召，善恶之报，如影随形。”接着，分别列举了16种22项善行，以及94种155项恶行。其结尾这样说道：“故吉人语善、视善、行善，一日有三善，三年后必降之福。凶人语恶、视恶、行恶，一日有三恶，三年后必降之祸。”由此可见，此书是以道教的戒律和儒家的伦理道德为内容，宣扬忠孝仁义、修功积德，告诫人们不要做非义背理、为恶缺德之事。

从道家的角度看，《太上感应篇》是劝导人们修身养性，内炼心神。而在宋理宗君臣那里，则是利用宗教神灵及其祸福报应思想来劝人为善，以维护三

重庆大足妙高山第2号“三教合一”窟，正壁佛像，左壁老君像（南宋）

纲五常的伦理道德。名儒真德秀在该书序中明确指出："此篇指陈善恶之报，明白痛切，可以扶助正道，启发良心，……庶几家传此方，人挟此剂，足以起迷俗之膏育，非小补也。"在跋文中又大谈，人的本性是善的，由于私欲，才反善为恶。人若能存其心，养其性，存天理，去私欲，不失人的本性，则自己的一切言行就会自然而然地合于善，这才是"为善之本"。否则，若"不求诸内而求诸外"，仅在表面上做善事，不仅难以持久，而且最终也往往流于恶。这里已完全是理学家的说教，也恰是宋理宗君臣看重和推广该书的目的所在。一部《太上感应篇》，把道教的内炼养性与儒教的纲常伦理恰到好处地统一到一起了。

重庆大足妙高山第2号"三教合一"窟，右壁文宣王孔子像（南宋）

概括说来，宋理宗之所以推崇道书《太上感应篇》，是因为这部书有这样四种合流意识：一是道教与儒教的合流，它特别强调的是忠孝秩序；二是自然法与人法的合流，它再三阐释，违背天理人心的事，多不合法；三是伦理和戒律的合流，它将社会公德意识的伦理与修道人的戒律合二为一；四是官与民的合流，譬如赏罚面前人人平等。正是这种合流、融和，演绎出宋理宗时代既崇儒又崇道的双崇的政治生活和思想文化生活特色。《太上感应篇》实际是三教同旨的一

次典型体现。

△三教合一图

在宋理宗的倡导下，《太上感应篇》不仅在当时大量刊印，广泛流传，而且对后世也有着深远的影响，《功过格》等劝善书的兴起，即是受此书直接影响的结果。《太上感应篇》说，欲成天仙者当行1300善，欲成地仙者，当行300善。那么，怎样才算一善呢？不是很清楚。于是便产生了旨在说明行善标准和劝人具体如何行善的《功过格》。它把人们日常行为分别列为功格（善行）和过律（恶行）两项，给各种行为打上正分——称为何功，或打上负分——称为何过，根据分数的多少来判断善恶的程度。如为父母扬名50功；夜起裸形1过。终生不近两色1000功；同处女、尼姑、寡妇私通3000过。如此等等，分得详而又详，细而又细。人们将自己每天的行为对照其项目，按所定分数逐日记录，月底小做统计，年底加以总结，借以鼓励善行。虽说世界很大，但用分数来表示行为的善恶，以指导和监督人们身心的炼养，这是独一无二的了。

南宋时期，道家以劝善惩恶、修身养性为主要内容的修炼思想，产生了深远而广泛的影响，其中最重要的一点是，实现了三教合一。南北朝时期，儒、佛、道三教既相互排斥，又相互吸引。唐宋以来，儒、佛、道三教基本上成为封建统治者控制和利用的工具，这就促使三教的相互融合，三教都在不同程度上声称三教同源、三教同旨，主张三教一家，三教合一。宋代儒家理学的形成，吸收了佛、道的思想，而理学思想又为佛、道所吸收。如南宗祖师大内丹家白玉蟾强调修道在于修心，“至道在心，即心是道”。“形以心为君，心是神之舍”。“心恬然，四大清适”。这显然是受了理学心性学说的影响。全真道以“明心见性”作为修炼的宗旨，也是受了理学与禅宗的影响。宋理宗时道士金允中编撰的《上清灵宝大法》更明确地宣称：“惟忠惟孝，遵守礼法，是科教之本也。”“求仙之道，礼法为先，……忠直孝敬，自可动天地，感鬼神。”这里所说的“礼法”，即指封建礼教。该书还积极宣扬祸福报应思想，说：

> 夫欲学道慕生，上隶真人，玄心栖邈，恭诚高灵者，当得世功相及，祸恶不侵，阴德流根，仁心下逮，乃可步真索仙，度名青府耳。

在这里，要求炼养修道者要从善去恶，以求福报和长生。这样，行善杜恶修炼身心，就与长生不老成仙飞升联系在一起了。

八、道人方士与后金的君主、元妃、女官们

道教人物镜（金）

此镜右侧图案为斜生着的一株松树，树下的石头上站着一位老叟和一个侍童；左上部有一轮红日，下面一只鹿驮着小儿缓缓前行，鹿前方为灵芝一株，一仙鹤回首遥望；下方波涛滚滚，波中有鱼、龟浮游。这反映了在金代道教思想已深入社会生活。

金人铁骑南下，中原山河易主。

金元时期，中国北方长期处于异族政权统治之下，战乱频繁，民族矛盾空前尖锐。饱受离乱之苦的中原民众，需要有新的宗教作为抚慰心灵创伤和安身立命的精神支柱。在当时，儒业治世无望，佛门又非所慕，于是人们便进到道家和道教的领域。由此，在道教内部发生重大变革，先后出现了太一道、真大道、全真道等新兴道派。这些新兴的道教流派，希望通过对旧有道教教义的改革与创新，为社会提供一条收揽人心、稳定秩序、摆脱痛苦的宗教之路。而以塞外女真贵族为主体的金廷，出于政治、生活的双重需要，对中原的道教很快就接受和承认了。并且，金廷从皇帝到嫔妃，与各道派的道人方士都时有往来。

最早把道士请进金廷的是金熙宗，他招来太一教祖师萧抱珍。金初，有河南汲县道士萧抱珍创立了太一教，该教以传授“太一三元法箓”为人治病驱邪、祈祷消灾的方法传播道教，流传于河南一带，影响遍及山东、河北等地。太一教重视符箓，传说该教给因妊娠而痛苦的妇女吞食符箓可减轻痛苦，还可用符箓符水治病，驱蝗害，除掉“附体妖怪”，念咒止大雨等。教团内设有专门掌管符箓和药物的役职。当天眷年间，正是南宋同金的议和遭到破坏、各地战争不断、岳飞抗金特别活跃的时期，正因为如此，遭受战乱痛苦的人们便纷纷前往太一教祖师萧抱珍那里，希望得到拯救，因此教团势力在各地迅速发展，以至在一两年内，山东的真定、赵州等地都修建了太一堂。大约在皇统八年（1148），太一教祖师萧抱珍的名字传到了金熙宗的耳朵里，他将萧抱珍请入金廷，为皇后驱鬼治病，病治好后，又驱除了“附体的邪魔”。于是，金熙宗为萧抱珍在汲县居住的太一堂赏赐匾额“太一万寿宫”，赐予萧抱珍“一悟真人”称号。这样，太一教同金皇室建立了联系，其祖师萧抱珍受到了金熙宗的信任，此后金廷与萧抱珍往来不断，直至萧抱珍病逝。

金熙宗之后的金世宗，是个好色之徒。据《玄风庆会录》载，金世宗由于“色欲不节，不胜疲惫”。为此，他“博访高道，求保养之术”。他在位29年，从未间断向道士求教修身养性之道。金世宗对太一道、真大道、全真道这三个流派的高道，哪个也没放过，一一请到身边来。

金世宗即位的第一年大定元年（1161），便把大道教教主刘德仁请进京

师。大道教是金熙宗皇统二年（1142）由河北沧州道士刘德仁创立的。刘德仁以《道德经》“清静无为”的思想主张为宗旨，同时兼取儒教、佛教两家的思想，将新道派起名“大道教”。为了规范教徒的修炼，刘德仁为大道教制定了九条严格的训诫。大道教的根本主张是清静无为，以真善慈俭为重，禁止色欲、杀生、饮酒，要求信徒具有仁爱之心，帮助他人摆脱痛苦，去掉私心和邪念，安分守己，以自力耕作、种桑养蚕来满足自己的衣食需求。这种劝人安贫知足、力耕而食的主张，很适应战后经济文化恢复发展时期下层社会的需要。与以往的道教相比，大道教既不重炼养仙术，也不奉祀众多鬼神，只以香火叩拜天地。同时，大道教教主刘德仁宣称，他为人治病，不用符箓，也不用药物及针灸，只靠对天祈祷便可，很有些神秘色彩。于是，远近闻其名前来要求治病入教者络绎不绝。加入大道教的徒众均按道规，耕而食，蚕而衣，不妄取于人，不苟移于己，其勤俭自足的朴素教风，较之奢侈腐化的北宋道教，让人耳目一新。金世宗对大道教的影响早有所闻，即位后立即召见教主刘德仁，并将京师的天长观赏赐给刘德仁居住。高道刘德仁成为金廷的常客。

大定七年（1167），金世宗又赐刘德仁“东岳真人”称号。金世宗之所以宠用刘德仁，大的方面讲，是要利用大道教有关清静无为的思想主张，来安抚天下百姓；小的方面说，是想通过高道的有效祈祷，为他除百病，求长生。由于得到金廷的承认，大道教的教团势力得以迅速发展，到刘德仁晚年，“传其道者几遍国中”，其地位可与全真、正一等道派并立。

金世宗在青睐大道教道士的同时，对太一教的高道也很欣赏。大定五年（1165），金世宗为解决财政急需，放松对民间宗教活动的禁令，出售寺观名

（左）全真道开山祖师王重阳
（右）王重阳大弟子丹阳真人马钰

额及僧道度牒。太一教趁机买了不少的观额度牒，也由此加深了与金廷的沟通和联络。大定六年（1166），太一教始祖萧抱珍逝世，第二祖萧道熙继承教主位子，年仅10岁，尽管他当时还是一个少年，可传说他在第一次讲法时，一鸣惊人，使听众为之咋舌。金世宗知道他的事迹后，十分佩服，于大定九年（1169）向万寿宫赏赐匾额。不久，金世宗又把第二祖萧道熙从汲县召至都城燕京（北京），任燕京天长观住持。这个天长观，就是后来成为全真教大本营的白云观的前身。据说萧道熙任住持不到一个月，就拥有大量信徒，以至天长观内无法容纳，不得不挤到观外。大定十五年（1175）第二祖萧道熙返回汲县，后住赵州太清观。大定二十年（1180），金世宗再次召见萧道熙，垂询养生之术。萧道熙答道：清虚之类是无知无识的人的说法，天子应崇尚中道。萧

北七真祖师

马钰、谭处端、刘处玄、丘处机、王处一、郝大通、孙不二。明代绘画。

道熙的回答得到金世宗的赞赏，又赏给不少物品。大定二十六年（1186），萧道熙飘然而去，不知所终。他在位期间，太一教徒发展到数万人。

金世宗接触的高道，还有全真道的王处一、丘处机。全真道，这个新的道派，是金世宗时期王重阳创立的。全真道的教义，受晚唐北宋以来“三教合一”思潮影响，在教义及修持方面都有不少创新。王重阳极力标榜“三教圆融”，他形象地把儒、佛、道三教比作丹鼎的三只脚，缺一不可。因此，王重阳劝导徒众不仅要诵读道教的《道德经》、《清静经》，还要读佛教《心经》、儒家的《孝经》。儒释道三教之学，本来各有其宗旨，宋儒言“理”，禅宗明“性”，道教修“命”。但是全真道认为，“天下无二道，圣人不两心”，三教之学皆不离“大道”，归根到底都统一于“道德性命之学”。因此，王重阳主张创立一种融会贯通三教的“性命之道”，亦即全真道。全真的意思是“全其本真”，即保全作为人性命之根本的精、气、神三要素，使其不受污损，“全精、全气、全神”是全真道追求的最高神仙境界。全真道教视酒、色、财、气为修行的大敌，清规戒律十分严格，入教者不得娶妻结婚。据说，王重阳在收马丹阳之妻孙氏为弟子时，当即把马丹阳赶往别处，不许他们会面，令其从此分居。全真道强调，道士修行要有真功和真行，所谓真功就是保持清净、不动心，使身心安定，即炼性的内修；所谓真行就是积德，拯救贫苦有难的穷人，行善去恶，这是外修。功行两全的道士为真人、神仙。随王重阳受教的弟子甚多，其中最著名的有七位：马钰，号丹阳子；谭处端，号长真子；刘处玄，号长生子；丘处机，号长春子；王处一，号玉阳子；郝大通，号广宁子；孙不二（马钰之妻），号清静散人。这七大弟子即所谓的“全真七子”，是全真道早期的重要骨干。大定九年（1169），王重阳死去，他的七大弟子继续在山东、山西、陕西一带传教。金世宗听说全真道专擅修真养性，以此可延年益寿，便接连召见其教主。

△王处一，以神异著称的高道

先是大定二十七年（1187），王重阳的七大弟子中最著神异的王处一被召往京师，金世宗请他住在天长观，并再三垂询长生不老之法，王处一奉答说：惜精、保神乃修身之要，无为乃治天下之本。金世宗听后大喜，赐予金冠，为他修建全真堂居住。

第二年，金世宗又召见丘处机，让他住在天长观，也赏赐金冠等物，并要丘处机主持世宗的生日祭礼，紧接着又决定在宫中为其建庵，以便皇帝随时召见问道。丘处机在宫中的庵内供奉吕洞宾、王重阳、马丹阳的像，庵内费用都由国库开支。史料记载，金世宗与迁居宫中的丘处机曾有过两次长谈，垂询修身养性的秘诀。后来丘处机又返回了祖庭。

大定二十九年（1189），金世宗又传命，要再次召见王处一，可是当王处一抵达京师时，金世宗已驾崩，新登基的章宗当即命王处一为世宗设醮求冥福。

这样，金章宗从一即位就开始起用道士。但他对道家方士的态度有过一段变化，据《金史》卷九载，在金章宗上台一个时期后，看到全真教团及其他新道教、民间宗教的迅速发展，产生了某种忧虑，“惧其有张角斗米之变”，曾一度下令禁止其活动。金廷怕的是汉人利用道教进行反金活动，但全真教教义所起的维护金廷统治、缓和社会矛盾的实际作用，一些金廷大臣已经认识到，于是有人出来奏请罢除当初颁发的严禁全真之令，得到金章宗的允许，因此全真道“已绝而复存，稍微而更炽”。此后，金廷对全真道再未禁止过。

承安二年（1197），金章宗还准令出售观额、度牒、大师号、紫衣，以解决与蒙古的战事而造成的财政困难，全真道因而买了不少的观额和度牒。这年，金章宗还召见王处一，赐号“体玄大师”，并赐以修真观一所；次年，又召见刘处玄，赐以观额五个。泰和元年（1201）、三年（1203），金章宗接连两次征召王处一，参加为章宗祈嗣而在亳州太清宫举行的“普天大醮”。

长春真人丘处机道行像

不仅如此，金章宗的嫔妃们也与道士有直接往来。泰和七年（1207）章宗的元妃李氏向王处一所居的圣水玉虚观和丘处机所居的栖霞太虚观各赐一部道经。自元妃下赐道经后，敬慕丘处机的达官贵人与日俱增，丘处机的名声由此越来越大。后来，山东发生暴动，金兵一时难以平定，特请求丘处机献策镇压。丘处机前往晓谕说服，暴乱停止。这个故事说明了丘处机的声望之高及与金廷联系的密切。

金章宗及其嫔妃们不仅与丘处机等全真道道士来往甚密，而且对太一教的道士也敬若上宾。泰和七年（1207），金章宗向太一教第三祖萧虚寂赐予“元通大师”的称号，并委任为道教提点。所谓道教提点，是金廷在地方设的一种道官。

特别值得一提的是，金章宗还曾把高道萧虚寂请到身边，为后宫女官治病，竟十分见效。为此，金廷特向萧虚寂赏赐名叫“上清大洞”的道服，被道士引为殊荣。这件事成为金时后宫的一段佳话。

九、成吉思汗·丘处机·雪山行宫

大元蒙古帝国，是在铁骑纵横、血火纷飞中建立起来的。作为元朝的开国大汗，成吉思汗在腥风血雨的厮杀中，仍然关注着道教，关注着“长春真人”丘处机。

丘处机（1148—1227），字通密，道号“长春子”，登州栖霞（今山东）人，是王重阳创立的全真道教七大弟子中最年轻，也是最有作为的一位。他虽为农家子弟，但却与众不同：“敏而强记，博而高才，眉宇闲旷，举措祥雅。”一位善相者为他看相后曾对他说：“你脚掌下有龟文，将来必是帝王之师。”丘处机父母早丧，由兄嫂拉扯成人，读了几年书，但无心功名，常独坐终日，似有所思。兄嫂屡劝他读书求功名，他坚辞不肯，说什么：“人生在世，终日争名夺利，贪妻恋子，死期一到，万事皆空。人人都以为荣华富贵就是现实的享受，在我看来，不过是浮云朝露罢了。”

元太祖成吉思汗

丘处机虽然不慕人间荣华富贵，对道门生活却十分感兴趣。因此，很早便辞别兄嫂隐居修行。大定七年（1167），王重阳到宁海传布全真道，名噪一时，所到之处人集如云。丘处机慕名前去，想拜王重阳为师。王重阳一见丘处机，就从内心喜欢上了这个年轻的小伙子，认为今后必是振兴全真道的大才，于是正式收他为徒。王重阳告诉他：全真教与其他道派不同，是倡导三教合一，以“太上（老子）为祖，释迦（佛祖）为宗，夫子（孔子）为科牌”的新道派。人道，就必须克己忍辱，禁欲自苦，只有经过残酷的磨炼，消散人的七情六欲，脱去俗人的躯壳，才能与天为徒做神仙。丘处机说：“师父放心，我既然皈依全真教，必全力以赴，纵然粉身碎骨也不会放弃。”丘处机由此成为王重阳的得意门徒。

王重阳辞世后，丘处机与马钰、谭处端、刘处玄护送师父灵柩归葬终南山。结庐守灵三年后，四人分头到各地传道。丘处机没有回山东老家，而是西去蹯溪（今宝鸡市虢镇）。磻溪曾是姜太公隐居之所，有钓鱼台遗址，山清水秀，景色优美。据说姜子牙当年穷困潦倒，就是在这里遇到明主，从而成就了一番大事业。丘处机选择此地修炼，其意不言自明。

长春真人丘处机　明代绘画

据民间传说，丘处机到了皤溪，掘穴为居，苦志真修，出行时则带上蓑衣斗笠，人称“蓑衣先生”。他每日忍饥挨饿，最多时日乞一食，数年间大饿22回，小饿不计其数。不仅如此，在皤溪6年中，他肋不沾席，从未睡过一觉，以顽强的毅力驱散睡魔，抑制自己的情欲。后来丘处机离开皤溪前往陇州龙门山隐居修道，为了达到“化人入道”的目的，他每天在灞河背人过河，以致双腿被河水浸烂，使当地民众深受感动，从学修道者日众，成为全真道中影响最广、势力最大的龙门派的创始人。

金章宗明昌二年（1191），丘处机东归栖霞，许多信徒慕名前来拜师求道，社会名流甚至达官贵人也争相与他交往，使全真道在社会上的影响日益增大。金宣宗贞祐二年（1214）秋，山东大乱，反金的农民军红袄军乘机而起，金廷无力征讨，想借助宗教力量，请丘处机出面“抚谕”。起义军慑服于全真道的影响，“所至投戈拜命，二州（登州、宁海）遂定。”起义平息后，金宣宗赐丘处机“自然应化弘教大师”道号，并派钦差请他赴京议事，但丘处机没有接受他的邀请。

1219年，南宋的宋宁宗派遣使臣到山东栖霞太虚观召请丘处机，请他南下临安，也被丘处机婉言谢绝。

就在这时，漠北崛起一个新的帝国，以成吉思汗为首的蒙古贵族集团以锐不可当的气势东征西伐，建立起了横跨亚欧大陆的蒙古大帝国。蒙古人虽然信奉萨满教和喇嘛教，但身在中亚地区征战的成吉思汗早就从侍臣刘温那里听说了丘处机道术的神奇以及他在汉民族中的巨大影响，刘温还对他说，这位神奇的“丘神仙”如今已经活了300多岁。一席话说得大汗怦然心动，他于是决定

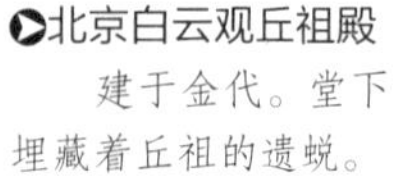
北京白云观丘祖殿
建于金代。堂下埋藏着丘祖的遗蜕。

邀请丘处机前往漠北，以请教治国安民和保生之术。

也是在1219年这一年，远在西域征伐的一代天骄成吉思汗，派使臣刘温携带诏书，挂上“如朕亲行，便宜行事”的虎头牌，万里迢迢赶到山东栖霞召请丘处机。成吉思汗的诏书，表达了对丘处机的无比景仰之情，他把这位全真高道当成活神仙，直截了当地表示希望从长春真人那里得到“保身之术”。诏书内，成吉思汗还把丘处机比作姜子牙、诸葛亮式的人物，想请他成为新朝的辅佐，登上“三九之位”，做大蒙古国的三公九卿，协助“安天下”，找到征服人心的良法美策。可见，成吉思汗召请丘处机，既为企求长生术，也为寻找统治术。聪明的高道丘处机，审时度势，看准了这位蒙古大汗势将一统天下，于是没有丝毫犹豫，立即接受了成吉思汗的邀请。

▲丘处机西行图（元）

此图描绘金末著名道士丘处机舍弃金朝皇帝的恩宠，不远万里西行觐见成吉思汗的路途情形。

这年，丘处机已是72岁的高龄。他略整行装，带上18位得意弟子，即启程北上。到达北京时，丘处机听说成吉思汗又率军远征，到更远的西方去了，便写了一份《陈情表》，希望在成吉思汗西征归来后再去拜谒。可是，成吉思汗已是亟不可待，传信让他“立即前来”。于是，丘处机师徒“不辞暴露于风霜，自愿跋涉于沙迹”，历时两年多，旅途万余里，奔赴成吉思汗的大营。好在一路有刘温等人的悉心照料，大汗为了保证丘处机及随行人员的安全，下令沿途官员对他们多加照应，专门调军队护送，有时多达上千人，以防发生不测。一路上，丘处机还多次接到成吉思汗的问候，流露出对他的关切以及希望能早日见到他的迫切心情。

终于，在元太祖十七年（1222）四月，丘处机一行到达此行的目的地，设于阿富汗北部兴都库什山的成吉思汗大营的帐前。丘处机的到来，使这位纵横驰骋、勇猛彪悍的大汗兴奋异常，说这是“天赐仙翁，以寤朕志”。他迫不及待地在行宫接见丘处机，设庐赐食，礼遇至隆，向这位心目中的神仙请教治国养生之道。

日本学者小林高四郎在《成吉思汗》一书中写道：“给血腥的西征送来一阵清风的，恐怕就是道教真人长春被招至遥远的西域，请教长生不老之道这件事。”成吉思汗向丘处机垂询的第一个问题就是，有无百年不老之药？有何长生久视之道？他问丘处机：“真人远来，有何长生之药以资朕乎？”丘处机回答他，永生不死之药虽无，炼养长生之术确是有的，这炼养术就是要以“敬天爱民为本”，“清心寡欲为要”。据《长春真人西游记》载，丘处机反复劝导成吉思汗要清静无为，不可滥行杀人，禁止不孝，节制色欲。

蒙古射猎图（元）

此图是反映元代蒙古人围猎活动的佳作，也是对蒙古人服装的极好展示。

据说，成吉思汗与丘处机共有过三次长谈，其会见极其秘密。每一次论道的内容，都让人用蒙、汉两种文字记录。成吉思汗当时对身边人说：“神仙三说养生之道，我甚入心，使勿泄于外。”成吉思汗与丘处机探讨的话题，归纳起来，大致有这样四个方面的内容：

一是关于节欲养生。成吉思汗非常想亲自听到丘处机的“保身之术”。就此，丘处机对成吉思汗过多的嫔妃生活提出批评。丘处机从道家医学理论上论证说：“男阳也，属火。女阴也，属水。唯阴能消阳，水能克火。故修道之人首戒乎色。”丘处机列举金国皇帝的事例给成吉思汗听，他说：“昔金国世宗皇帝，即位之十年，色欲过节，不胜衰惫，每朝会二人掖行之。自是博访高道，求保养之方。亦尝请余问修真之道。余如前说，自后身体康强，行步如故。”丘处机在这里说，当年，金世宗接受了他的意见后，节制色欲，由原来上朝需要两人搀扶，又恢复了强健的身体，行步如故。丘处机又说：“庶人一妻尚且损身，况乎天子多畜嫔御？”据说，成吉思汗很认同丘处机的观点，从此后宫生活有所节制了。

二是关于天子的终极关怀。成吉思汗虽贵为天子，但是毕竟天命有限，百年之

◀纯阳殿壁画
道观斋贡图。

后又将怎样，他非常想听丘处机这方面的意见。丘处机回答说，成吉思汗是位真命天子，天子是天人降临人间，必须为人间做好事，功高福厚，才可至高位做皇帝。他说："帝王悉天人谪降人间，若行善修福，则升天之时位逾前，职不行善修福则反。"这些话，固然有特殊的宗教感情，但是直接要求帝王行善，却是非常可取的。如何累功积德，丘处机为成吉思汗将来接管九州华夏说了他的看法，他说：这些年来，中原年年兵祸，百姓苦不堪言，为此建议成吉思汗"免三年税赋，使军国足丝帛之用，黔黎获苏息之安"。丘处机的这个建议，于民于国都有考虑，对成吉思汗个人而言，既可完成大业，同时也照顾到了终极关怀，可谓周全备至。

三是关于止杀好生。据载，丘处机曾借成吉思汗打猎坠马的事，劝成吉思汗止杀好生。大意是，一次，成吉思汗外出打猎，忽然遇到一只大野猪，他的坐骑受惊，将他掀下马来，若在往常，野猪此时必定上前伤人，情形十分危险。但是，奇怪的是，野猪居然没有上前。成吉思汗为此纳闷，询问丘处机。丘处机听了这件事，对成吉思汗说："天道好生，今圣寿已高，宜少出猎。坠马，天戒也。豕不敢前，天护也。"丘处机的劝说实际是暗喻，他想要成吉思汗止干戈，息兵燹。并且提醒他寿延有限，当是做好事积功德的时候了。丘处机这次谈过话过后不久，成吉思汗就开始进军中原了，史家认为，如果不是丘

山西太原龙山昊天观第6号窟正壁主像 宋德方

丘处机十八弟子之一。

处机的止杀好生观影响成吉思汗的话，在蒙古军队的铁骑下，不知会有多少中原民众罹难了。

四是关于至孝改俗。丘处机似乎知道蒙古习俗不太讲究“孝”，因此直接对成吉思汗说：“尝闻三千之罪，莫大于不孝。今闻国俗于父母未知孝道，帝宜教戒之。”成吉思汗非常高兴地接受，并立即吩咐皇室成员照办，并要全天下都照办。丘处机还建议成吉思汗改变蒙古族人的习俗，蒙族游牧生活，东奔西走，喝凉水吃烤肉，这些都容易导致疾病。无论是用道教清净洁神、斋戒沐浴的宗教生活习惯来要求，还是用汉文化习俗来看，游牧生活肯定是不够卫生的。因此，丘处机向成吉思汗提出改善蒙族的习俗，并被成吉思汗欣然接受。

每次同丘处机谈话，成吉思汗都非常受益，同时也非常感激。为此，成吉思汗尊称丘处机为“神仙”，丘处机当是历史上第一个受此封号的道人。

丘处机在雪山行宫逗留了近一年的时间，当他表示要回去时，成吉思汗打算赐他一大批财物，都被一一谢绝了，只接受了虎头牌及玺书。成吉思汗的玺书上说，丘神仙为皇帝祈祷祝福，明令免除全真道徒及其宫观的差役赋税。成吉思汗特赐丘处机一个金虎符牌，上面写道：“真人到处，如朕亲临。”并命丘处机掌管天下道教，又派官兵千人护送归程。

在丘处机东归的途中，所过之处迎接者数以千计。每在一地启行时，总有拥马首泣送者。及入汉地，四方道徒不远千里而来，所过城市均再三挽留，可谓盛况空前。正大元年（1224）三月，丘处机回到燕京，他这长达5年之久的长途旅行，被后人称为“长春真人西游”。

丘处机东回燕京后，居于天长观（即今天北京白云观）。此后每有使者赴雪山行宫，成吉思汗必问丘神仙安好否，传旨告诉丘处机：“自神仙去，朕未尝一日忘神仙。”并说：“朕所有之地，其欲居者居之。”在天长观住持期间，丘处机于京师建立了8个教会，开坛说戒，大收门徒。京城的名儒官绅争相结拜，或以诗词敬贺，或捐献钱币助修宫观。

由于成吉思汗的推崇，在整个元朝，丘处机始终受到最高等级的尊重，而由丘处机所创立的全真龙门派，也一直成为道教中的重要支派。为此，史书上说：“自唐以来，道教之兴盛，可谓莫过于元。”

有了蒙古大汗成吉思汗这把保护伞，丘处机俨然成了天下道教的总首领，燕京也成了全真道的传道中心。全真道在大元皇室的大力扶植下，达到极盛，“教门四辟，百倍往昔”。正如丘处机的弟子姬志真所说：“至于国朝（元）隆兴，长春真人起而应召之后，玄风大振，化洽诸方，学徒所在，随立宫观，古往今来，未有如是之盛也。”据《长春真人西游记》载，直到1227年5月25日，成吉思汗去世前的几个月，他还派道士给丘处机带去一份圣旨，其中说：“改北宫仙岛为万安宫，天长观为长春宫。诏天下，出家善人皆隶焉，且赐以金虎牌，道教事一仰神仙处置。”成吉思汗直到临死，还忘不了加封赏赐丘处机。

就在成吉思汗死去的同一年，长春真人丘处机也病逝了。次年，丘处机葬于天长观的安顺堂，四方弟子奔丧者达万余人。

北京白云观窝风桥及灵官殿

十、忽必烈，撒向道家都是爱

△元世祖出猎图（元）佚名

元朝另一位大名鼎鼎的皇帝——世祖忽必烈，也与道士有着极不寻常的关系。既出于巩固统治根基的政治目的，也为了养炼身心的长生企求，忽必烈几乎与当时所有流派的道士都有来往。

还在忽必烈做太子时，就曾召见过太一教的教祖。那是宪宗二年（1252），住在大都（今北京）的忽必烈，将太一教第四祖萧辅道请入潜邸，询问“何以为治者”，萧辅道回答说：“爱民人，隆至孝。”因而很得忽必烈的欢心，并赐给“中和仁靖真人”名号，还赏给宝冠等一批物品。而且，忽必烈的母亲，蒙古皇妃唆鲁古唐氏也曾降旨褒奖萧辅道。当时，忽必烈盛情邀请萧辅道留住宫内，但萧辅道以年事已高为借口，辞归，这年冬天便寿终了。

忽必烈即位后，对太一教第五祖萧居寿格外信任，经常授命为皇室设醮。中统元年（1260），赐给萧居寿“太一演化贞常真人”称号。至元十一年（1274），忽必烈特旨在大都（今北京）建造太一广福万寿宫，举行祭典，其经费全由国库开支，并为当时住在万寿宫的道士颁发岁费。至元十六年（1279），大元皇室为太一教历代教主追封真人称号。第二年，萧全祐成为太一教第六祖，忽必烈赐予“承化纯一真人”称号。后来，第七祖萧天祐也常常应忽必烈之请，为元室举行祭祀活动。从现有资料看，忽必烈与同时代的太一教的几位教祖，都保持着良好的密切关系。

忽必烈对正一教高道的信用，也不亚于太一教。还在灭南宋之前，尚未继位的忽必烈，于1259年密派使者王一清渡江寻访龙虎山第35代天师张可大，卜问统一天下之事。当时，张可大预言说：“后二十年，天下当混一。”从而，在舆论上给予忽必烈极大的鼓励和支持。对于张可大的预言，忽必烈是一直铭记在心的。二十年后，当他最终完成了统一事业，建立元朝时，自然想起了这位预言大家，要对天师道大加报答，不过这时，张可大已经仙逝。于是，在至元

十三年（1276）和十四年（1277），忽必烈两次召见张可大的儿子、龙虎山第三十六代天师张宗演，赐给玉芙蓉冠、组金无缝服和银印等贵重物品，封为“宣道灵应冲和真人”，并以官方名义正式赐予“天师”头衔，命他统管江南道教，总领江南龙虎宗、茅山上清宗和阁皂山灵宝宗三山符箓。

忽必烈如此优待高道张宗演，一方面是因其父张可大的预言得以实现，还有一个更现实的目的，就是以此安定新统治区的民心。据《汉天师世家》记载说，张宗演两次应忽必烈之请在京设醮，他本人还有权可以颁发度牒，以及在各路设道正司、各州设道正司、各县设威仪司，这是元代沿袭金的制度在地方设立的道官，忽必烈把这一大权交给了张宗演。

元世祖忽必烈

忽必烈还在京城建造崇真万寿宫，命张宗演的随行弟子张留孙充当这里的住持。崇真万寿宫成为正一教在京师的本山。张宗演还参加了1281年在长春宫审查道经真伪的活动。他死后，长子张与棣、次子张与材先后继承天师位，都受到元室的恩赐。不过，在大元皇室印象最深、影响和荣耀不逊于天师的正一教道士要算是张留孙、吴全节师徒。

张留孙是至元十三年（1276）随张宗演进京的，此后他便一直留在京城，在元朝皇室效力50余年，经历了11位皇帝，在朝德高望重。忽必烈时，张留孙一直侍奉于皇帝近侧。在忽必烈经常性的召见垂询中，张留孙总是以爱民正身相劝，大讲黄老清静、圣人在宥天下的要旨。据元朝赵孟頫《大元敕赐……张公碑铭并序》载：“上（指忽必烈）时时召问，因及虚心正身、崇俭爱民以保天下之说，深合上意。”据说，忽必烈想要任命谔勒哲为宰相，先请张留孙预卜可否，而后决定。特别是，张留孙利用丹道之术，多次为忽必烈的皇后、太子治病去疾，为表彰他在这方面效力有功，忽必烈特封其为上卿，并赐予宝剑及良田、栗园若干顷，并敕命在两京建崇真宫，供张留孙居住，以掌道务。至元十五年（1278），忽必烈为张留孙加授“玄教宗

山西太原龙山昊天观第2号窟正壁太上老君像

山西太原龙山昊天观道教石窟

师、道教都提点、管领江北、淮东、淮西、荆襄道教事”，并且赏佩银印。

张留孙门下高徒有75人，其中吴全节等7人被忽必烈敕封为“真人”。吴全节算是张留孙的大弟子，他出身于儒门，至元二十四年（1287）追随其师到达京师大都，他协助张留孙设醮，建道观，元室道务活动中十分活跃。张留孙死后，吴全节任集贤院道教主管，受赐“玄教大宗师”称号，统辖江南地区的道教。吴全节成为忽必烈十分器重的高道。

创立于金代末期的大道教，其教祖因鼓吹无为内炼而受到忽必烈同样的恩宠。当忽必烈做太子时，其父皇元宪宗就曾召见过大道教的第五祖郦希诚。据载，当金末元初，大道教的教团内部因为继承人问题发生争执，分裂成玉虚观和天宝宫两派。其中，天宝宫派拥立郦希成为第五代祖师，而玉虚观派则拥戴李希安为第五代祖师。由于得到元宪宗的支持，郦希成战胜了对手。而且，元宪宗还为郦希成亲笔题写了教名：“真大道教”，并赐号“太玄真人”，表明他的教派才是大道教的正统。元宪宗还向真大道教的教主郦希成赏赐了印玺、头冠、服装等物，随行人员分别赐给紫衣，并且在北京南城建道观天宝宫供其居用。真大道教还获得在每郡设一名道官的权利，以便统管信徒。真大道教由此得到了元室的正式承认。忽必烈登基后，与真大道教同时代的几位教祖均有往来。第六祖孙德福受忽必烈之命，统辖各路真大道教教徒，又受赐“通玄真人”称号。第七祖李德和，也受到同样的恩宠，他在忽必烈的支持下，在河南、陕西建立了好几个道观。至元十八年（1281）在北京长春宫审核《道藏》内容时，李德和同全真、正一两派的教主同时出席。真大道教在第八祖岳德文时代，教团的势力不仅遍布江北各地，而且还深入到江南，仅在江南就拥有3000名信徒和400个茅庵、道观。元世祖忽必烈对高道岳德文不寻常的优

遇，也为世人所称道。至元二十一年（1284），忽必烈赏赐岳德文“崇玄广化真人”称号，并命他掌教于京师，统辖诸路真大道教，并赐给玺书。后来，岳德文曾为丞相安童治病，而且效果很好，一时间，京师无人不晓岳真人手到病除，王公贵族竞相与之交好。元贞元年（1295），元成宗加封真大道教历代祖师，赏赐丰厚，使真大道教荣耀至极，教团势力也随之大大扩张，“西出关陇至于蜀，东望齐鲁至于海滨，南极江淮之表，奉其教诫者皆攻苦力作，严祀香火，朔望晨夕望拜，礼其师之为真人者，如神明然。”元末，真大道教渐趋衰微，并入了全真教或其他道派。

忽必烈对大讲内丹修炼的全真道也很有好感，他对全真教的祖师们很是册封了一番。至元六年（1269），忽必烈下诏，将全真道所尊崇的东华帝君、钟离权、吕洞宾、刘海蟾、王重阳封为“真君”，后人称为“北五祖”；又封王重阳的七大弟子为“真人”，后世通称“七真”。

忽必烈也曾多次召上清派的道士入内宫。至元十八年（1281），上清派第三十八代宗师蒋宗瑛，应忽必烈之请，赴京陛见。此后，元室便渐渐承认了上清派的活动。其第四十三代宗师许道杞，还亲自为忽必烈治好了腕病。忽必烈

南天门

雄峙于泰山十八盘尽头的石壁谷上端，又称三天门，为岱顶关阀，海拔1460米，由元代道士张志纯主持建造。

因此打心底里敬重上清派道士，奖赏许道杞宝冠、法服等物，并赐予玺书。

在宋元期间，还有将内丹与符箓融合于一起的神霄、清微两派，对这两派道士，忽必烈也分别召见过。神霄派，是北宋末年江西南丰道士王文卿创立的，该派称其符法出于元始天王之子——高上神霄玉清真王，为万雷总司。当年的神霄派道士林灵素，极力迎合宋徽宗，大肆宣扬宋徽宗就是神霄真王降世，林灵素由此被宋室拜为金门羽客，神霄派也很快风行开来。到元朝时，有个湖州道士叫莫月鼎，学得神霄雷法，以其道术驰名于西江东吴。至元二十五年（1289），莫月鼎被举荐到元朝皇室，忽必烈在滦京内殿召见了他，史载有金缯之赐。

精通内丹与符箓法的清微派第十代宗师黄舜申，在至元二十二年（1286）被忽必烈召入朝廷，垂问炼养方术。黄舜申在忽必烈身边服务了一段时间后，求还乡里，隐于紫霞湖沧州之上，忽必烈敕命授给“雷渊广福普化真人”称号。

这样看来，元世祖忽必烈对道教是博采众派之术，对道士是广交朋友，很有些唯道必求的味道。

有元一代，忽必烈对仙道的崇尚是很突出的。那么，在他之后的元朝皇帝们，对道教丹术的态度又是怎样的呢？可以说，崇道之风一直没有间断过。

继忽必烈之后的元成宗，继续与道家保持着良好的关系。大德八年（1304），元成宗对正一教第三十八代天师张与材，赏封“正一教主”。对正一教高道张留孙，元成宗加封“玄教大宗师同知集贤院道教事”，追封其三代为魏国公。张留孙的大弟子吴全节，在大德十一年（1307）被元成宗授为“玄

湖北武当山太乙真庆宫

教嗣师”，赏佩银印，其职位品级相当于朝中二品大员。

接下来的元武宗，崇道活动更多。至大三年（1310），元武宗加封全真五神为“帝君”，封全真道派王重阳的七大弟子为“真君”。不久，又封丘处机的弟子尹志平等18人为“真人”。对正一教派的第二代天师张衡、第三代天师张鲁，元武宗赐予“真君”称号。在元代，正一天师中最为荣耀者当为第三十八代张与材，元武宗即位后，授予他金紫光禄大夫，封留国公，颁赐金印，其职位品级相当于朝中一品大员。对正一教道士张留孙，元武宗一即位就下诏升授“大真人知集贤院大学士”，命他主管集贤院，并去各地名山大川代天子举行祭典。并且，元武宗还请张留孙入宫讲授《老子》，他亲自听课。张留孙的得意弟子吴全节，也受到元武宗的赏识，至大元年（1308），特追赠其祖为昭文馆大学士，其父为饶国公，其母为饶国太夫人，并诏令将吴全节的故里改名为“荣禄乡具庆里”。

元成宗铁穆耳

元武宗海山

元仁宗时，对正一教派第三十八代天师张与材，也曾赏赐冠服穿戴。正一教道士张留孙，更受到元仁宗的多次封赏，先后加封“开府仪同三司”，加号“辅成赞化保运玄教大宗师”，刻玉印相赐。元仁宗还在宫中亲耳聆听张留孙讲授《南华经》。张留孙死后，元仁宗追赠“真君”称号。

元英宗至治二年（1322），正一教高道吴全节受元室封赐，继其师张留孙任“上卿玄教大宗师”，赐“真人”称号，命总摄江淮荆襄等处道教，掌管集贤院道教事，赐给玉印一颗、银印二颗。

到了元朝泰定皇帝的时候，仍是十分敬重正一教的高道，对其三十九代天师张嗣成，在泰定二年（1325）封为“翊元崇德正一教主”，并授命掌管天下道教事务。

元朝的最后一位皇帝顺帝，也是崇道者。至正十三年（1353），他将正一教派第四代天师张盛以下至第三十四代天师，全部封赠“真君”称号。不久，又为第三十九代天师张嗣成和第四十代天师张嗣德赏赐制词，并命张嗣成在长春宫举行金箓大醮和黄箓大醮。

这样看来，从开国皇帝成吉思汗到元末顺帝，应当说，元朝皇室崇奉仙道与整个大元王朝是相始终的。建立了大元帝国的蒙族皇帝们与中原帝王一样，对仙道也是青睐的。

元仁宗爱育黎拔力八达

第五章
落日皇宫的道家方士

明清时期的道教，大致有这样三个特点：一是其理论说教因循守旧，缺乏创新，社会影响日益减弱，虽然仍拥有众多信徒，但境况已大不如前，呈现停滞和衰落的态势；二是道士们更多的是隐遁清修，而忽略济世兴教，道教作为古代中国的一大宗教已经失去统治者的扶植，由此逐渐退出宫廷；三是以斋醮、符箓、丹药为主要特征的道教方术，还抱残守缺，并有一席之地，甚至还不时受到明清帝王的青睐，成为这个时期的道教还偶尔活跃在皇室的象征。

朱明王朝，开国皇帝朱元璋虽是个农民出身的粗人，却很会与道教打交道，称帝前他巧妙地利用道教制造神明保佑的政治神话，硬说自己本是圣人降世；登基后，朱元璋大讲风水，最听风水军师刘伯温的话，从金陵宫殿到死后墓地，都是刘伯温看“龙脉”选定的，明代人对风水术的迷信也超过以往历代。永乐皇帝朱棣，在金銮宝座上待了22年，竟有长达12年的时间把心思放在武当山，道士张三丰也因为永乐帝的苦苦寻访而名声大震。明朝皇帝崇信道教最突出的一点是，对丹药走火入魔，有明一代服食丹药中毒而死的皇帝先后有5位，他们是明仁宗、明宪宗、明孝宗、明世宗、明光宗，这些大明皇帝或是金丹纵欲伤龙体，或是企求长生反送命，以致引出海瑞抬着棺材骂昏君的历史典故。

清朝皇帝，在崇奉仙道上略有收敛。满清贵族本来是不信奉道教的，入关前满族信奉的是萨满教，入关后清室主要尊奉黄教——藏传佛教。对道教，清初统治者主要是从笼络汉人、稳定中原统治的角度出发，大体沿用明朝旧制进行管理和保护，但已不像从前那样重视了。朝廷利用道士斋醮祈禳的事虽

然也有，但毕竟大为减少，大清律例还严禁巫师道士跳神驱鬼逐邪，以防其煽惑民心。尽管这样，清朝皇帝仍是程度不同地与仙道有所接触的。顺治帝就曾敕封白云观的方丈王常月为“国师”，使沉寂了多年的全真龙门派又渐渐红火起来。康熙大帝对内丹大师朱方旦先是恩宠有加，可是翻脸不认人，转眼就处斩了。雍正算是清代最为迷信道教的皇帝，他又是在起居办公的养心殿、乾清宫和太和殿安放道教符板，又是召请道士在圆明园炼丹，以致成为中国历史上最后一位死于丹药中毒的皇帝。乾隆以后，清朝皇室逐渐走向衰微，道教也日趋衰落，清帝与道士的往来明显减少了。乾隆帝下令，把道士赶出随朝臣叩贺的队列。到道光年间，干脆取消了道教“真人”的称号，不准道士来京朝觐，从而关闭了清朝皇室与道教之间往来的大门。

在明清皇宫渐渐失宠的道教，较之唐宋更注重渗透社会，从而走上了世俗化的道路。道教，这个在中国大地上土生土长的宗教，在与一朝朝一代代帝王密切交往之后，终于淡出社会政治舞台，从庙堂隐退山林了！

一、明太祖朱元璋——真人、丹术、风水

明太祖朱元璋，即洪武皇帝，是中国历史上唯一的农民出身的天子。他于1368年夺得天下，取代元王朝，成为朱明王朝的开国皇帝。朱元璋独特的身世和经历，披上了神秘的道教色彩。

（一）利用道教的朱元璋

朱元璋少年时代曾经出家，是个小行童。据载，朱元璋祖籍在沛县（今江苏沛县），他的祖父辈由于家贫，全家一再迁徙，最后定居濠州（今安徽凤阳）。朱元璋从小给地主放牛，在饥寒的煎熬中长到17岁。元顺帝至正四年（1344），濠州一带百姓遭受了严重的灾难，旱灾、蝗灾、瘟疫接踵而来，半年之间，朱元璋的父母兄长相继死去。无依无靠的朱元璋为了活下去，便到当地的皇觉寺做了和尚。谁知做和尚才50天，“寺僧以岁饥罢僧饭食”，朱元璋只得带上木鱼、瓦钵出游化缘，实际是到处乞讨。他在淮西一带漂泊流浪了3年多，一路上风餐露宿，饱尝了人世间的艰辛。至正八年（1348），又回到了皇觉寺。

明太祖朱元璋

不久，爆发了震撼全国的红巾军大起义，朱元璋当即投身义军。在朱元璋取得了农民起义的领导权之后，就开始在他的出生、起事等方面神化自己，其中有许多内容都有道士的参与。

例如，关于朱元璋必当真龙天子的预言，说朱元璋的爷爷曾躺在一个地方休息，有两个道士从这里经过，其中一个指着他躺的地方说：“如果谁能埋葬在这里，其后代必能为天子。”另一个道士不信，于是在这里插了一枝枯柳枝，没过几天，这枝枯柳复活了。后来，朱元璋的爷爷就葬在这里。这种说法，是中国古代的堪舆迷信，朱元璋是利用这种迷信为自己得天下造舆论。

又如，关于朱元璋的出生，相传也与道士有关。据《皇朝本纪》载，朱元璋的母亲陈氏，有一天梦见一位道士从西北而来，从麦场上的麦糠里取出白药一丸，放在掌中，药在掌中逐渐变大，道士说：

“好物食之”，劝她服下，于是有孕，生下的便是朱元璋。这则朱元璋的母亲服食道士大丹而怀孕的故事，与远古时代吞玄鸟卵或履大人迹而生圣人的神话如出一辙。

《明实录》上还讲，朱元璋的母亲，将要分娩时，忽见红光闪闪，直冲霄汉，远近邻里，惊以为火，皆呼噪奔救。然而到了他的门外，却看不见什么光焰，等返回再看，仍然熊熊不灭。人们莫名其妙，都弄不懂是怎么回事，后来一打听，才知道朱家生了孩子。此事一时传为奇谈，都说这孩子不是个寻常人物，将来好生了得。朱元璋幼小的时候，有道士对他的父亲说：“八十三当大贵。”至朱元璋登基时，他的父亲虽然早已去世，但按推算，如果不死，这一年正好八十三岁。

还传说，有“真人”为朱元璋除灾解厄。朱元璋17岁时，凤阳一带大闹饥荒，他的父母兄长相继在饥荒疫病中死去，朱元璋无路可走，只好投入皇觉寺剃度为僧。后来他忍受不了众僧的歧视，托了钵盂，随处募食。到了合肥地界，只觉寒热交侵，四肢沉痛，身子动弹不得，朱元璋病倒了。昏迷时，又有两个紫衣道士陪在朱元璋的左右，渴了，道士在他身边放着生梨，饿了，道士又将蒸饼搁在他的枕畔。朱元璋也顾不了许多，得着便吃，吃了便睡，迷迷糊糊过了几天，病竟然全好了。此时再看，哪有紫衣道人的影子，身边仅有一座茅屋三棵松树而已。这两个紫衣人，就是得道的“真人”。

相传，朱元璋的登基，也有道人相助。有一天，朱元璋梦见自己闲游，在居处之南遇见了道教的三清神，朱元璋问三清神在哪里，回答说在朝天宫。接着，又有几位紫衣道士授给朱元璋五彩衣，说是“文理真人服”。朱元璋美梦成真，第二年就登基做了皇帝。

以上这些有关朱元璋与道人的神话传说，虽然多为虚妄附会之词，而且也未必都是朱元璋本人编造的，但是他支持和认可这些神示、神迹却是可以肯定的。中国历史上大多数帝王为了征服人心，巩固权力，维持统治，总要利用宗教来神化自己，以示受命于天，或表示有神明保佑。朱元璋起自民间，深知民间对道教信仰的深入，所以他也就利用道教，编造了一个又一个他与道士如何如何的种种神话，来为他开国打天下做宣传服务。

朱元璋称帝前，还曾召请龙虎山的第四十二代天师张正常。那是1361年，朱元璋攻占南昌之时，派使者前往龙虎山召请张正常，劝他“辅国治民”，并写信给天师张正常，又是吹捧天师的神威法力，又是表达对天师的仰慕之情，可谓尊崇至极，目的就是争取正一道首领的支持。张正常也很知趣，把写有“天运在太祖”的灵符交给使者带回。1365年和1366年，张正常两次觐见朱元璋，据说朱元璋每次都设宴招待，并赏给大量物品。

在朱元璋登基的前一年，又命天师张正常举办隆重的道场，“捧词达天，以申祈祷之情”。朱元璋这样做并不难理解，他由一个放牛娃、乞丐、穷和尚登上皇帝的宝座，为了表明自己代天而立的合理性，需要借助道教和道士为自己编造种种的神话，他是要借天师为巫祝，造成承天命、顺天运而称帝的声势。

朱元璋在打天下阶段，一再利用道教，征召术士，任用道士，反映了他对道家方术的推重。

可是，在立国称帝以后，朱元璋对仙道的态度却似乎是矛盾的：一方面，他批评秦皇汉武崇尚神仙求长生终无所获，严格道教管理，并告诫人们历代都有服丹药丧生的教训；另一方面，他自己却仍是访求方士，与高道频繁往来，而且，还亲自服食丹药。让我们具体地看看朱元璋在丹道问题上的矛盾心态吧！

（二）限制道教的朱元璋

一个朱元璋，是斥责丹术、限制仙道的——

据《太祖实录》卷三十三载，洪武元年（1368），朱元璋对侍臣宋濂等人说：

> 秦始皇、汉武帝好尚神仙以求长生，疲劳精神，卒无所得。使移此心以图治，天下安有不理？

神仙不可求，秦皇汉武的教训当记取，朱元璋这话说得是何等的开明！

对道教方术、对丹药，朱元璋也曾劝身边大臣“切不可信”。《太祖实录》卷五十九载：

> 上（朱元璋）颇闻公侯中有好神仙者，悉召至，谕之曰：“神仙之术以长生为说，而又谬为不死之药以欺人，故前代帝王及大臣多

山西恒山景观

好之，且有服药以丧其身者……此乃欺世之言，切不可信。”

剔经八仙庆寿葵瓣式盒面（明）

可见，朱元璋对道家方术的认识是多么的清醒！对王公大臣不可误食神丹妙药的教诲又该是多么的中肯！

朱元璋虽然在年轻时出家当过和尚，虽然曾利用道教为自己黄袍加身的合法性制造舆论，但他对于元末以来道教发展过滥，对一些道士娶妻养妾甚至在设斋时饮酒吃肉等堕落风习是了如指掌的，对于明朝初年一些人隐于佛道之中企图利用宗教图谋不轨也是保持着清醒的头脑的。因此，朱元璋在扶持道教的同时，又建立起一套管理宗教的机构和各种规章制度，以加强对佛、道二教的管理和约束，将其牢牢地控制在皇权之下。

例如，朱元璋对道观、道士的数量加以限制。朱元璋认为，出家人无所事事，白白耗费民力，于是在各府、州、县分别设一大寺观，把僧侣、道士集中在这里吃住，并进行考试，对具备戒行、精通经典者才发给度牒。由于当时出家人很多，其生活又极为奢侈，为安定民心，稳定社会秩序，朱元璋对地方各府、州、县的出家人数和出家者的年龄作出规定，一般州县出家的僧人、道士控制在二三十人，而且必须是四五十岁以上的，青壮年是不许出家的，以此来控制宗教势力的膨胀，保障政府赋税和徭役的来源。就此，《明史》卷九记载了朱元璋的诏令：

凡僧道，府不得过四十人，州三十人，县二十人。民年非四十以上，女年非五十以上者，不得出家。

还有，朱元璋大力整顿僧道秩序。《明通鉴》卷四记载，洪武五年（1372），朱元璋下诏：“天下大定，礼仪风俗不可不正，禁僧道斋醮杂男女恣饮食，违者有司严治之。”朱元璋规定，僧道不许饮酒食荤，不得有妻妾；在深山中修禅学道的，一二人还可以，三四人以上就要禁止了；僧人、道士“勿杂处于外，与民相混”。朱元璋不想让僧道出家人影响世俗在家人，实际是严防僧道与民间秘密宗教结合，危及大明王朝的统治。朱元璋还诏令，各地道观，要用德高望重的高道来管理：

每大观道士编成班次，每班一年高者率之，余僧道俱不许奔走于外，及交结有司，以书册称为题疏，强求人财。

又如，朱元璋对道士的日常生活用具加以约束。他规定，天下寺观除了殿宇栋梁门窗神座可以使用红色外，僧道所用的床榻椅子等一切物件都不许用红色，僧道所居住的房舍一律不许起斗拱梁栋。

在这里，洪武大帝朱元璋对神仙丹术的认识是客观的，对道士的限制和对道务的管理是严格的。朱元璋这些用心良苦的诏令措施，为以后僧道的发展，尤其是为整顿和管理僧道秩序，起到了限制和规范作用。

（三）推崇道教的朱元璋

另一个朱元璋，却是又推崇仙道的——

朱元璋称帝后，为了报答道教在当年打天下过程中的辅佐之功，制定了儒、佛、道三教并用的宗教政策。朱元璋还亲自撰写了《三教论》，说："其仙佛之幽灵，暗助王纲，益世无穷"，"于斯世之愚人，于斯三教，有不可缺者。"认为儒、佛、道三教都是不可或缺的。朱元璋本人虽然不信神仙长生之说，但从施行"神道设教"，维护封建纲常秩序的角度，仍对道教和佛教同样予以重视。

在三教并用的原则下，朱元璋对道教也给予一定的扶持。洪武元年（1368），正一道天师张正常入朝礼贺，朱元璋给予特别的厚待，授予"正一教主、嗣汉四十二代天师、护国阐祖通诚崇道弘德大真人"的称号，委任他统管全国道务，赐发银印，其级别相当于正二品的朝臣。朱元璋还为张正常的父母赐号、赐宴，恩宠甚厚。张正常以擅长用符水治病而闻名，死于洪武十一年（1378）。其子张宇初嗣位，袭封正一道嗣教大真人。在这以后，明朝的每一位皇帝对正一道的天师都有召见和赐赠，直至明末第五十一代天师张显庸，代代皆袭封"大真人"，掌管天下道教。

▼三教混一图
明代绘画

在优宠礼遇正一道的同时，朱元璋还亲自注解《道德经》，颁行天下，称赞该经有益于王纲政道。

洪武七年（1374），朱元璋敕命道士宋宗真等编成《大明玄教立成斋醮仪》一卷，作为全国道教宫观统一行用的斋醮仪轨，简化了道派传统的科仪，规范了斋醮仪轨。朱元璋在"御制序文"中说：

湖北荆州太晖观金殿

> 朕观释道之教，各有二徒，僧有禅有教，道有正一有全真。禅与全真务以修身养性独为自己而已；教与正一专以超脱特为孝子慈亲之设，益人伦，厚风俗，其功大矣哉……敕礼部会僧道定拟释道科仪格式，遍行诸处，使释道遵守，遮不靡费贫民，亦全僧道之精灵，岂不美哉。

在这里，朱元璋不仅对佛道二教的流派作了对比评论，而且还以至高无上的皇权为佛道二教制定了仪规，朱元璋已实际干预佛道内部事务了。

洪武十五年（1382），朱元璋又为道教制定了科仪乐章。他还亲自进行祈祷斋戒，《明通鉴》卷三说：

> 上（朱元璋）以久旱，祈祷斋戒，后妃躬执爨，皇太子诸王馈于斋所……上素服草履，徒步至坛，席藁曝日中，夜卧于地，凡三日。

可见，朱元璋对祈祷斋戒的礼仪是很精通的。这一套斋戒礼仪，在此后的明朝帝王中奉为祖制，沿袭遵循下来。

说朱元璋重道，还表现在洪武年间有很多道士受到朱元璋的赏识。他们当中有刘基、张中、周颠仙、丘玄清、冷谦等人，第四十二代天师张正常也应征入朝，所征之术士高道，还有时蔚、邓仲修、刘渊然等。这些道士，或受到朱元璋的召见垂询，或得到赏赐宠用。

这里专门说说朱元璋宠信过的道士刘渊然。洪武二十六年（1393），朱元璋曾将刘渊然召至京师，赐号“高道”，并在西山建朝天宫供他居用，格外受宠。刘渊然有什么“法术”，让朱元璋如此赏识呢？原来刘渊然从他的师傅赵宜真那里承受了道家秘诀。赵宜真是元末明初相当著名的内丹大家，力主性命

▲明朝道士周颠仙

双修之内丹功法，同时兼信外丹。刘渊然是赵宜真的得意高徒，自然从他那里授传了金火大丹及劾召鬼神、呼招风雷等秘诀。相传，刘渊然去龙虎山游历时，因祈雨灵验而名声大震。因此而被朱元璋召见。朱元璋对刘渊然又是赐道号，又是建宫观，一心想领教其道术。在朱元璋死后，刘渊然曾于永乐初年随驾至北京，公卿士大夫与其往来者甚多。后来，明仁宗即位，赐刘渊然“长春真人”名号，给二品印诰。明宣宗时，又赐号“大真人”。《明史》卷二九九称，刘渊然“有道术，为人清静自守，故为累朝所礼”。

朱元璋还曾委派专使，先后3次访求全真教的高道张三丰。虽然当过和尚的朱元璋并不真的相信神鬼之说，但对于张三丰的大名还是早有耳闻的，尤其是，当他听说张三丰已经120多岁时，禁不住怦然心动，毕竟，有谁不想得到长生的秘诀，何况还是天之骄子？于是朱元璋一次次派人找寻张三丰。但不论怎样费心，始终不见张三丰的影子。不过，张三丰还是托人带来一首诗，送给朱元璋，诗中说：

流水行云不自收，朝廷何必苦征求？
从今更要藏名姓，山南山北任我游。

▲明朝道士张中

这诗究竟是不是真的出自张三丰之手，已是无法考证了。后来，在洪武二十八年（1395），朱元璋身患重病，御医们左瞧右看总不见好，于是又遣派龙虎山第四十三代天师张宇初出面，访求张三丰进京为圣上治病。结果，还是没找到那个张三丰，人们不是说去了成都，就是说到长安去了。

道家所宣扬的清心寡欲、无为而治的仙道思想，对朱元璋也确曾产生了一定的影响，他以此提倡俭朴，戒于奢侈。据《明通鉴》卷八载，洪武十六年（1383），朱元璋对侍臣说：

自古王者之兴，未有不由勤俭，其败未有不由于奢侈，前代得失，可为明鉴……大抵处心清净则无欲，无欲则无奢纵之患。欲心一生，则骄奢淫逸无所不至，不旋踵而败亡随之。朕每一念及，未尝不惕然于心。

无欲无为的仙道炼养思想，在朱元璋这里得到了发挥。

朱元璋倾心内丹，对外丹更有兴趣。他在奉劝臣工“切不可信”丹药的同时，自己却去服食。据载，朱元璋确曾吃过道人周颠仙炼制的丹药。又有《御制赤脚僧诗》说：“神怜黔首增吾寿，丹饵临久疾瘳。”在这里，朱元璋又深信丹药可致长寿了。

朱元璋在仙道丹术问题上的矛盾心态，或者说是自相矛盾的表现，正是他作为一个封建帝王的需要。他限制僧道出家，是鉴于和尚、道士太滥，“蠹财耗民，莫此为甚”；他严加管束僧道，令其“毋杂于外，与民相混”，是为了杜绝作乱之嫌；他诏令公侯百官不可迷恋“不死之药”，旨在劝导内外臣工励精图治，而不能贪生图利，奢侈享受。总之，朱元璋裁抑道教，贬斥丹术，是出于安定道俗民心，稳定社会生活秩序，巩固朱明王朝统治的政治需要。而朱元璋本人与道家频频往来，深信风水龙脉，询问长生之道，服食仙丹妙药，则是他追求个人长生久视、企盼朱明王朝万代传袭的本能需要。这是历代帝王，包括很有作为的一些帝王在对待道教问题上的“通病”和“顽症”，朱元璋也没有例外。

张三丰铜像（明代）

这里，还要特别说一下，朱元璋推崇的风水军师刘伯温。

刘伯温，即刘基，也叫刘诚意，他为朱明王朝的立国建业有着莫大的功勋。刘伯温在民间的名气大得很，在野史传闻和文学作品里，他比张良、诸葛亮还要神通广大，能未卜先知，洞察古今，呼风唤雨，乃神仙一般的人物。朱元璋登基前，在假托神示和神佑的同时，曾大力征召任用方士与道士，其中最明显的一例，就是征用精于道教方术的刘伯温。《明史》上说，刘伯温“博通精史，于书无不窥，尤精象纬之学”。这象纬之学，即出自道教。《龙兴慈记》一书中，有刘伯温在青田山从道士那里接受兵书的事。《玉堂丛语》卷七中，有刘伯温跟随术士曾义山习练的记载。有关野史稗乘所载刘伯温的轶事很多，大部分与道教中的各种方术有关。刘伯温深得朱元璋推重，与他曾得密授，精于道家方术有重要的关系。特别是刘伯温精通风水理论，这让朱元璋格外看重。

第四十三代天师张宇初像

说到风水，朱元璋因凤阳祖坟而发迹的故事，在民间广为流传。明代风水术也迎来它自身发展的黄金时期，明代人对风水术的迷信超过以往历代。从《钦定古今图书集成》的

刘伯温，精通风水之学

堪舆类书籍看，明代风水说教中最有影响者莫过于刘伯温的《刘基堪舆漫兴典》。

在风水方面，历史上有朱元璋请刘伯温选看定都地址的记载，说："太祖高皇帝定鼎金陵，将筑宫室于钟山之阳，召刘诚意定址。诚意度地置桩。"看来，朱元璋的南京皇宫，是风水大师刘伯温选定的。

过了不久，朱元璋又请刘伯温选看百年之后的寿地，"往钟山卜葬地……今之孝陵，即其故处。"朱元璋的万年吉地明孝陵又是刘伯温选定的。

由于刘伯温曾几次给洪武皇帝朱元璋看风水，再加上刘伯温自己又写风水理论，因此，《刘基堪舆漫兴典》就成了明代社会及以后的清代社会在风水理论方面最为重要的典籍。刘伯温的风水理论，其最大的特色是"龙论"，即将中国西高东底逶迤腾挪的地理大势与龙联系在一起讨论，可谓气势磅礴，浩浩荡荡。现代人谈风水，一般都会用"龙脉"这样的俗语，足见刘基的理论在风水上的影响。

值得注意的是，刘伯温的风水理论还包含着道家身国同构和儒家家国同构的思想。这两构思想，也只有刘伯温这样的特殊人物才能够有。刘伯温帮助朱元璋，前期是出世的道士身份，后期则是入世的军师身份。道家也是讲政治的，其特色是治身治国两不误，或者说养生治国同等重视。道家善于将养生的道理推广到治国上思考。所以，说它是身国同构的思想。山与龙，国与家，身与国，小家与大家，个人与民族，所有这些，被刘伯温的风水思想有机地联系起来。这也正是朱元璋看中刘伯温、看中刘伯温的风水思想的根本所在。

朱元璋的明孝陵

二、永乐大帝情系武当山

明成祖朱棣

明成祖朱棣，是朱元璋26个儿子中的第四个，洪武初年被封为燕王，称帝后改年号永乐，因此又叫永乐皇帝。

燕王朱棣做皇帝，多数历史学家是颇有微词的。因为在朱元璋死后，朱棣将明代的第二个皇帝建文帝推翻，自己强行登上了金銮宝座。明朝开国皇帝朱元璋原本是按着封建伦理立自己的长子朱标为太子的，不幸朱标早逝，朱元璋于是又改立朱标的儿子朱允炆为皇太孙，也就是后来的建文帝。这样说来，建文帝是明太祖朱元璋的孙儿，是燕王朱棣的侄儿。朱棣，这个建文帝的亲叔叔，在血腥屠杀之后，推翻了侄儿，自己做了皇帝，并把都城由南京迁到了北京。这就是历史上所说的“燕王篡位”。显而易见，朱棣起兵与皇侄争夺帝位，是严重违反封建伦理纲常的叛逆行为。那么，要想争取天下臣民归顺，就必须制造天助神佑的舆论，才能师出有名。因此，朱棣便与亲信姚广孝合谋，利用道教制造了一个又一个政治神话。

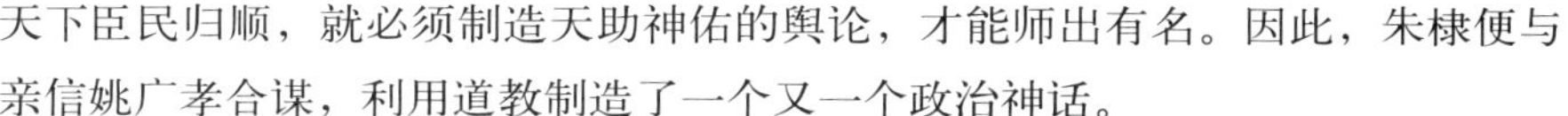

朱棣在夺取皇位的角斗中，曾多次利用僧道的独特作用。还在洪武十三年（1380）时，燕王朱棣就在王府中召见过高僧道衍。据李贽《续藏书》卷九载，道衍觇得燕王朱棣有天子之气，便乘机对朱棣说：“大王骨相非常，英武冠世。如今国家初定，东宫太子生性仁柔，希望大王您多自珍重。如若能让我随您赴燕，一定奉一顶白帽子给大王戴。”朱棣当然明白道衍的暗示——“王”字上面加上“白”字，就是皇帝的“皇”。

据说，在燕王朱棣起兵夺位前夕，曾和道衍做过对联游戏，朱棣的上联是：“天寒地冻水无一点不成冰”，道衍随口对道：“世乱民贫王不出头谁做主”。此事立即被宣扬出去。

《明史 · 五行志》更记载了这样一件事，当建文帝朱允炆准备对图谋不轨的叔叔燕王朱棣先下手时，在京城中突然传唱起一支奇怪的歌谣，据说是一位道士边走边唱的，一时许多人都随着唱了起来：

莫逐燕，
逐燕燕高飞，
高飞上帝畿。

是威吓？还是警告？不言而喻。朱棣再三利用僧道，为其夺取皇位制造舆论，实在是很巧妙的。

特别是朱棣利用他在北方占地为王的地理形势，大造天上的北方之神——真武神保佑他的神话。真武神，原名玄武，本是中国古代神话传说中的星宿神，象征上天二十八宿中的北方七宿。北方玄武与东方青龙、西方白虎、南方朱雀，合称为四方守护之神。北宋真宗时，因避皇室始祖赵玄朗之讳，改称玄武为真武。宋元统治者曾在全国各地兴建不少奉祀真武玄帝的宫观祠庙，并编造真武降世显灵的神话，希望借这位天神的威灵，保佑国家安宁。燕王朱棣坐镇北京，雄踞北方，当他起兵“靖难”时，正好借助这位北方守护神的威灵，制造君权神授的舆论。据明代史书记载：在朱棣集合部下将士，祭旗誓师，准备出兵时，突然风云四起，天昏地暗，旌旗蔽天，有披发神将显现。朱棣问谋臣姚广孝“是何神?”姚答道：“向所言吾师玄武神也。”于是，朱棣立刻模仿神像，披发仗剑，部下将士见之皆喜，以为上得天神感应。在后来的战争中，

二十八宿星君
明代绘画

朱棣又多次制造真武显灵的神话，鼓舞士气。据说，每当南北两军对阵时，南军士兵常见空中有“真武”二字旗帜，或东北风起，飞沙走石，致使南军溃败。

由于真武“显灵”，佑助朱棣争夺帝位有功，因此他上台后立即在全国掀起崇奉“北极真武玄天上帝”的热潮。永乐年间，朱棣多次下诏褒奖真武神，宣称：“奉天靖难之初，北极真武玄帝彰显圣灵，始终佑助，感应之妙，难尽形容。”为了酬报神恩，永乐皇帝下令在全国各地大修真武庙。除南京原有真武庙外，又在北京皇城北面建成规模宏大的真武庙。

对传说中真武大帝的道场武当山，永乐帝更是格外地重视。据道教传说，武当山是真武大帝的“得道显化去处”，真武神曾在这里修炼42年，最终功成飞升。后世因非真武不足以当此，故称武当山。据《武当福地总真集》记载，先后在武当修道的有尹喜、阴长生、刘虬、谢允、陈抟等20人。明朝初年，武

当山有著名高道张三丰。史载，武当山现存的道教宫观，大多是明永乐朝留下的。朱棣把武当山改名为“太和太岳山”，自永乐十年至二十二年（1412—1424），历时12年，役使30万军民，耗费百万银两，大规模地营建宫观，并派出工部侍郎郭琎、隆平侯张信、驸马都尉沐昕等前往武当督工。于是，武当山上“十里一庵十里宫，丹墙翠瓦望玲珑”，建成了净乐、迎恩、遇真、玉虚、紫霄、五龙、南岩、太和8宫，元和、复真2观，以及36庵堂、72岩庙等一批宏伟庞大的道教建筑群。这一建筑群的设计和布局，尽量利用峰峦岩涧，取其雄伟高险和奇峭幽深之势，分别建筑在峰、峦、坡、坨、岩、涧合适的位置上，就像一条缀珠银线，把大小建筑物全部串联起来。其规格的大小，间距的疏密，都恰到好处。从远处望去，武当山上的宫观时隐时现，忽高忽低，若明若暗，迂回曲折，玄妙超然，颇有一番神秘色彩。永乐皇帝朱棣的一片苦心，可谓没有白费。

武当山上118座宫观殿堂所供奉的真武大帝神像，均为圆胖脸庞，披发跣足，人们都说“真武神，永乐像”。这是为什么？

据传，为了塑造一尊永乐皇帝满意的真武像，画工和雕匠制作了几百次都未获准，工匠们因此或坐牢，或充军，或杀头。后来有一位高丽族姬姓雕匠，被召进宫，当时朱棣正在洗澡，由于造像心切，当即召至浴室见驾。这姬姓雕匠跪见永乐，低头只见皇帝赤脚一双。姬姓雕匠禀告说：“天上的真武神像，

湖北武当山金殿

从未见过，实在难办。”朱棣跺脚骂道：“你动脑筋好好想想。”姬姓雕匠又试探说：“只有熟悉身材、形貌才能塑像。”朱棣装出不在意的样子说：“那你抬头来看。”姬姓雕匠略有所悟，抬头看清后又问朱棣：“真武大帝的这像又到底怎样塑呢？”朱棣不答，只是用手摸着脑袋打哈哈。于是，姬姓雕匠就按着出浴时的朱棣的样子，披头散发，打着赤脚，圆脸大鼻，双目略鼓，魁梧身材，铸造出了一尊重达两万斤的鎏金铜像。永乐皇帝朱棣见后连声称好，还剪下自己的黑胡子安在神像的下巴上。从这以后，武当山上的各个道教宫观都按这个样子铸造真武大帝的神像。

湖北武当山金殿内真武大帝铜像（明代）

关于永乐皇帝朱棣为什么要下那么大的本钱，在武当山上大建宫观，历来说法不一。

第一种说法，永乐皇帝为了寻找失踪的建文帝。当年燕王朱棣带领人马杀入南京，连续清剿皇宫三日，宫人、女官、内官差不多都被杀掉了，却没有见到建文帝的影子。有人说建文帝被大火烧死了，有人说建文帝逃之夭夭了。如果建文帝真的逃跑了，对朱棣的威胁就非同小可，因为建文帝是合法的皇帝，还会有相当的号召力。当时就流传，建文帝逃到了武当山，或为僧，或为道，隐遁于山中。朱棣派大批军队民工进山营建宫观，真正的目的就在于搜寻建文帝。相传，在武当宫观群建好后，朱棣在每个宫观内都安插了内侍亲信，以监视各宫观道士和来山游访的道众，寻觅建文帝的踪迹。

第二种说法，永乐皇帝尊奉真武大帝。朱棣原为燕王，他以一个藩王的身份去征伐天子建文帝，在名位声势上都处于不利的地位，所以他要借助神威。真武大帝镇守北天，也就被当成北方燕王朱棣在天国的声威投影。于是，朱棣把自己打扮成真武大帝的化身，武当山宫观中真武大帝的塑像按着朱棣的相貌来塑造，即是因此。传说中，朱棣在南征过程中，多次得到真武大帝的佑护，甚至现出背发跣足的真形以助阵战，所以朱棣信奉真武大帝，封真武为“北镇天真武玄天大帝”。武当山是真武得

湖北武当山金殿前龟蛇缠绕铜雕像（明代）

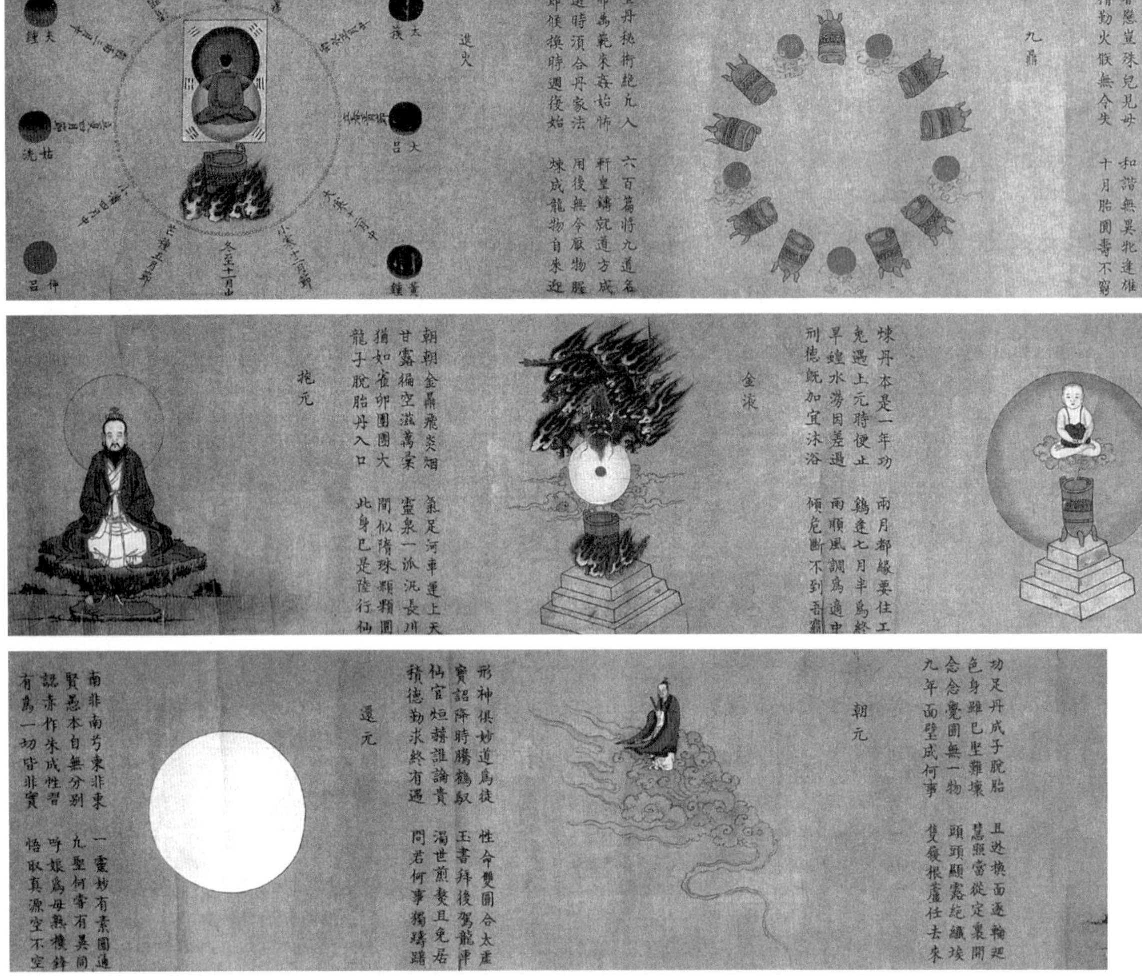

道的本山，相传永乐年间，武当山道士曾见真武大帝显现于祥云之间，并绘制成《太和山祥瑞图》进献给明成祖朱棣。朱棣在真武得道的本山武当山大规模地营建宫观，意在报答真武大帝的阴佑之功，并以此祭祷祈福。

第三种说法，永乐皇帝为了寻访武当高道张三丰。这个张三丰，是继吕洞宾之后最富有魅力的一位“活神仙”。张三丰浪迹江湖，漂泊一生，来无影，去无踪，传说中宝鸡、终南、武当、鹤鸣山、平越卫、青州、崂山，甚至远至云南、贵州都有他的足迹，是道教史上少有的“隐仙”；他在尘出尘，淡泊名利，清心寡欲，视权势如草芥，视财富如粪土；他随遇而安，一年四季一笠一衲，衣不遮体，食不饱腹，不修边幅，邋里邋遢，人称“张邋遢”、“邋遢神仙”。张三丰确有《无根树》等著作留下来，因为其内容关涉道教内丹学，不是等闲之辈能够模仿的，应该是他本人之作。很多修道者也见过他本人，只是皇家难见，但真有其人是可以确信的。

中国古代道士内丹修炼过程图

“内丹”是道教修炼方法之一。与“外丹”相对。以人体比作炉鼎，循行一定的经络，通过炼养，使精、气、神在体内凝聚为“圣胎”，即是“内丹”。

根据《明史》的记载，张三丰在当时就已经被传得神乎其神，“太祖故闻其名，洪武二十四年遣使觅之不得。”“永乐中，成祖朱棣多次派人往访，皆不得遇。”明太祖朱元璋和明成祖朱棣都曾亲自派人寻访张三丰，结果都没有见到这位神仙。后来，朱棣打听到张三丰常在武当山出没，于是，就下圣旨在武当山寻找。永乐六年和七年，明成祖连续两次下诏，大规模地寻找武当山的张三丰，还是没有见到，不知是张三丰知道故意不见，还是他根本就不知道明朝两代帝王找过他。以后留下的传说自然就是张三丰性情高洁，不愿与世俗皇权有交往。不过，明成祖朱棣寻访张三丰是事实，也从一个侧面反映出朱棣真实的崇道心态。

永乐十年（1412），朱棣曾命正一道士孙碧云在武当山迎候张三丰，并给张三丰写了一封亲笔信：

> 朕久仰真仙，渴思亲承仪范，尝遣使致香奉书，遍诣名山虔请。真仙道德崇高，超乎万有，体合自然，神妙莫测。朕才质疏庸，德行菲薄，而至诚愿见之心，夙夜不忘。敬再遣使，谨致香奉书虔请。拱俟云车凤驾，惠然降临，以副朕拳拳仰慕之怀！

湖北武当山遇真宫，护法六大神将铜铸鎏金像（明）

永乐大帝如此谦恭诚恳，真可谓思“仙”若渴了！然而，张三丰却是“闻在南山南，已往北山北”，无论永乐大帝怎样苦求，就是不肯露出真身！

有人认为，朱棣大建武当宫观，意在恭迎高道张三丰，武当山上30万军民大兴土木，只是为求得仙人一个。

不管怎样，无论永乐皇帝朱棣大建武当宫观的真正用意是什么，由于朱棣

在执政的22年中，确有长达12年的时间心系武当山，把他个人很大的精力和国家极大的人力物力财力投入到武当宫观的建造上，武当道教由此达到鼎盛，张三丰的名声也愈来愈大。正因这样，在永乐时代，乃至整个明代，武当山道教一度超过了龙虎山道教。

永乐皇帝朱棣广建武当宫观，不一定就是为迎候张三丰，但他对张三丰的思慕和寻访的确是真的，张三丰作为精于丹术的一代高道确有其人，确有其事。从永乐皇帝朱棣以后，武当山成为官方控制的御用道场，真武神被钦定为明朝皇室的保护神。明代新皇帝即位后，都要按惯例派遣使臣到武当山祭告真武玄帝。

对一代高道张三丰，永乐皇帝朱棣从夺位不久直至临终，所派使臣踏破铁鞋，虽千呼万唤，终未见到踪影，但张三丰的内丹炼养思想仍然在一定程度上影响到朱棣的养生。且看《明太宗宝训》卷一所载永乐五年（1407）朱棣谈养身之道的一番话：

> 人但能清心寡欲，使气和体平，疾病自少。如神仙家说服药导引，亦只可少病，岂有长生不死之理？近世有一种疲精劳神佞佛求寿，此又愚之甚也。

道藏辑要：三丰全集图像

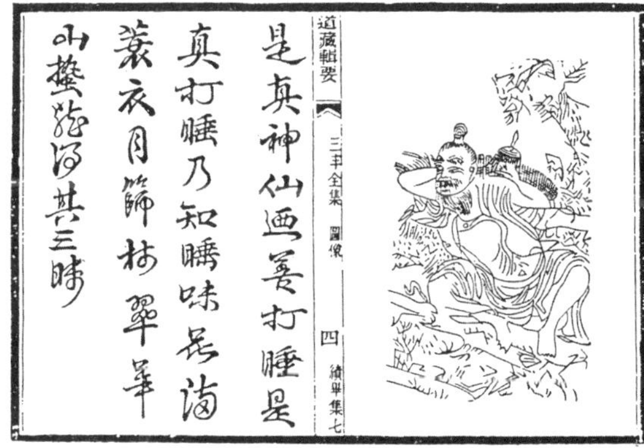

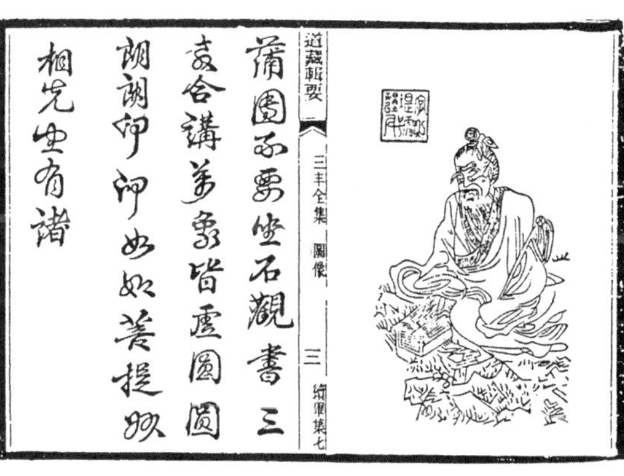

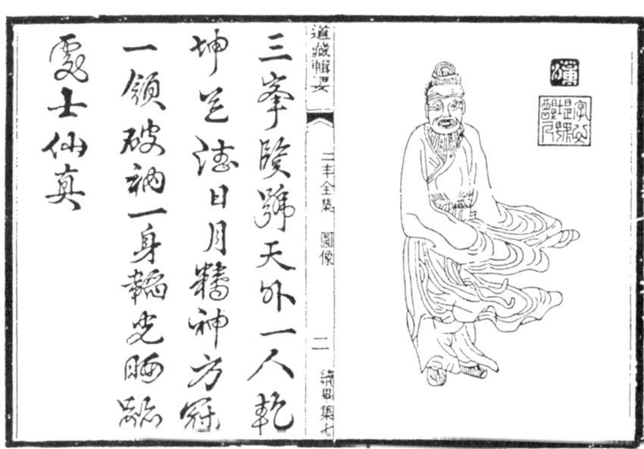

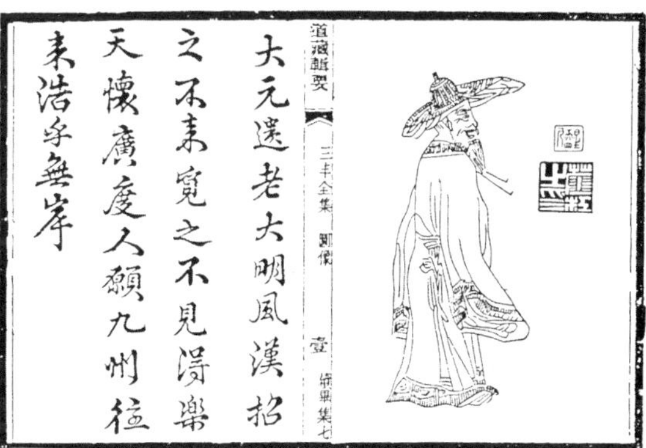

看来，永乐皇帝朱棣推崇的主要是道家内丹“清心寡欲”的炼养，对外丹“服药”，他确信不可能有长生不死的奇效，但也不否认或许有可减少疾病的作用。

一直跟随永乐皇帝的御医蒋用文很赞同朱棣的见解，说：“保身之要在养正气耳。正气完，邪气无自入矣。”在医治疾病上，蒋用文主张首要的是固本，而不要急于求治，“急之恐伤其本。”

永乐皇帝也曾起用道士使用“灵药”给自己治病。永乐皇帝是个多病之人，还在年轻的时候，身体就不大好，经常患病请医，不过，这也倒给他带来了方便，每当在皇室斗争中受到攻讦时，他常常能以装病躲避锋芒。夺位登基后，朱棣年龄已过四十，又过于操劳，身体更是每况愈下，两条腿常常感到痹弱不支。御医们大都认为是痿症，屡治不效。永乐十四年（1416），朱棣得了一场大病，据说当时有一个叫曾辰孙的道士应召入宫，为朱棣诊治，治疗时祷之灵济宫的徐知证、徐知谔两位“真君”，竟渐渐见效，曾辰孙又梦见二徐授以“灵药”、“仙方”，让永乐皇帝服食，疾病果除。第二年二月，为感激道家治病之功，永乐皇帝敕封徐知证为“九天金阙明道达德大仙显灵溥济德微洞元冲虚妙感慈惠护国庇民崇福洪恩真君”，封徐知谔为“九天玉阙宣化扶教上仙昭灵溥济高明宏静冲湛妙应仁惠护国佑民隆福洪恩真君”，并在北京建造洪恩灵济宫。

湖北武当山永乐鳌碑

永乐皇帝朱棣还交结了其他一些道士。在太祖朱元璋时受宠的道士刘渊然、丘玄清，与朱棣仍保持着良好的关系。另外，还有个女道士，叫焦奉真，也应召进宫，对其所言，朱棣多是信从的。《万历野获编》卷二十八载：

> 永乐间仙女焦奉真奉召入京，荐其母舅冯仲彝为太常寺丞。仲彝卒，奉真又奏以冯孙名必正者为真武庙官，寻升赞礼郎矣。至正统十二年，仙女又奏请乞升，上命特升为太常寺丞……以女之果仙与否未可知，然历事四朝屡祈恩泽有求必允，此必有深当圣心者。

永乐皇帝请来的女道焦奉真，竟“历事四朝”，她凭什么“屡祈恩泽有求必允”呢？史书说“必有深当圣心者”，恐怕即是炼养方术。

不过，永乐皇帝朱棣也有过拒绝方士进献金丹的事。那是永乐十五年（1417）八月，瓯宁县有个方士

◀湖北武当山玉虚宫永乐碑亭

听说朱棣起用道士治愈了疾病，还敕建洪恩灵济宫，就仗着胆子，向这位永乐大帝呈进金丹妙药和方书，并声称可致长生不老，没想到朱棣不但没有没有接受，还把那个道士大骂了一顿。查继佐的《罪惟录》卷三十二记载了这桩事，里面谈到朱棣斥责那个方士："秦皇汉武为方士所欺，乃又欲欺朕？！"他责令方士自己把金丹吞下，并把方书烧毁，不许他再以丹药惑人。这件事也从一个侧面表明，朱棣在炼养上是重内丹、轻外丹的，他所信奉的是张三丰等人的内丹。

鉴于有些僧道荒淫不法，永乐皇帝朱棣也曾颁发谕令严行禁止。《留青日札摘抄》记载了永乐十七年（1419）颁发的一道谕旨：

> 天下僧道多不守戒律，民间修斋诵经，辄较利厚薄，又无诚心。甚至饮酒食肉，游荡荒淫，略无顾忌。又有无知愚民妄称道人，一概蛊惑。男女杂处无别，败坏风化。即揭榜申明，违者杀不赦。

从这道谕旨上看，明朝初年的道观里，"男女杂处无别，败坏风化"，当时的许多道士与俗人几乎没有什么两样了，若说有差别，也仅是谋生的手段不同而已。这就难怪永乐皇帝要严加整饬了。

整体说来，由于明代开国时期的两个皇帝朱元璋和朱棣带头崇信道教，对明以后的皇帝影响很大，明代277年的统治，历经16个皇帝，几乎每个皇帝都崇信道教，这自然与朱元璋和朱棣的影响是分不开的。

三、明宪宗金丹纵欲伤龙脉

明仁宗朱高炽

明朝皇帝崇信道教，最突出的一点是，对丹药、丹术走火入魔！

在明朝服食丹药而死的皇帝共有5位，仁宗朱高炽是第一个。明仁宗是成祖朱棣的长子，他于永乐二十二年（1424）即位，在位时间极为暂短，登基不到一年，就因吃丹药中毒而丧了命。关于明仁宗中丹毒暴亡之事，《明史》卷一三七载，宣德初年，御史孙汝敬上书杨士奇，其中谈道：

> 先帝嗣统，未及期月，奄弃群臣，揆厥所由，皆憸壬小夫献金石之方以致疾也。

明宪宗朱见深

滥服金石之方，中毒身亡，当是明仁宗的死因所在。

明朝的第8位皇帝宪宗朱见深，更是以丹纵欲而出了名的。有人认为，历代帝王服食金丹致死者接连不断，可是为什么后来者总是不能汲取前者的惨痛教训而屡屡重蹈覆辙呢？大概是道家方士的金丹大药名为去病延年，可致神仙，实际更多的是助阳济欲的效用，帝王们以丹乐在房中秘戏。明宪宗就是靠道士的丹药以纵其欲的。他崇奉佛道，喜好方术，道家方士们则各以媚药、淫术投其所好，并由此都得到宠信。

对进献丹药、淫术的道士，明宪宗滥施恩泽，通过"中官"也就是太监屡屡传旨，封道家方士等为朝中高官，一时妖人、奸佞充斥朝廷。《明史》卷三〇七载：

> 初帝践位，甫喻月，即命中官传旨，用二人为文思院副使，自后相继不绝，一传旨，姓名至百十人，时谓之传奉官，文武僧道滥恩泽者数千。

该书卷一八〇又载：

> （宪宗朝）祈雨雪者得美官，进金宝者射厚利。方士献炼服之书，伶人奏曼延之戏，掾吏胥徒皆叨官禄，俳优僧道亦玷班资。

◀宪宗行乐图

道士李孜省、邓常恩之流与太监梁芳、钱义等内外勾结，各得显赫官位。当时就有一些正直大臣痛斥说：“末流贱伎，多至公卿；屠狗贩缯，亦居清要；有不识一丁而滥叨文职，有不挟一矢而冒任武官。”

宪宗朝，最臭名昭著的道士是李孜省。李孜省是南昌人，因为向宪宗进献符箓而得宠，特旨授为太常寺丞，准其密封奏请，赏赐颇厚。接着，李孜省“益献淫邪方术，与（梁）芳等表里为奸，渐干预政事。”因李孜省的谗言而被治罪的朝臣将近二十人，而依附投靠他以谋进身者也有几十人，“缙绅进退，多出其口”。当时执政大臣万安、刘吉、彭华等都与李孜省潜相结纳，排斥异己。一个献淫术的道士李孜省，竟成为朝中举足轻重的人物。

▲恒宗崖刻

因献秘术而得宪宗恩宠的西番僧道也有不少。史书上有记载的就有扎巴坚参、扎实巴、锁南坚参、端竹也失、扎失藏卜、乳奴班丹、法领占等，他们或为国师，或为法王。这些人穷奢极欲，“服食器用僭拟王者，出入乘棕舆，卫卒执金吾仗前导，锦衣玉食者几千人。”其他授予大国师、国师、真人、高士等称号的更是不可胜计。

由于明宪宗崇佛老，求方术，使得作为寄生阶层的僧道人数急剧增加，成为社会的负担。终明一代，宪宗成化年间开度僧道人数是最多的，只是成化二年至二十二年（1466—1486）先后三次开度就达37万多人，当时只是京师地区敕赐的寺庙宫观就有639所，“以至西山等处相望不绝。”

明宪宗的眷宠，使得一些僧道胡作非为，他们或横行于朝廷，或作乱于地方，百姓深受其害。“真人”张元吉，凶暴贪淫，专恣不法，“僭用器物，擅易制书，以威其乡族，左右顺承其意，往往强夺良家子女，诈取平人财物。”只要稍微冒犯了这个道士，便会被指称伪造符箓，“或棰之至死，或下之私狱，其狱幽暗备诸残酷，或缢杀之，或囊沙壅面压死之，或缚而投诸深渊，前后凡杀人四十余人，至有一家三人者。人畏其威，莫敢控诉。”朝臣要将“真人”张元吉治以重罪，却受到宪宗的庇护。

还有一个得到明宪宗赏识的方士叫王臣。他向宪宗大谈炉火烧炼之事，自称可炼制金丹，并说烧炼用的药物多出江南，于是，打着皇帝的名义，与宦官王敬一同前往江西等地采取，借机狂敛金帛银钱。后来又到苏、杭，更是大肆勒索。《志怪录·王臣》记载：“信意出一纸，录市人姓名，括取金玉，人无得免，或挈室而窜，白日闭户，途路行人妄传其徒来，则市人空肆而匿。东南骚然，有类大变，郡县无如之何，亦闭门不敢治事。”兵部尚书王恕实在看不下去，斗胆揭发王臣的罪状，朝野同时震怒，宪宗这才不得不斩杀了狂妄的方士王臣，并将首级传遍江南。

除了僧道之外，宪宗朝还有不少大臣通过进献房中术以邀宠，最突出的就是万安。宪宗时，比皇帝大19岁的万贵妃受到专宠，身为礼部侍郎的万安因为与万贵妃同姓而设法相攀，交通往来，得以入阁。万安极力巴结万贵妃，并向宪宗和贵妃进献房中之术，以求宠信。京师有个卖春药的僧人叫继晓，盛传精通房中术，万安听说后，立即推荐入宫，颇得宪宗的欢心。史载，在明宫中，万安上呈宪宗专门谈论房中术的奏疏就整整装了一大箱子，末尾都署有“万安进”三个字。万安以进房中秘术而得宠，并由此获得了一人之下万人之上的宰相之职。

明孝宗朱祐樘

金丹药、房中术曾一度让明宪宗入迷，结果也害了明宪宗。史载，明宪宗最终是“术误金丹，气伤龙脉，一时寝庙不宁，旬日宫车晏驾”。死时才40岁。

明宪宗之后，是明孝宗朱祐樘，他是宪宗的第3子，明朝第9位皇帝。在匡时救弊刷新政局方面，明孝宗算是一位较有作为的皇帝。即位之初，他还曾罢黜僧道，诛杀方士，并听从朝臣张九功、周洪谟的建

△山西恒山北岳庙

议，不当祭祀之神，全都减免。可是，好景不长，没有几年，明孝宗又重蹈崇道好丹的覆辙。特别是在他统治后期，随着国家承平日久，海内安乐，奢侈之风渐盛。在宦官李广的引诱下，孝宗越来越热衷于烧炼和斋醮了。

明孝宗即位后的第4年，即弘治四年（1491）十二月，就有人“请省无益之斋醮”，说明斋醮过多。弘治五年（1492）六月，光禄寺更造皇坛祭器，“皇坛者，宪宗斋醮之所也。”弘治六年（1493）五月，又有奏疏说：“比因雨雪不降，启建禳荣斋醮，动经旬月，所费不赀，茫无应验。”就建斋设醮而言，孝宗实在超过了其父皇宪宗。

在太监李广的鼓动下，明孝宗竟然也迷恋上了丹药。《孝宗实录》卷一二四载：

> （李广）蛊惑圣心，召集道流，以致黄白修炼之术，丹药符箓之伎杂进并兴……诳陛下以烧炼之名而进不经之药。

后来，朝中各位言官曾屡屡递上奏章参劾太监李广之流，指斥其烧炼、斋醮之妄为，但明孝宗崇尚丹道之心已定，任何弹劾奏疏都是无效的。只是后来李广得罪了皇太后，才畏罪自杀。李广死后，明孝宗认为他家中必有“奇方秘书，即令内侍搜索”。鼓吹丹道的人死了，明孝宗还舍不得放过，还要再搜出点炼养方术的线索来。

明孝宗信奉丹道，自然要宠用道家方士。《明通鉴》卷三十四载，宪宗朝李孜省之后，“方士僧道，无不夤缘中官以冀恩泽，一时取中旨授官者累数千人，名‘传奉官’，有白衣躐至卿寺者。”这些“传奉官”多是“佞幸之徒，猝致荣显”，这本是不正常的现象，然而由于帝王的崇道，却成了理所当然的事。在孝宗时，传奉官更加多了起来，以至于“一月中升受二百余人”，大明朝廷简直要变成道士朝廷了。

到了弘治十七年（1504）正月，明孝宗竟然委任道士崔志端充当礼部尚书的高职。《明通鉴》卷四十就此说：

> 志端，李广之党也，习步虚声，音吐洪畅。成化中传奉，历官至太常少卿，久之进卿，至是骤擢尚书，仍掌寺事。言官以志端羽流，不宜清秩，抗疏力争。上曰：“先朝有之，既擢用矣。”不听。

面对反对道士崔志端入朝为官的呼声，明孝宗是根本听不进去的。

据史书记载，明孝宗由于对丹药的过分迷恋与服食，终于死于丹药中毒，以36岁英年而早逝。

孝宗之后的明武宗，虽不崇道，但其荒唐纵欲比起前朝帝王们实在是有过之而无不及，他宠幸太监钱能，把番僧引入大内，秘修房中之术，也是“青史留名”的。

四、海瑞痛骂：嘉靖帝崇道太痴狂

△明世宗朱厚熜

明朝第11代皇帝明世宗朱厚熜，亦即嘉靖皇帝，是有明一代帝王中迷信丹道最突出的，他几乎毕其一生都在寻仙药、求金丹。

相传，明世宗的降生是道人“点化”来的。当初，世宗的父亲兴献王封国安陆州（今湖北钟祥县），这里有个玄妙观，观内有个纯一道人，“道行甚高”，与兴献王交往甚厚。正德二年（1507）八月初十日中午，兴献王有些困倦，便凭几打盹。蒙眬之中，忽见纯一道人入宫，他赶忙站起来迎接，但却不见来人，原来是南柯一梦。恰恰就在此时，宫人传报世子降生。兴献王平时盼子心切，同时又十分迷信，于是便认为世子降生，完全是由纯一道人给“点化”来的。这个世子，就是后来的明世宗朱厚熜。朱厚熜稍大以后，便经常随父母到玄妙观去焚香祈祷。由于有这样一个家庭背景，所以当他做了皇帝以后，便格外地笃信丹道。

在明朝的16个皇帝中，活到40岁以上的仅有6人。只有太祖、成祖、仁宗、宪宗寿过40，一般30多岁就死了。兴献王也在44岁上死去。明世宗酷信方

术，一心修玄，就是幻想长生。为此，他在刚刚登基的嘉靖元年（1522）就开始在京师兴建观宇，崇奉黄老。第二年四月，又听信太监崔文的话，公开在大内设道场。从此以后，大内当中香烟缭绕，诵经朗朗，斋醮祈祷连日不绝。御设道场，在“乾清、坤宁诸宫，西天、西番、汉经诸厂，五花宫两暖阁、东次阁，莫不有之”。斋醮的费用也是惊人的，《万历野获编》卷二说：“明每一举醮，无论他费，即赤金亦至数千两，盖门坛扁对皆以金书，屑金为泥凡数十碗。”而这种劳民伤财的斋醮活动，才是明世宗崇奉丹道的开始。

明孝洁肃皇后

明世宗相信，秘术仙方可致长生，成神仙。于是，天下的道士、术士纷至沓来，争着进献仙方、丹药、房中术，以博取皇上的宠信。世宗一朝，成为明代崇道最盛的时期，受宠遇的道士最多，恩典也最滥，封官给禄的道家方士竟有几十人之多，有的道士甚至在内阁首辅之上。这里试举几例。

其一，邵元节进仙丹，祈嗣又求雪。

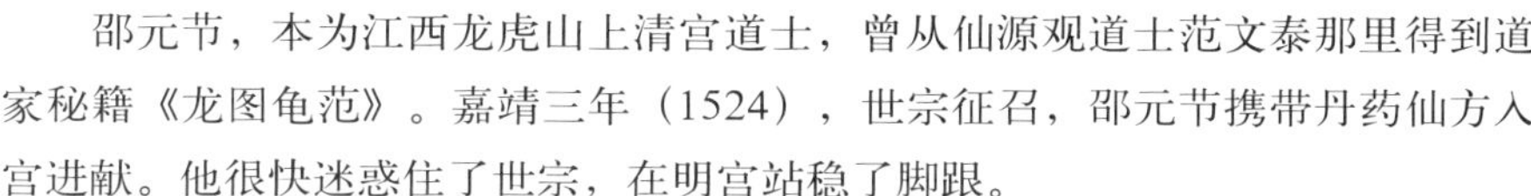

邵元节，本为江西龙虎山上清宫道士，曾从仙源观道士范文泰那里得到道家秘籍《龙图龟范》。嘉靖三年（1524），世宗征召，邵元节携带丹药仙方入宫进献。他很快迷惑住了世宗，在明宫站稳了脚跟。

嘉靖十一年（1532）以后，邵元节针对明世宗求嗣心切的心理，屡屡在大内建醮为皇上祈求皇子。与此同时，又劝世宗大选淑女，广为宠幸，不久，连生皇子。明世宗认为，这是邵元节道术“灵验”的结果。因此，在嘉靖十五年（1536）闰十二月二十三日，对邵元节大加封赏，竟然任命为礼部尚书，成为朝中一品大员。

嘉靖十五年（1536），整个冬春久旱无雪。邵元节抓住这个机会，马上在大内设醮为天下祈雪。这种祈祷，既然没有固定的时间限制，又经过长时间的多次祈祷，总会有碰巧“灵验”的时候。果然，时间没过多久，便大雪降临。明世宗对此十分敬服，于这年三月，封邵元节为“致一真人”，并给金、银、玉印记各一方。除此之外，还在西城为邵元节建造真人府。府第落成之时，特命朝中大臣作颂立碑。

嘉靖十八年（1539）三月，邵元节病死在北京。明世宗十分伤感，据《明世宗实录》卷四〇二载，当时有专门谕旨下达礼部：“元节虽事玄教，然于国有功。其建醮祈天称朕之意，而诸所福国利民者甚厚。”追赐道号“清微阐教辅国致一真人”，并追赠少师，谥号“文康荣靖”。葬礼竟如同伯爵的规格。

其二，陶仲文进献“法术”最“灵验”。

陶仲文是邵元节引荐给明世宗的，他所受到的恩宠比邵元节更加隆厚。陶仲文是湖广黄冈县人，青年时为县吏，喜好神仙小术，早年曾与邵元节来往较密。嘉靖初年，任辽东海州库大使（仓官）。后来任职期满，在京等候新职。此时，邵元节正受宠于明世宗，但因年事已高，想找个合适的人代替自己。于是，将陶仲文举荐给明世宗。从此以后，陶仲文便以他的所谓法术“灵验”而不断得到皇帝的信任。陶仲文主要擅长符咒、房中术，据说曾用符水驱除宫中魔怪，祈祷治愈太子的疾病。陶仲文多次向明世宗进献房中秘方，用“春药”满足明世宗的纵欲，这也是受宠的主要原因之一。

嘉靖十八年（1539）春，明世宗为埋葬他的母亲，特地到湖广承天府察看风水地脉，陶仲文随行。行进中，忽有旋风绕驾不散。明世宗急忙问陶仲文，此兆主凶还是主吉。陶仲文肯定地说主凶，并警告说将要发生火灾。明世宗听说要发生火灾，急令陶仲文祈祷禳除火灾。但陶仲文再次肯定地说：“火终不免，可谨护圣躬耳！”没过几天，果然在赵州和卫辉的行宫中，分别发生了两次火灾。其中卫辉的火灾损失最为严重，太监、宫女烧死无数，所带法物、宝玉均被焚毁，就是明世宗本人，也被围困在火中，“圣躬”确实受到了威胁。幸亏有锦衣卫官校陆炳，单身闯入行宫，将明世宗背出才未丧命。通过这件事，明世宗对陶仲文的“法术”佩服得五体投地，特授为“神霄保国宣教高士”，谕令他掌管天下道教事务，总揽各宫住持，颁给诰印，并诰敕追赐其父母。

嘉靖十九年（1540）四月，明世宗突然生病，陶仲文日夜祈祷。明世宗病好后，将康复之功全都归于陶仲文的“法术”。明世宗还把北“虏”自退，御倭获捷，乱贼被擒等一切功劳，都加在陶仲文的“法术”上。为此，特授少保、礼部尚书。不久，又加少傅、少师，仍兼少保。有明之世，一人兼领三孤之衔，只有陶仲文，可见受宠之笃深。

陶仲文不仅官至极品，位居首辅之上，而且出入皇宫如家门。他每日与明世宗同坐绣墩，促膝谈经。“君臣相迎送，必于门廷握手方别”，“其荷宠于人主，古今无二。”

其三，段朝用“点物”为银。

方士段朝用是合肥人，因为腿跛，人称段瘸子。他自言能够“点物”为银。还说，经他点过之物，不仅立成“仙银”，而且用它制成食具，人服其中之食，便能长生不老。经他吹嘘和表演以后，被武定侯郭勋所信服。郭勋不仅将段朝用召进府中，还特地造丹室供他“点化”烧炼。

段朝用进入郭府以后，多次盗窃府内库银，先后铸成器皿百余件。郭勋见到这些“点化”物，喜形于色，便盘算着把这些银器奉献给明世宗用来获得宠位。嘉靖十九年（1540）七月二十四这天，郭勋特托秉一真人陶仲文，将“点化”之术和段朝用“点化”出来的银器呈献给明世宗。世宗得悉此情，并目睹此等物件，竟信以为真，十分高兴地说，供奉二亲（父、母）及太庙，正缺此物，

多日求之不得。立即赏给郭勋禄米百石，并诏令段朝用马上来京陛见。

△明彩塑太监像

方士段朝用应召进宫，他对世宗说：“圣上您只要深居于内，谢绝人往，就可以炼就黄金之术和长生之药。”世宗听后大喜，打算让太子监国，自己退位专门炼药。这件事遭到太仆卿杨最的极力反对，他上疏极谏，触怒了龙颜，世宗一气之下，将杨最逮捕入狱，一个谏阻炼药的忠臣竟惨死在重杖之下。

段朝用为了进一步取得宠位，还主动向朝廷献银1万两，以助雷坛工程。明世宗果然龙颜大悦，除了授予段朝用“紫府宣忠高士”、支给文官正五品的薪俸外，还将红胪场的旧所赐为宅地。不久，段朝用又被召进西内，令他专事“点化”烧炼。

段朝用一方面大张旗鼓地“点物”为银；另一方面却通过各种借口，多次向明世宗索取国库银两，先后累计达4万两之多。但明世宗却对此执迷不悟。他根本不想一想，既然段朝用能够“点物”为银，那么，为什么还反而向他要银呢？这实在是鬼迷心窍，昏聩之极！

可是，纸总是包不住火的。段朝用所施用的“点化”把戏，毕竟是一种玄虚骗术，时间一久，终将露出马脚。后来，明世宗多次让段朝用当面“点化”，屡试不验。同时，又有段朝用的徒弟王子岩，因嫉恨段朝用受宠，便向明世宗告发其行骗罪状。明世宗知后大怒，于嘉靖二十年（1541）二月十三日，将段朝用连同王子岩一同下狱。段朝用虽然犯有欺君之罪，但明世宗竟然宽恕了他。只是将“紫府宣忠高士”降为“紫府宣忠仙人”，官职降为羽林卫千户。看来，明世宗对段朝用的欺骗行为是很“大度”的，对这样一个江湖骗子，竟仍然称为“仙人”。而王子岩，却因为告发段朝用，扫了明世宗的兴，不但没有受赏，反倒挨了大棒。

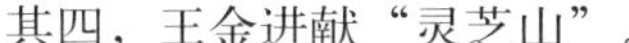

其四，王金进献“灵芝山”。

嘉靖二十一年（1542）十月，明世宗移居西内专事玄修，为了求长生成神仙，颁谕天下为他“进献”灵芝、珍珠、宝石、龙涎香和法士秘书等物。这一圣旨，恰给了那些奸邪之徒以可乘之机，方士王金就是其中的一个。

王金是陕西户县人，因杀人而犯死罪，入狱待决。该县知县殷成麟，喜好“黄白”烧炼之术，但不得其要领。当殷成麟得知王金藏有烧炼秘方以后，为了把秘方弄到手用来讨好皇帝，便答应给王金减刑。因此，对王金看管不严，待之甚厚。王金却乘此机会逃入京师。进京前，不知他从哪里搞到几瓶“仙酒”，投奔到严嵩的亲信赵文华府上。赵文华求之不得，正需要此酒来讨好明世宗。于是把王金尊为上宾。

这个时候，天下所进献的灵芝全都堆放在禁苑之内，宫中太监不时偷出来变卖。王金因有赵文华做后盾，特出重金买下太监所盗出的灵芝。为掩盖当初杀人之罪，王金挑选出183棵上等灵芝，巧妙地粘堆成一座灵芝山。为迎合明世宗求长生的心理，将这座灵芝山取名“仙应万年芝山”，进献给明世宗。世宗见了以后大喜，立即向王金赏发了大把的银币。

王金进献“灵芝山”尝到了甜头，便又进一步弄虚作假。他先是费尽心机，找齐了五种颜色的灵芝。又找来一只大龟，并在龟背涂上五种颜色，伪造了一只“五色龟”，连同五色芝一同进献给明世宗。因为“五”这个数，代表五方（东、西、南、北、中），又代表五土（青、白、赤、黑、黄）。“五、五”俱全，是为宏量无边的意思。这与明世宗好大喜功，梦想长生的企求正好吻合。为此，明世宗不仅将王金召到太医院当御医，还特谕礼部说：“芝、龟五色俱全，‘五’数又备，岂非上玄之赐？”王金就是抓住了明世宗痴信道教，喜好祥瑞的心理，通过瞒天过海的欺骗手法，不仅免了死罪，而且还成为紫禁城的大贵人。

其五，太监们的“仙桃”、“仙芝”、“仙药”。

明世宗到了晚年，求长生、盼成仙的愿望更为急切。于是，明世宗身边的太监，便利用这点想方设法来捉弄他。嘉靖四十三年（1564）五月十四日夜晚，明世宗坐在殿台上纳凉。忽然，服侍太监拿过一个大桃儿，说是“仙桃”，刚从天上掉下来的。世宗见后大喜，说：“上天赐也。”当即传令举行迎恩大典。第二天，又有一桃“降落”。同时，太监又呈报说，有一只白兔生了俩仔。世宗听后十分欢喜。没过几天，再报寿鹿也生二仔。明世宗便以“奇祥三赐，天眷非常”，谕令礼部举行谢天告庙大典，文武百官纷纷上表称贺。

第二年六月的一天，宫内太监向世宗呈报说：在原来献皇帝旧庙前殿的东边明柱上，长出了一棵白色灵芝。世宗得报，马上谕令礼部奏谢玄极宝殿，并将“仙芝”奉献至太庙。文武百官一看世宗对此事如此重视，便一齐上表称贺，极力颂扬一番。同时，明世宗还发布谕旨说：“二亲（父、母）大德……上玄恩鉴，乃宝瑞降于亲庙。”除了下令重修献皇帝旧庙以外，还将庙名（睿庙）改称为“玉芝宫”，宫门叫“芝祥门”。根据灵芝生长的条件，在干燥坚硬、矗立在础盘上的楠木殿栓上，是绝不会长出灵芝来的，这件事显然是宫中太监投世宗所好而捏造的。

这年八月间，左右服侍太监又在明世宗嘉靖帝的褥子底下和桌案上边，分别偷偷放置了两个药丸。然后，告诉世宗说是上天赐给的“仙药”。世宗听了以后不仅大为高兴，还传谕礼部说：“顷二日，朕所常御褥及案上有药丸各一，盖天赐也。其举谢典，告诸神并太庙。”在举行告谢典礼的时候，明世宗十分虔诚，亲自叩头于太极殿。就这样，太监们抓住了明世宗企求长生成仙的心理，接连用谎言来讨得皇帝的高兴和赏赐，对鬼迷心窍的明世宗来说，则是一骗一个准儿。

其六，道家方士的“红铅”、“秋石”。

明世宗煞是贪图女色，这与他希冀长生的企图又是矛盾的。为了解决这个问题，来到明世宗身边的道家方士，几乎没有一个不献房中丹药秘方的。邵元节、陶仲文等人，便向世宗进献“红铅”和“含真饼子”。顾可学、盛端明、朱隆喜等人则进献“秋石”。

所谓“红铅”，也叫“先天丹铅”，是集取年轻宫女们月经的经血和阴液，加上药料，经过拌和，用火焙炼，炼成以后，颜色暗红，形如辰砂，称为红铅。所谓“含真饼子”，是用炼好的红铅，合以婴儿出生时口中所含的血块制成的。

道士们说，这种采用少女精华制成的“红铅”，主要功效在于采阴补阳、采阴补脑。食之既可以强身健体，又可驱魔避邪、转祸为福，从而达到长生久视的目的。为了保证“药源”的质量和数量，他们还让宫女长期服用大量活血之药，致使宫女们身心受到严重损害，一个个身体消瘦，精神恍惚，被称为“药渣”。而宫女们在采集过程中所蒙受的羞辱与痛苦，更是常人难以想象的。

明世宗为炼制“红铅”，摧残宫女，由此闹出一件天大的事，以致世宗险些送了性命，这就是被史学家们称作“壬寅宫变”的宫女谋反事件。那是嘉靖二十一年（1542）十月二十一日夜，杨金英等16名受尽屈辱的宫女终于忍无可忍，她们要结束明世宗这个昏君的性命。

这一天，新建的雷坛告成，明世宗前去祈祷雷神后，晚上来到他最宠幸的端妃宫中，因多喝了几杯，头一倒在枕席上，便酣然进入梦乡。端妃怕惊扰他的好梦，替他盖好被子，放下罗帷后，轻步关好房门到隔壁房间睡觉去了。

端妃宫中的宫女杨金英等人，自从进宫，除了起早贪黑，服侍端妃和经常临幸的明世宗外，稍有不慎还要受到责骂甚至鞭笞。最不能忍受的，是没完没了地为世宗服用的“红铅”提供“药源”。一个个都是十五六岁的黄花闺女，每一次采集经血出来，头脑发晕、两眼金花直冒不说，单单就那种人格上的羞辱，就使她们感到无地自容，巴不得哪里有一条地缝，一头钻了进去才好，所以早就对明世宗恨之入骨，只是没有机会而已。

杨金英等十几个宫女见明世宗睡下，端妃又去了隔壁的房间，便悄悄溜进寝宫，一颗颗心紧张得提到了嗓子眼，“怦怦”乱跳。侧耳一听，明世宗鼾声如雷，才稍稍定下神来。说话间，杨金英从腰间扯下一根早已准备好的丝带，手忙脚乱地打一个结，揭开罗帷，轻轻套在世宗的脖子上。然后几个人七手八脚一齐用力，扯丝带的扯丝带，按手脚的按手脚，试图勒死这个给她们带来无限痛苦和羞辱的佞道昏君。恰在此时，听得门外传来脚步声。原来另一宫女听到寝宫内有动静，想来看个究竟，不想撞个正着。杨金英等人见事情败露，也顾不上世宗死活，慌忙作鸟兽散。

端妃和赶来的太监进房一看，明世宗的脖子上还套着那根丝带，手向鼻前一试，还有热气往外冒，这才放下心来。拿起丝带一看，原来杨金英等宫女慌忙中将丝带打成了死结，所以任你怎么用力也勒不紧。明世宗虽然咽喉被勒，喘不过气来，但到底侥幸逃过了劫难，捡回了一条命。杨金英等16个宫女全部被残忍地处死。“壬寅宫变”之后，按说明世宗应该有所悔悟，接受教训了。然而，事情恰恰相反，他更深地扎入了道教的怀抱。明世宗认为，自己大难不死，是上天的护佑，他对臣属们说：“朕非赖天地鸿恩，鬼神默佑，早为逆婢所戕，哪有今日？”

这时，道士陶仲文等又劝明世宗“玄修保元神，立于清静宁一”。于是，明世宗从紫禁城的乾清宫移居西内（即西苑，指今天的中南海和北海），穿上修道的服装，随侍的后妃们也都作道姑打扮，“辄事秘祷，以祈天永命。”一心一意做他的长生之梦去了。在西内，除了道士陶仲文和一些行烧炼符咒之术的方士，以及少数为祈祷活动服务的佞臣，其他人明世宗是一概不见，所有国家政事都不闻不问，交给内阁大学士严嵩去主裁了。

明世宗嘉靖帝为了焙炼红铅，在陶仲文等道士的怂恿下，在京城内外，广征幼女。据史书有记载的，嘉靖二十六年（1547）十二月，征选300名；嘉靖三十一年（1552）十二月，挑选300名；嘉靖三十四年（1555）九月，又选160名。三次征选民间幼女共760名，都在8岁至16岁之间。明世宗把这些女孩圈禁起来，逼迫她们提供经血制药。明世宗通过摧残少女获取炼药原料，为千古垂骂，王世贞在《西城宫词》中写道：

两角鸦青双结红，灵犀一点未曾通。
自缘身作延年药，憔悴春风雨露中。

宫词中所说的“延年药”，指的就是用“憔悴”少女的经血制作的红铅。

至于道士顾可学、盛端明、朱隆喜等人所进献的“秋石”，则是用8至14岁童子的尿，去其头尾，收其中段，加以熬炼的。待水分蒸发以后，所剩晶体形如解盐，所以称为“秋石”。

据说，“红铅”或“秋石”，再加上其他热药，服食以后可以升发阳气。既可以满足色欲要求，又可以强身长寿。为此，顾可学、盛端明、朱隆喜三位道士，均因进药和烧炼“秋石”有功，而被授予礼部尚书的官衔。当时江南人对他们三人有句十分辛辣的讽语：“千泡万泡溲，炼得一尚书。”

明世宗时，还有一个方士叫梁高辅，是南阳人，据说当时已80多岁，须眉皓白，双手的指甲有五六寸长，颇有神仙风骨，自言能导引服食，又说用童女七七四十九人的初潮经过露晒多年，可精炼成一种长生之药，他吹嘘说服食此药“可长生不死，与地仙无异”。其实，梁高辅炼制的这种药，不过是一种春药。世宗吃后，感觉不错，立即授梁高辅为“通妙散人”。

明世宗崇奉仙道，竟发展到以“青词”代替朝中旨令奏疏的地步。所谓青词，是道教举行法事时祭告“天神”的奏章表文，一般为骈俪体。因用朱笔写在青藤纸上，故称“青词”。青词作为道士们醮祀的祭文，内容都很玄虚，用词含糊离奇。一般人既不能写，也看不懂。但明世宗却偏偏喜好青词，他除了谕令严嵩、夏言、徐阶等辅臣专职书写青词以外，还命翰林官和其他一些朝官公文往来也用青词。那么，青词究竟怎么个写法？且看当时的朝臣袁炜的一副青词对联：

洛水玄龟初献瑞，阴数九，阳数九，九九八十一数，数通乎道，道合元始天尊，一诚有感。

岐山丹凤两呈祥，雄鸣六，雌鸣六，六六三十六声，声闻于天，天生嘉靖皇帝，万寿无疆。

青词就是这种阿谀虚妄的词汇堆积。做这副青词对联的袁炜，就靠写这些东西，在不到六年的时间里，由一个小小的侍读，连升侍郎、尚书，最后走进内阁当上大学士。自嘉靖十七年（1538）以后，明世宗朝廷内阁的14位辅臣中，就有9人是靠撰写青词起家的，被时人称为“青词宰相”。其中，书写和解释青词最好的，最让明世宗满意的，是内阁大学士严嵩，因而他屡屡受到世宗的喜爱宠用。

在明世宗时，作青词的好坏，竟成为能否升迁的标准。有不少朝臣就因为写不了或解释不透青词而被罢职。如驸马都尉邬景和，是明孝宗的皇婿，明世宗命他进西内撰写青词，邬景和因不懂玄理，上疏辞免，世宗很是不快，便找理由将他夺爵削籍为民。吏部左侍郎程文德，虽然也能书写青词，但不合世宗之意，也被罢职为民。世宗一朝，下行文书，以青词代替了谕旨，上行文书，文武百官的奏章大多夹有仙道玄语颂词，整个朝政被道教气氛所笼罩，嘉靖朝政几乎变成了道教朝政。

在虔诚的祷祀和小心的修炼中度过了十几年后，明世宗似乎觉得这种崇道活动未免太冷寂了。于是，在道士陶仲文的参与下，嘉靖三十五年（1556），明世宗效法宋徽宗，给自己取道号“灵霄上清统雷元阳妙一飞玄真君”，后来加号“九天弘教普济生灵掌阴阳功过大道思仁紫极仙翁一阳真人元虚玄应开化伏魔忠孝帝君”，再后来又加号“太上大罗天仙紫极长生圣智昭灵统元证应玉虚总掌五雷大真人玄都境万寿帝君”。看来，明世宗不但要做长生的仙人，还要做伏魔的教主兼人间的帝君。比较起来，那位“教主道君皇帝”宋徽宗在他面前，简直就是“小巫见大巫”了！

对于明世宗癫狂痴醉、劳民伤财的仙道活动，当时一些正直清醒的大臣也曾劝阻过，可是明世宗执迷不悟，劝谏大臣轻者获罪丢官，重者身遭大难。世

△海瑞

宗朝，因劝阻皇帝奉道修玄而致死的大臣就有周琅、郑一鹏、杨最、杨爵等十几人。其中最后一个，也是最坚决的一个，就是户部主事海瑞。

当时，劝谏大臣杨最廷杖而死，杨爵也已下狱，再没有人敢谏阻皇帝崇奉仙道之事。但在嘉靖四十五年（1566）二月，却有户部主事海瑞，不顾个人安危，冒死上疏，严厉批评世宗修玄之弊，这一道披沥肝胆的《治安疏》，就是后人称为海瑞骂皇帝的事件。

海瑞在奏疏中批评世宗崇奉仙道而误国。说世宗登基不久，尚未成年，就被邪念所牵，信奉道教，一意修真，误入歧途。由此，竭天下民脂民膏，滥兴土木，加重百姓负担；20余年不视朝，造成法纪松弛；卖官鬻爵，毁坏了国家名器。故使民不聊生，盗贼蜂起，国力日衰，误国误民。人们都在说："嘉靖者，言家家皆净而无财用也。"

海瑞在奏疏中直截了当地指出："陛下之误多矣，大端在修醮，修醮所以求长生矣。"海瑞说：自古以来，未闻有什么长生之例。尧、舜、禹、汤、文、武等，虽然他们的圣德政绩都很好，但却没有一个能够久世长生。至于道士、方士之流，哪有长生不死之方？而皇上你却诚心向陶仲文求教道术，还称他为老师。他自己都保不了自己的性命，不能长生，难道他有办法让你长生吗？至于"仙桃"、"天药"，更是怪妄尤甚。"桃必采而后得，药必制而后成。"今却无缘无故得了"仙桃"、"天药"，是它自己有腿走来的吗？说这是"天赐"，可又不是上天伸出手来直接递给你的。其实，这些都是左右奸人为获得宠幸而欺骗你、造的假。可你却坚信不疑误以为实，这些做法都实在太过分了！

海瑞直言斥责明世宗嘉靖帝对仙道的迷信崇奉，这对做梦都想长生的明世宗来说，犹如冷水浇头，他看罢奏疏，勃然大怒。据说，他当时把奏疏往地上一摔，大声叫喊："快把海瑞抓起来，不要让他跑掉！"身边的宦官黄锦从容劝解说："海瑞向来就有痴名。听说他上疏时自知必死无疑，所以事前就买好了一口棺材与全家诀别，连仆从都打发了。他是不会逃跑的。"听完这番话，世宗默然了。应当说，海瑞的这篇奏疏对明世宗还是有所触动的，然而也只是触动而已，最后还是没有放过海瑞，将海瑞逮捕，投入刑部大狱。若不是两个月后世宗自己先死了，恐怕海瑞是很难生还的。

晚年的明世宗为了长生，从各地搜罗来不少方士为他炼制长生的丹药。然而这些所谓的"仙药"，大多是金石铅汞之类的有毒物质，药性燥烈秽恶，难以入口。如果身体虚弱，过量服食，不仅身体承受不住，还会发生慢性中毒。但明世宗求仙心切，也顾不了许多，只管放开喉咙，照吃不误。久而久之，真

阳日耗，虚火上升，渐渐心中烦渴，夜不能寐，神经错乱，须眉脱落，大白天看东西竟漆黑一团，终因毒性发作，于嘉靖四十五年（1566）冬天伸脚瞪眼，60岁的明世宗去圆他的神仙梦了。

盘龙宝座

有意思的是，明世宗嘉靖帝最后的“遗诏”这样写道：

> 只缘多病，过求长生，遂致奸人乘机诳惑，祷祀日举，土木岁兴，郊庙之祀不亲，朝讲之仪久废，既违成宪，亦负初心。迩者，天启朕衷，方图改辙，而遽婴疢疾。每一追思，益增愧感……方士人等，查照情罪，各正刑章。诏告天下，咸使闻知。

明世宗嘉靖帝的这个遗诏，实际出自朝中重臣徐阶和张居正之手。遗诏中，对嘉靖一朝沸沸扬扬崇奉仙道误国误身的反省，是发自世宗的内心，还是拟诏者的代言，就不得而知了！

五、明光宗“红丸”丧命

明世宗嘉靖之后，是在位6年的短命皇帝穆宗。接下来，是明朝享国最久的明神宗朱翊钧，即万历皇帝，他执掌朝政长达48年。

万历皇帝曾把皇家女儿嫁给龙虎山的第五十代“天师”，这成为明朝皇室与道教的关系非同一般的象征性事件。就此，清朝前期的著名道士娄近垣在《龙虎山志》中留下了这样的文字记载：

> 正一嗣教凝诚志道阐元宏化大真人，掌天下道教事张国祥妻谢氏，乃前宗人府事太子太保驸马都尉诏之女，系出帝乙之妹。

透过这段文字，可清楚地看到，明神宗皇帝十分尊重龙虎山的天师张国祥，将皇家之女嫁给张国祥。道士张国祥成为明朝皇室的驸马，“凡六礼之费，悉出内帑；留京十三年，宠赉甚渥。”就是说，天师张国祥的婚礼费用，全部都由皇室承担，张国祥和公主在北京城生活了13年，待遇是极其优厚的。

△明神宗朱翊钧

这个张国祥，以皇亲国戚的身份掌管着天下道教。

万历四十八年（1620）七月二十一日，万历皇帝离开了人世，继承皇位的是他的长子朱常洛，即明光宗，是明朝的第14位皇帝。光宗和他的父亲恰好相反，在位时间最短，八月初一登基，九月初一死去。这个仅做了一个月的皇帝，是由于服食红丸丹药致死的，史称“红丸案”。

人们怀疑，“红丸案”与郑贵妃有关。当明光宗即位后，在内廷最活跃的要算是郑贵妃。这个郑贵妃是明神宗万历皇帝的宠妃，神宗去世前，留居乾清宫，此时尚未移居。她是一个颇有心计的女人，由于光宗朱常洛非其所生，神宗时她曾力主废除朱常洛的太子地位，以改立她的亲生子。朱常洛最后以长子的身份勉强保住了太子位，当他登基称帝后，郑贵妃一心想做皇太后，便一反过去之常态，千方百计地逢迎讨好朱常洛。她除了向光宗赠送大量珍珠异宝之外，还精心挑选 8 位绝色女子供光宗淫乐。这8名美姬个个能弹会唱，纤巧动人，光宗欣然留下，如醉如痴，早把万历时的前嫌旧怨忘在脑后。

明光宗不爱江山爱美人，刚刚登基就懒于理朝视事。由于房事无度，没几天，就头晕心悸，四肢无力。这时，郑贵妃又巴结讨好光宗宠爱的李选侍，请求立她为皇后，李选侍则以请立郑贵妃为太后作为报答。光宗被纠缠不过，只好以神宗皇帝遗命为名，命礼部酌议封皇太后之礼，但遭到了大臣们的反对。郑贵妃做皇太后的美梦破灭了。到了八月中旬，明光宗病势日重，“圣容顿减”。御药房有个御医名叫崔文升，平时和郑贵妃关系密切，这时应召入诊。光宗的病由宣淫而起，用药自当培元固本，崔文升诊视后却说邪热内蕴，当服通剂药。何谓通剂药？就是清内火的牛黄、石膏、麻仁之类。光宗以掏空之躯哪里禁得住这杀伐峻剂，服药之后，顿觉腹痛肠鸣，泻泄不止，一日一夜之间竟至三四十起。一连几日，光宗一泄如注，“头目眩晕，身体罢软，不能动履”，身体虚脱得已经卧床不起了。

本来，明光宗的身体由于纵欲已极度虚损，可为什么御医崔文升还给下大剂量的下泄药？是有意还是无意？对这个些问题，先后有刑部主事孙朝肃、徐仪世和御史郑宗周等人向大学士方从哲提出质问。尤其是给事中杨涟，他在八月二十五日所上的奏章最为切直。他说：如果贼臣崔文升不懂医，就不应该以“宗社神人托重之身”妄为让他来尝试；如果他知晓医理，自然就应该知道，医家“余者泄之，不足者补之”的起码常识。既然皇上的身体已经十分虚损，正宜清补，而崔文升却反投泄药，是“有心之误耶？”还是“无心之误耶？”

最后又说："皇上奈何置贼臣于肘腋间哉？"因为崔文升是郑贵妃的私人，经过杨涟这样一问，就很容易把崔文升下泄药的事情与郑贵妃联系起来，甚至进而就会有人说，这是郑贵妃主使的结果。但是，明光宗当时却不这样认为。当他看了杨涟的奏章以后，第二天就急忙召见群臣。当着朝中百官的面，明光宗巧妙地为崔文升下泄药的事开脱说："朕不用药已两旬余"，"勿听小臣言"。光宗担心群臣会借这件事情把责任追到郑贵妃身上，因为郑贵妃的殷勤逢迎，完全博得了他的好感和信任，已是信而不疑。

明光宗体虚又大泄，病入膏肓，这时，恰有朝臣要进献仙丹"红丸"。那是八月二十一，鸿胪寺官李可灼来到内阁门外，向阁臣说，自己有仙丹及其用法的奏章要进献给皇帝。第二天，光宗召见内阁首辅方从哲的时候，方从哲特向光宗禀告了此事。但是为了留有余地，方从哲强调"进药宜慎"，用不好会反被其害。明光宗听了以后，也就算了。可是，过了几天，李可灼又在思善门外与御医们谈论仙丹妙药之事，恰巧被光宗的服侍太监听到。于是，"中使遍闻，以达于上"。消息再次传到光宗的耳朵里，他这次对李可灼的丹药动了心。

八月二十九日，命在旦夕的明光宗最后一次召见群臣。这次召见完全是为了留下遗嘱而安排的，所以感情十分悲伤。群臣礼毕问安以后，光宗首先传谕立李选侍为皇贵妃，接着嘱托臣僚辅佐皇长子朱由校为帝，最后又谈到自己的陵寝寿宫。群臣眼见光宗在一一安排后事，不知所措，只得称颂圣寿无疆，何遽至此？光宗接下来问道："有鸿胪寺官进药何在？"内阁首辅方从哲回奏说："鸿胪寺丞李可灼，自云仙丹，臣等未敢轻信。"再次劝光宗慎重。但是，这时的光宗自知已命在旦夕，心想仙药或许可救一命，便谕令群臣暂时退下，召李可灼进宫。

鸿胪寺官李可灼应召入宫，诊视一番明光宗的病情后，"所言病源与治法甚合"，劝光宗服用他的"红丸"仙丹。明光宗命李可灼与御医们再商议一下，可御医们深知这是性命由关的大事，都不敢下肯定性的意见，所以面议未决。《明光宗实录》卷八载，当将这个情况传至大臣中间以后，阁臣刘一燝说："其乡人两人同用此丸，一损一益，非万全药。"礼部右侍郎孙如游也说："此大有关系，未可轻易。"群臣虽然反对服用丹药，但是光宗对李可灼所诊视的病源及治疗方法已经深信不疑，为了活命，竟不听群臣劝阻，执意服食。于是，谕令乳母进殿挤乳，乳水挤出以后，光宗再令群臣来到御塌前。群臣到齐后，光宗当着大家的面，"饮汤辄喘，药进乃受"。并对献药的李可灼大加夸赞，"喜称忠臣者再。"服完以后，群臣退至便殿等候。时间不久，内室太监就传旨说："圣体用药后，暖润舒畅，思进饮膳。"群臣听了以后，"欢跃再退"。而李可灼和其他御医仍旧守在一边侍候。此时，正是八月二十九日中午十二时左右。

到了这天下午五时左右，李可灼出宫，方从哲抢前详细询问病情。李可灼说：“上恐药力竭，欲再进一丸。”又说，诸医官都说“不宜骤”。但是，因为皇上“传趣益急，因再进讫”。方从哲听说皇上又服一粒红丸，急问结果如何？李可灼告诉他“圣躬传安如前”。方从哲听后满心欢喜，立即替光宗拟旨，要赏李可灼50两白银。可是到了次日五鼓，宫内传出急旨，召大臣火速入宫。当群臣急急忙忙赶到宫内时，只听得哭声四起，光宗已经一命呜呼了。

对于李可灼进献红丸药造成明光宗丧命的疑案，群臣的参劾十分猛烈。就连内阁首辅方从哲，因为对此事处置失当也成为群臣怀疑的对象。据《明史纪事本末》卷六十八载，首先参劾李可灼的是御史王安舜，他说，圣体三焦火旺，满腹火结，宜清不宜补，可是李可灼在中外危疑之时，“而敢以无方无制之药”投之，“几何不速之逝乎？”接着又参劾方从哲说：“用药之罪固大，而轻荐庸医之罪亦不小。”认为李可灼进红丸药是方从哲推荐的。方从哲顿时慌了手脚，立即将原先替光宗草拟的赏赐李可灼50两银子的谕旨，改成对李可灼罚俸一年。

方从哲的这种做法，不仅未能洗清过失，反而招致群臣的更大怀疑。继王安舜上疏之后，又有御史郭如楚、冯三元、焦源溥和给事中魏应嘉等人，参劾方从哲说：“可灼罪不容殊，从哲庇之，国法安在？”而给事中惠世杨又进一步提出方从哲有“十罪，三可杀”。一个时期内，将方从哲搞得极为狼狈。到了天启二年（1622）四月，就连礼部尚书孙慎行、左都御史邹元标，也都站出来指责方从哲“欺君弑逆”。就在群起而攻之、方从哲处境极危的时候，大学士韩炉还算主持公道，他将当初李可灼进药的始末详细讲明，并得到此时已升为吏部尚书的张问达、户部尚书汪应蛟的证实，这才给方从哲解了围。最后，明熹宗朱由校颁旨，将下泄药的崔文升发放南京，进红丸的李可灼遣戍流放。至此，红丸案才算暂时告一段落。

那么，李可灼所进献的红丸，究竟是一种什么药？何以第一丸服下安然无恙，第二丸服下却遽然而亡，这不能不说是一个谜。不过，从当时阁臣刘一燝和御史王安舜的言谈中分析，红丸就是道家方士所炼制的红铅金丹之类的热性药，它的成分以红铅为主，以参茸为副。红铅“乃妇人经水，阴中之阳，纯火之精也”。初服一丸，精神一振，两丸服下，元气提出，成了脱症。明光宗虚弱的身体承受不了红丸燥热的药力，因而造成了猝然毙命。从郑贵妃进美女，到崔文升用通剂药，再到李可灼献红丸，这一件件突如其来的事情使廷臣大为震动，再联想到神宗时郑贵妃的内侍要加害太子（光宗）的梃击案，不禁疑窦丛生。不过，对于李可灼进献红丸丹药，是否受了郑贵妃指使的问题，人们也只是怀疑，还没有确切的材料可以证实。

明朝皇帝，光宗之后是第15帝熹宗。熹宗也是短命皇帝，在位7年，只活到22岁，他的死也与“仙方”有关。史载，天启五年（1625）五月十八，熹宗从安定门外祭方泽坛回来，随即携张皇后来到西苑游乐。到下午四时左右，张皇后有些乏倦，先自回宫。熹宗游兴未尽，便由太监陪同在湖中乘船游荡。熹宗好动，船行一程，竟改换小船，由两个小太监陪伴，自己划荡起来。不料大风突起，把小船吹翻，熹宗与两个小太监都堕入水中。随从人等顿然失色，喧呼救驾。管事太监谈敬率先入水，其他人也纷纷跳入水中，嘉宗被众人救上岸来，而两个小太监却溺死水中。

明熹宗朱由校

明熹宗遭此一吓，染病数日，虽经太医及时治疗，总算告痊，但病根由此种下。天启七年（1627）五月以后，熹宗神色异常，面少血色，不时感到困倦。这时，兵部尚书霍维华上奏说，有“仙方灵露饮”，久服可以长生。什么叫“仙方灵露饮”呢？据《先拨志始》记载：“其法取上号大米，淘净用甑蒸熟，内放银瓶蒸吸其汁饮之。”熹宗饮了几匙，清甘可口，便令霍维华随时进呈。哪里知道饮了几个月后，竟然浑身浮肿，卧床不起，再吃其他药，已无疗效。终于，八月二十二日，死在乾清宫。

明朝最后一个皇帝崇祯，明思宗朱由检，也曾崇奉仙道。当明朝末年，天下大乱，崇祯让“正一真人”扈从临雍，广设斋醮，虔求神佑。崇祯十六年（1643），召真人张应京在万寿宫建禳妖护国清醮及罗天大醮。《明季北略》卷二十三载：

> 醮毕，真人俯伏坛前，神游帝阙，既寤，不敢宣泄，止奏云：“灾异妖孽，上帝已命北极佑圣真君蕺斩收逐矣。国家绵久，万子万孙。”真人即辞归江右。

这位真人知道大明朝廷情形不妙，应付一下，给崇祯皇帝交了差，就远走高飞了。这大概是明代的最后一坛斋醮。

第二年，李自成进京，崇祯皇帝跑出紫禁城的北门，在景山上找棵树上吊“殉国”了。朱明皇帝崇奉仙道的场场闹剧，终于落下了帷幕。

明思宗朱由检

六、顺治帝与白云观方丈王常月

△顺治帝福临

清朝皇帝，在崇奉仙道上总体说来是略有收敛的。从宗教信仰上说，满清贵族本来是不信奉道教的，入关前满族信奉的是萨满教，入关后清朝统治者依靠儒学治国，宗教上主要尊奉藏传佛教，对道教的兴趣不是很大。清廷不太信任道教的原因，大致有这样两条：一是道教同明朝皇室的关系过于密切，清廷对道教有防范之心；二是民族原因，清廷认为道教是汉族的宗教，因而对道教总是提防的。

但是，由于全国人口的绝大多数是汉族，清朝皇帝要实行对汉民族的有效统治，就不能对中原本土宗教的道教置之不理。因此，整个清朝统治时期，皇室对道教实行的是一手限制，一手利用的政策，但不如明代那样重视。清朝诸帝中，没有出现像唐明皇、宋徽宗、明世宗等一类帝王对仙道狂热崇奉的现象，朝廷利用道士斋醮祈禳的事虽然也有，但毕竟大为减少，大清律例还严禁巫师道士跳神驱鬼逐邪，以防其煽惑民心。尽管这样，清朝皇帝仍是程度不同地与仙道有所接触的。

1644年清兵入关，清世祖顺治帝福临是入主中原的第一位清朝皇帝。从安定人心的角度考虑，顺治帝对一向影响重大的道教不敢忽视，而且还对道教给予一定的支持，并循照明朝旧例封赠“正一真人”。入关不久，即顺治六年（1649），朝廷敕命第五十二代正一天师张应京世袭道职，掌理道箓。两年后，顺治八年（1651），张应京奉旨入朝，觐见顺治皇帝，顺治帝当面授予“正一嗣教大真人”，命其掌管天下道教事务，并给一品印。顺治帝的敕谕说：

> 清静之教，亦所不废，兹特命尔袭掌道箓，统率族属，务使异端方术，不得惑乱愚民。

这是清朝皇帝第一次谈起对道教“方术”的看法，所重视的是，万万不能使这些“异端方术”、“惑乱愚民”，出发点十分明确。

顺治十二年（1655），正一教第五十三代天师张洪任入京陛见，顺治帝袭封道职，并格外开恩免除本户及龙虎山上清宫的各种徭役。

顺治十三年（1656），又颁发专门谕旨，对儒、释、道三教予以保护。《顺治实录》载有这一敕谕：

> 儒、释、道三教并垂，皆使人为善去恶，反邪归正，遵王法而免祸患。

看来，清世祖顺治帝和明朝开国皇帝朱元璋一样，是从维护封建纲常的角度，对三教的社会作用进行肯定的。

顺治时有一位道教大家，名叫李廷玉，他曾得到顺治帝的敕封。李廷玉是河南人，在明末清初时期，创立了一个新的道教流派——先天道，后改名皈一道，他主张断六欲抛七情，静炼铅汞。顺治时，该教已流布于燕、晋、鲁、豫诸省。李廷玉曾亲率弟子投靠清廷，并帮助清军攻打吴王，顺治帝特授李廷玉为“先天九宫真人”。

最值得关注的是，北京白云观的方丈王常月让顺治皇帝很是赏识，王常月所主领的龙门派道教也一度兴盛起来。这王常月是怎样的一个道士？

据载，王常月是山西潞安人。少年时曾身患顽疾，幸遇道士张麻衣为其治愈，从此对道教产生了好感，长大后立志学道。为寻访名师，足迹踏遍王屋、九宫、茅山、金盖山和穹隆山等道教名山，终于在中年时遇到龙门派第六代宗师赵复阳。这次邂逅，使王常月兴奋异常，他求道心切，要求拜赵复阳为师。然而恳求再三，赵却一直笑而不答。王常月决心已下，索性住在王屋山下，饿了吃松子，渴了饮山泉，一连数月，形容日渐憔悴，仍矢志不渝。赵复阳被他的真诚感动，认为此人必是载道之器，遂决定收其为徒，赐法名“常月”，并以戒法道要和经书要典相授，嘱咐王常月说：“成道甚易，然亦甚难。必以苦行为先，种种外务，切须扫除。依律精持，潜心教典，修《道德》自然之玄奥，探《南华》活泼之真迹，方为稳当。”从此，王常月谨遵师父教诲，苦读经书，潜心修炼，终于成为天下闻名的高道，并坐上了全真道龙门派第七代宗师的座椅。

清初白云观方丈王常月

王常月登坛说戒的语录，后来被其弟子整理成《龙门心法》。在这部道教典籍里，王常月主张，以精严戒行为本，强调持守戒律，遵守教规。王常月概括其宗旨为“戒、定、慧”三字，初真修戒，中级修订，天仙大戒修慧。王常月说：“孝悌忠信，礼义廉耻，日用寻常之理是也。你们若能了将此八个字，才唤做个人。若不了此八个字，人道就不全了，如何讲得仙道？”又说：“唤是道教，恰是儒规；唤为道法，即是王法……二者表里，以扶世教。”可见王常月强调持戒修心的实质，是以封建伦理纲常约束教徒身心，以达到扶助王法世教的目的。这种讲伦理纲常教法，也恰是清初统治者收拢民心所需要的。

王常月还针对元明以来全真道重视炼气修命，轻视明心见性的弊病，重新强调修行以明心见性为先。他反对追求肉体长生，认为色身是假，而心性为真。修道者应追求法身去来常在，死得干干净净，明明白白，自自在在；而色身肉体不值得牢固，也不可能长存，“色身纵留万年，只名为妖，不名为道。”这正是全真祖师王重阳、丘处机的基本思想。王常月的教法恢复了全真道初期的教风。

清入关之初，王常月察时伺机，从隐居的嵩山北上京师，挂单于白云观，被道众推举为方丈。王常月有感于明朝末年“玄风颓敝，邪说流行”，以振宗兴教、光复全真祖风为己任，而以整顿教规作为振兴宗门的主要手段。他顺应时势，一改全真道以往单传密授之旧制，公开传戒度人。王常月中兴全真龙门的传戒活动，得到了顺治帝的认可和支持。顺治十三年（1656）三月，顺治帝专门传旨，让王常月在白云观开坛说戒，并连续三次赏赐紫衣。就此，《白云观志》载：

> （王常月）奉旨主讲白云观，赐紫衣凡三次，登坛说戒，度弟子千余人。

△道教法衣

不仅如此，顺治帝为笼络汉地人心，还封王常月为“国师”。一时间，王常月身价倍增，名声大振，大江南北道教各派纷纷来京相投。正是由于顺治皇帝的大力支持，龙门派传人王常月才得以进行大规模的阐教活动。王常月派弟子到东南江浙各省开坛传戒，形成不少龙门支派。全真道龙门派的势力强大起来，宫观庵院遍布全国，田产收入相当雄厚。由此，沉寂了多年的全真龙门派又渐渐红火起来。

不过，王常月龙门派的“中兴”只是个别的例子，是道教在清代整个衰降过程中的回光返照，改变不了道教组织发展日渐萎缩、理论发展停滞不前、社会影响日益减弱的总趋势。整体看清代道教，实践真功真行的道士大为减少，靠香火营生者越来越多，道教在帝王家已经逐渐失去了魅力。

七、康熙帝对内丹大师朱方旦的恩宠怨怒

康熙皇帝对仙道，大致采取了一种包容的心态。康熙帝有一首御制诗这样写道：

> 颓波日下岂能回，二氏于今自可哀。
> 何必辟邪犹泥古，留资画景与诗材。

康熙帝认为，佛、道二教已处于衰微的态势，不足以惑世诬民，可以留下来作为诗画中的点缀，而没有必要去刻意压制它。

北京白云观的方丈王常月，也就是全真道龙门派第七代宗师，在康熙朝继续得到朝廷的扶持。康熙二年（1663），王常月率詹守椿、邵守善等门徒南下，在南京、杭州、湖州、武当山等地立坛受戒，当地民人皈依者甚众。龙门教团于是大盛，武当山道士也大多皈依在龙门派的门下。王常月在江南所收的弟子，大多是儒士出身的明朝遗民，其中不乏抗清失败后隐藏民间的忠义之士。康熙十九年（1680）王常月死去，康熙帝敕赠"抱一高士"，谕命在其墓地上建响堂，立塑像，每年忌日还要遣官致祭。

康熙帝和一向影响重大的正一教高道有很多都有交往。据载，康熙帝曾命正一教第五十四代天师张继宗进香五岳，祈雨治河。康熙二十年（1681），授张继宗"正一嗣教大真人"。康熙四十二年（1703），又授张继宗光禄大夫品级。康熙五十二年（1713），赏赐一批银两，修葺龙虎山的上清宫。

△康熙帝玄烨

康熙帝和内丹大师朱方旦的喜怒笑骂、恩宠怨怒，尤其耐人寻味。且看这一帝一道的不寻常交往——

朱方旦是湖广汉阳人，自幼勤奋攻读经史，又修炼内丹，专擅行气导引之术。他既与官宦名士交往，又为人治病，预卜凶吉。据李光地《榕树语录·二十道释》记载，有个叫史子修的京官，妻子生病卧床三年不起，奄奄待毙。有人介绍朱方旦其人，史子修便想请朱方旦去给妻子治病。朱方旦说："等我查看她是否还有救，你先回去，我就

来。”史子修问：“先生能否马上动身？”朱方旦回答他：“不须我的形去，而是神往，病人自然会知道的。”这里夜里，朱方旦在寓所发功，史子修的妻子便觉得呼吸舒畅，安然入睡，到鸡叫天亮时醒来，满身是湿透的大汗，要起床更换衣服，丈夫劝她躺着休息，她却说：“我的病好了！”这里朱方旦所施展的，大概就是传说中的道家内丹术。

康熙帝召见朱方旦出于偶然。康熙初年，朱方旦在湖广一带广收门徒，以丹术、符水为人治病，地方官吏和平民百姓奉若神明，问病消灾，请卜吉凶，趋之若鹜，聚集待医者日以千计。后来，湖广巡抚董国兴认为，朱方旦这是左道惑众，便将朱方旦逮住押往北京。解送时，前来告别辞行的人成百上千，朱方旦神情自若，劝告大家回去，说：“没关系，此行应有财可得的。”朱方旦被押解到京后，刑部商议，认为是妖术惑人之罪，拟斩首，先打入大牢等候朝审。恰巧当时正是康熙帝的祖母孝庄皇太后60岁的寿辰，朝廷颁布大赦恩诏。朱方旦本来就没有什么煽动叛逆诽谤当朝的言行，尤其是他的内丹功法早已在京师传开，大臣中有不少为他开脱的，所以也在赦免之例。据王应奎《柳南随笔》记载，朱方旦被释放后，还受到康熙帝的召见，“言事皆奇验”。康熙帝命他住在内城，并派侍卫照顾，接连赏赐物品，竟待之如上宾。

皇帝尚且如此，王公大臣就更不用说了，一时间，朱方旦的寓所整日门庭若市。据说，裕亲王福全的福晋难产，胎儿三日不下，命在旦夕，福全忧虑不已，求朱方旦诊治。朱方旦携福全之手走进另一殿堂静坐。过了一会儿，福全着急害怕，实在坐不住了，几次想站起来。朱方旦说：“坐着别动，再待一会儿。”又过了一会儿，朱方旦起身向福全道喜，福全走入内室，福晋果然安全分娩了。这件事立即轰动了京城，朱方旦更是日接不暇。他实在苦于应酬，于是奏请返回故里，得到康熙帝的批准后，便动身离京。朱方旦在京期间，治病

昆明太和宫金殿

吴三桂斗鹑图（清）

预卜，得了不少钱财，他用船运回去，全部用来建造庙观，正应了他那句“此行应有财可得”的话！

康熙十二年（1679），吴三桂在云南反叛，在这军务繁忙之际，康熙帝没有忘记朱方旦，他担心精于仙道的朱方旦万一被吴三桂罗致而去，会对朝廷不利，就通过驿递召朱方旦快马进京。朱方旦又来到康熙帝身边，康熙向他询问时局，朱方旦说：“现在云南、贵州地方数百万人遭到劫难，致使朝廷为之操心，这是注定的。再等二三年，情形定有变化。我受本朝的大恩，绝不敢背负皇上。”为此，他更受到康熙帝的礼遇。

当时，原湖广巡抚董国兴解任在京，见朱方旦受到如此宠待，害怕他会借前嫌报复，日夜忧惧，抑郁成疾。朱方旦知道后，带着礼物去探望他，董国兴表示十分惭愧，朱方旦说：“公为国家大臣，办事持正，我怎敢结怨？听说你有病，我特前来疗治，望你不要怀疑我的心意。”董国兴听后大喜。朱方旦通过内丹功法调理，董国兴的病很快就好多了。

正当朱方旦名声大噪时，康熙帝泼来一盆凉水。康熙十三年（1680），进讨吴三桂叛军的宁南靖寇大将军顺承郡王勒尔锦指挥失误，接连失利，退守荆州。这时，朱方旦从北京回到湖广，正著书立说，他凭多年运气炼功的实践感受，对理学所谓“心”的作用产生了怀疑，并着手重新评价程朱陆王的理学观点。勒尔锦访得朱方旦，便经常请来问卜战机，也询问保健练功诸事。朱方旦出入军营，经常同勒尔锦畅谈功法，并将他准备著书的一系列观点加以阐述，标新立异，与儒学大相径庭。勒尔锦听得津津有味，茅塞顿开，赠给“圣人

里”、“圣人堂”匾额。巡抚张朝珍认为，“朱方旦果一奇异神人”，也赠给“圣教帝师”匾额。康熙帝听说这些情况后，十分恼怒，当即颁旨：“朱方旦系狂妄小人，军机大事，万不可听其蛊惑。”严令制止了这股热衷崇拜朱方旦的浪潮。知趣的朱方旦立即拍屁股走人，到江浙一带漫游去了。

在这以后的几年里，朱方旦先后写出了《中补说》与《中质秘书》两部书，并加以刊刻广为传播。这些书，主要是讲修养身心，炼气聚功，认为无论上自帝王，下至士庶男女，只要人人良心自存，找到修省良心的门路，便能逢凶化吉，消灾免祸。书中最有价值的部分，就是根据意念运气坐功的事实，提出了脑的作用。意念存在于脑的观点，可以说是朱方旦在多年的内丹修炼中总结出来的一个真理。朱方旦从运气坐功的实践中，提出意念、思想、记忆藏在人的脑子里，并从那里释放出来的观点，无疑是向当时的传统理学提出的公然挑战。朱方旦的书刊行后，因涉及士大夫的高官俸禄赖以保持的精神支柱，立即遭到他们的围攻。

朱方旦创立新说，诋斥理学，这无异于是在统治阶级的正统思想这个太岁头上动土，处于封建专制禁锢思想这样的国家，即便是康熙帝那样的开明君主，也是绝对不能准许的。康熙二十年（1687）七月，朝臣王鸿绪得到朱方旦所刊之书，立即上疏参劾朱方旦“诡立邪说，妄言休咎（即吉凶），煽惑愚民，诬罔悖逆”，告发朱方旦犯有“诬罔君上，悖逆圣道，摇惑民心”三大罪行，强烈请求：“将朱方旦及伊党按律严处，则于万州之道统人心幸甚。”康熙帝得报，立即下旨将朱方旦严拿追究。

康熙帝对如何处置朱方旦十分重视。七月初九日，康熙帝问内阁大学士：“你们对此案的意见如何？”明珠、李霨等说：“朱方旦悖逆招摇之事，都是事实。”康熙帝说：“王鸿绪所参甚佳极当。我素知朱方旦其人，他说能预知未来，完全是无影的事，满汉民人无知，被迷惑者甚多。他悖逆煽惑都是事实，应重加惩治。”大学士明珠又上奏说：“应命凡收藏其书者，俱行严处。”康熙帝说：“该地方督抚及大小言官，本应奏参，可没有这样做，殊属不合。朱方旦

◀江宁阅武图

即使不处死，亦当流徙宁古塔。”康熙二十一年（1688）二月十六日，九卿詹事科道等朝中重臣集体上奏：朱方旦应立即处斩；顾齐弘、陆光旭、瞿凤彩甘称弟子，造刻邪书，传播中外，俱应斩监候。

康熙帝看过奏折，挥笔勾决：朱方旦著即处斩，朱方旦道教著述全部销毁。就这样，康熙皇帝翻脸不认人，曾几何时还恩宠有加的一代高道朱方旦，竟被康熙帝御笔一挥丢了小命。

除朱方旦之外，康熙帝还曾接触和利用过其他道家术士。他自己曾亲口说过："朕亦有用喇嘛、和尚、道士处。”康熙虽然对科学感兴趣，似乎头脑比较开明，但对利用道士占卜、修炼这一套也是颇为热衷的。《清稗类钞》上说，有个擅长风角占卜的河南道士叫刘禄，经常随侍在侧，为康熙占验。

清宫档案记载，康熙六十年（1661）六月，康熙皇帝驻跸热河行宫时，曾召见川陕总督年羹尧，让他到北京的时候，找罗瞎子代算一命。年羹尧在六月初九的密折中奏报说："臣到京后，闻知其人在京招摇，且现今抱病，臣是以未见伊。”康熙帝在密折上带着惋惜的口气批道："此人原有不老诚，但占得还算他好。”康熙帝早已洞悉罗瞎子的为人，可见他平时在这方面是相当留意的，从“占得还算他好”看来，康熙帝找人占卜，当是经常的事。

对延请道士，炼制丹药，表面看来，康熙帝似乎是断然拒绝的。如康熙二十八年（1689），曾发生拒绝民人进呈《炼丹养身秘书》之事。据《康熙起居注》载，这年春天，康熙帝南巡，驻跸江宁府（今南京）。二月二十六日这天，有江南民人王来熊来到江宁府上，向康熙帝进献《炼丹养身秘书》一册。康熙帝得知此事，当即将扈从部院大臣招来，大讲了一番炼丹长生不可信的道理，他说：

> 朕经史之余，所阅载籍多矣。凡炼丹修养长生及师巫自谓前知者，皆诞妄不足信，但可欺愚民而已，通经明理者，断不为其所惑也。宋司马光所论甚当，朕有取焉。此等事朕素不信，其掷还之。

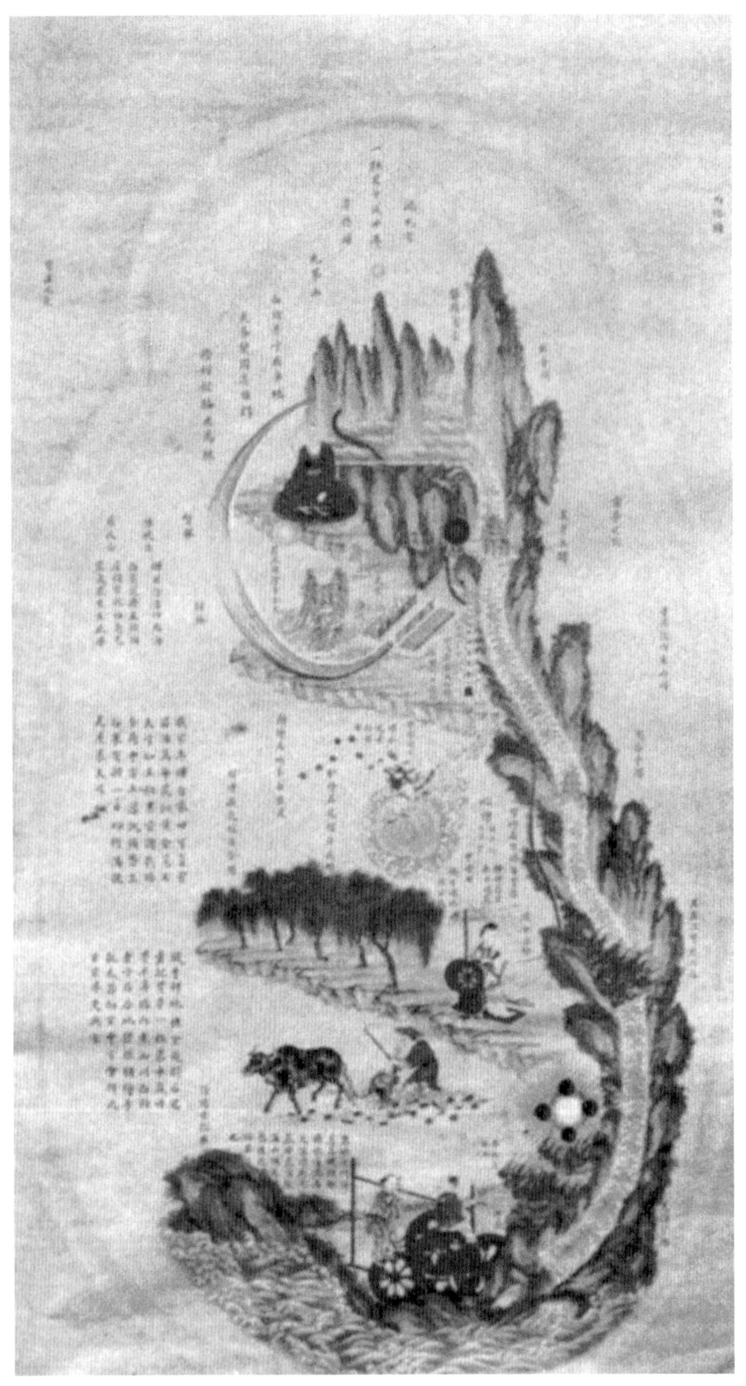

清宫彩绘内经图

又名内景图，形象地表现了内功修炼以及内景概念的图像。是道教对人体脏腑组织结构的认识。道教气功要以意念内观脏腑组织，并以此作为内功修炼参考图。

康熙帝一面命令把那部《炼丹养身秘书》“掷还之”，一面向大臣们宣讲了一番“炼丹修养长生”、“不足信”的道理。群臣听后，顺势赞颂道：

> 我皇上博通经史，洞彻义理，故灼知此等之虚诞。若不读书不明理之徒，未免为彼所惑。臣等得闻圣诲，始昭然共喻耳。

从这件事上看，深谙自然科学的康熙帝，对仙道长生说教至少是不迷信的。

对服补药，作按摩等养身术，康熙帝也曾表示过反对的态度。据《圣祖实录》卷二三〇载，康熙四十六年（1707）六月，在对内阁大学士的一次谈话中，康熙帝说：

> 至服补药，竟属无益……好服补药者，犹人之喜逢迎者也。天下岂有喜逢迎而能受益者乎……朕亦从不服药。至使人推摩，亦非所宜；推摩则伤气，朕从不用此法。

康熙帝的景陵

尽管康熙帝又是拒绝《炼丹养身秘书》，又是大谈“服补药，竟属无益”，可是，在宫中档案中，却仍有不少他任用道士、炼制丹药的记载。比如说，康熙帝的小舅子隆科多曾经推荐一个叫李不器的道士，在内廷行走。还有个被称为“神仙”的道士王文卿，康熙帝曾召见面晤，并赐予匾额、对联等物。更有一些道士，如谢万诚、王家营等，应召来到康熙身边，在皇家禁地西苑安置炉鼎，生火炼丹。《掌故丛编》上载有这样一则康熙帝的谕旨：

> 从来神仙之术非一，门路甚广。方士之言，一闻轻信，其祸匪浅。况朕经过不止数百人，虽用功各异，来历则同。久而久之，往往自不能保，或有暴死者。

据此可知，康熙帝接触过的道家方士“不止数百人”，这些人各有不同的功法。至于为康熙炼丹的道士，在丹成之后试吃时，竟有中毒“暴死”的。

有人说，康熙帝召请道士炼丹，并让他们试服，是要对“神丹妙药”的效用弄个水落石出，若道士服后不是暴死的话，康熙帝本人或许也会服食的。正是这种较为慎重的态度，使他免受丹毒之害，可倒霉的却是炼丹道士，成了以身试验的牺牲品。

也有人说，康熙帝并不迷恋丹药，他只是把炼丹道士当成杂耍艺人一样收留在身边，把置炉炼丹当成一种游戏，为他提供些趣闻笑料而已。不管怎样，康熙帝曾召请道士在西苑炼丹，这是事实。

景陵明楼

八、雍正·道士·丹炉

△雍正帝胤禛

如果说，在清朝前期的几位皇帝中，顺治和康熙并不真的信奉道教，只是把道教作为一种可资利用的工具，那么雍正帝则大不一样了，他实实在在地相信道教的方术。雍正帝认为，道教不但力主劝人为善戒恶，有补于治化，其经谶符箓还能祈晴求雨，治病驱邪，有济人利物的功验。所以他自己生了病，要请道士入宫诊治。为了健身长命，雍正帝一直炼丹、服丹。雍正可算是清代最为尊崇道教的皇帝，也是中国历史上最后一位死于丹药中毒的皇帝。

这里，从四个侧面看看雍正帝是如何热心参与道务活动、遍访天下道家术士及炼丹服丹以致死于丹毒的。

（一）对仙道的执着迷信

还在皇子时代，身为雍亲王的胤禛（即后来的雍正帝）就与道士多有交往，并相信武夷山道士给他算的命。那时，诸皇子明争暗斗，都盯着大清国的金銮宝座。雍亲王是很迷信的，在政治厮杀中总想预知自己的前程。康熙五十五年(1716)，他的亲信戴铎前往福建赴知府之任，沿途及到任所后，陆续给雍亲王写了不少的信，报告一路上的所见所闻。

戴铎在给雍亲王的一封信中写道：在武夷山，遇见一个道士，“行踪甚怪，与之谈论，语言甚奇，俟奴才另行细细启知。” 雍亲王见信，非常感兴趣，随即在批复中追问：“所遇道人所说之话，你可细细写来。”就此，戴铎回信说：“至所遇道人，奴才暗暗默祝将主子问他，以卜主子，他说乃是一个万字。奴才闻之，不胜欣悦。其余一切，另容回京见主子时再为细启知也。”这封书信比上次多透露了一点，但还是欲言又止。他不是卖关节，引逗主子，而是害怕此事让人知道，所以在信中接着说：“福建到京甚远，代字甚觉干系”。戴铎的这封信就放在进呈地方土产的匣子的双层夹底内，以便保密。雍亲王在此信的批语中赞扬了戴铎的谨慎，但还是急不可待地要知道那个道士算命的全部内容，又令戴铎将道人的话“细细写来”，并说：“你得遇如此等人，你好造化。”

雍亲王说戴铎遇见道士好造化，不如说有“万”字命的雍亲王自己有福气。道士所算的“万”字命，让雍亲王振奋不已，所以追问再三，自此也就对道士多有好感了。

在雍亲王的《藩邸集》中，有关道士、道教方面的诗文有不少，其中《赠羽士》两首，《群仙册》18首，就记录了他在皇子时代与道士交往和对道教的向往等情况。

雍正登基后，对丹道的迷恋便没有间断过。他推崇金丹派南宗祖师张伯端，封其为“大慈园通禅仙紫阳真人”，把张伯端的《禅宗诗偈》收入《御选语录》，并敕命在张伯端的故里建造崇道观，以纪念这位高道。据《紫阳道院碑文》载，雍正帝特别赞赏张伯端“发明金丹之要”。

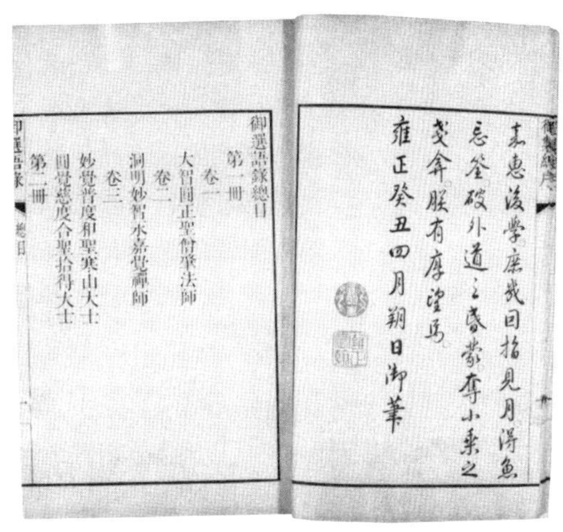
御選語錄總目
第一冊
卷一
大智圓正聖僧肇法師
卷二
洞明妙智永嘉覺禪師
卷三
妙覺普度和聖寒山大士
圓覺慈度合聖拾得大士
第二冊

嘉惠後學庶幾因指見月得魚忘筌破外道之魯夢奪小乘之戈矛朕有厚望焉
雍正癸丑四月朔日御筆

△《御选语录》由雍正帝亲自主持编纂，共十九卷，收录历代高僧明道禅语

雍正帝曾写过一首《蓬莱洲咏古》的诗，感叹古来帝王求仙不得，蓬莱瀛洲难以寻到。诗中写道：

唐家空筑望仙楼，秦汉何人到十洲。
尘外啸歌红树晚，壶中坐卧碧天秋。
庙堂待起烟霞侣，泉石还看鹤鹿游。
弱水三千休问渡，皇家自有济川舟。

雍正五年（1727），正一教第五十五代天师张锡麟应召入京，雍正帝沿袭前朝旧例，授光禄大夫品级。同年，北京白云观道士罗清山死去，雍正帝派出内务府官员为他料理丧事，并特地指示按着道家礼节从优办理，又追封他为真人。雍正九年（1731），雍正帝拨发国库银子1万余两，大修龙虎山上清宫，历时两年完工，又为尤虎山的各宫观置买香火田3400亩，还赐给御制碑文。雍正十一年（1733），颁发专门谕旨，责令地方大员保护出家修行之人：

凡有地方责任之文武大臣官员，当诚是朕旨，加意护持出家修行人，以成大公司善之治。

△雍正帝的“破尘居士”印

在保护道教方面，雍正在清朝诸帝中算是最卖力的了！他不仅大力扶持道教，还亲自参与道教活动。

在今天保留下来的清宫内务府档案中，就有不少是反映雍正帝参与道教活动的。仅就内务府造办处的《活计档》而言，它所记载内容主要是传旨太监和总管内务府大臣传达给造办处所辖各匠作的制作各项器物的谕旨，以及皇宫所用的玉石、雕漆、珐琅、玻璃、象牙、织绣等各种御用物品的制作过程和制作工艺等情况。让人意想不到的是，在这批档案里，竟有不少是关于雍正帝参与道务活动的，时间主要集中在雍正八年至十三年（1730—1735）之间。这里就将《活计档》中有关雍正帝传旨设置斗坛、神牌、符咒，谕令制作法衣、道冠等方面的情况，有代表性地介绍几则——

其一，雍正帝在养心殿做斗坛的档案记录。

雍正八年十月十五日，内务府总管海望奉旨：养心殿西暖阁着做斗坛一座。钦此。

于十月十八日画得斗坛纸样一张，内务府总管海望呈览。奉旨：照画样做。钦此。

内务府总管海望随奏称，栏杆用锦糊，毘卢帽用石青倭缎绣金锦夔龙等语奏闻。奉旨：照所奏糊裱。钦此。

于本年十一月十一日，照画样做得糊锦栏杆石青倭缎金线夔龙斗坛一座。内务府总管海望呈进讫。

据此，雍正帝于十月十五日传旨，在养心殿西暖阁做一座斗坛，三天后斗坛纸样画出，获得雍正帝认可，到十一月十一日便做好了。须注意的是，养心殿西暖阁是雍正帝在大内的寝宫。斗坛，即供奉斗姆之坛，而斗姆是道教传说中的北斗众星之母，又尊称为“先天斗姆大圣元君”。雍正帝在寝宫内安设斗坛，足见他对道教崇好程度之深。

其二，雍正帝在御花园内给道士盖房子的档案记录。

雍正九年正月二十七日，内务府总管海望奉上谕：

朕看后花园千秋亭，若设斗坛不甚相宜，用后层方亭设斗坛好，前面千秋亭或做星坛，或作法事，后面位育斋中间仍供佛，两次间给法官办事暂坐。再，玉翠亭之东有空地，量其地式将小些的房添盖几间，给法官住。如何添盖，如何设坛收拾之处，尔画样呈览。钦此。

△雍正尊亲之宝及印文

后花园，即紫禁城内的御花园。千秋亭后面的方亭，即御花园西侧横跨水池上的澄瑞亭。明朝万历十一年（1583）创建时，本来是攒尖顶四方亭，雍正九年（1731）六月动工添建抱厦后，平面呈长方形，位育斋在澄瑞亭北，玉翠亭在位育斋西山墙外，这些亭宇都是建在御花园最西侧一路。以上档

案揭示，雍正帝对在御花园内设斗坛之事一一指点，事必躬亲，足见他对道教法事活动的投入。

再者，紫禁城内虽设有多处供奉佛道的地方，但这些处所，除了以太监身份充当的僧人、道士外，未经净身的山野僧道是从来不准在大内留宿居住的，现在雍正帝谕命在御花园玉翠亭的东面建几间小房子“给法官住”，由此道士得到雍正帝的特许入住皇宫了，这也实在是破天荒的举动了。

其三，雍正帝在太和殿屋顶安放道教符板的档案记录。

在中央电视台12集纪录片《故宫》的第2集《盛世屋脊》中，有这样一组镜头，在故宫大修过程中，发现太和殿屋顶正中的藻井上有一块神秘的道教符板。这块符板是谁放上去的？在什么时候？又为了什么？

雍正行乐图

我们查阅造办处《活计档》，十分明确地解决了这些问题。档案这样记载：

雍正九年八月初八日，头等侍卫兼郎中保德交梨木刻成符板、印版样六块，计东、西、南、北、中五方五块，符样一块，着配木匣盛装，交造办处库内收贮。若再做时，可照五方符板样做五块。其板之背面，俱照此样的符样，一一镌刻在五方板上。记此。

于本月初九日，内大臣海望口奏：择得八月十二日、十五日安设吉，请皇上钦定吉日安设。等语。奏闻。奉旨：十二日好，着保德同宫内总管代〔带〕领匠人安设，乾清宫安一分〔份〕，养心殿安一分〔份〕，太和殿安一分〔份〕，或用供南之处，着保德酌量，道官不必。钦此。

于十一日，头等侍卫兼郎中保德传：照现有符板式样做黄铜符板一分〔份〕，计五块，紫檀木符板二分〔份〕，计十块，随贴金木供器三堂，计十五分〔份〕。再成做五色石一分〔份〕，其未做成五色形石，速于做完各配一木箱盛装，交造办处库内收贮。其形石安法、图样、尺寸，着序班沈祥送来。记此。

于十二日吉时，头等侍卫兼郎中保德带领催总刘三久、张四，序班沈祥，将旧做下黄铜符板一分〔份〕安在养心殿讫；将木符板

> 二分〔份〕，太和殿安一分〔份〕，乾清宫安一分〔份〕。随七月二十九日、八月初十日传，做贴金木供器三堂，计十五分〔份〕，俱各安讫。

原来，在雍正帝的亲自安排下，雍正九年（1731）八月十二日这天，由头等侍卫保德带领，在雍正的住所养心殿安放了黄铜符板一块；在雍正帝的办公处所乾清宫和太和殿，各安木符板一份。

安放符板，是中国古代建筑风水学中所讲究的，为的是镇宅保佑。雍正皇帝在他起居办公场的三个宫殿中，全都安放了符板，他是完全处在道神的保护之下了，可见他对风水迷信是真的相信的。要知道，雍正帝安放这三块符板，正是他刚刚得过一场大病之后。雍正帝在那场大病之后，又是秘密命令各省总督巡抚寻访名医、道士，又是炼丹。安放辟邪保佑的符板，正是系列迷信活动的组成部分。这三块符板，现在只有太和殿的那块保存了下来了。

其四，雍正帝操办道教法衣的档案记录。

雍正十年十月二十三，内务府的司库常保等人进呈道务活动所用的刻丝法衣一件，红缎道衣一件。雍正帝看过之后，很是满意。

> 传旨：交苏州织造处照样做刻丝法衣十件，红缎道衣五十件。钦此。
>
> 于十月二十三日，抄录旨意，并法衣一件，道衣一件，交苏州织造海保家人六十五领去讫。

仅是这一次，雍正帝就命苏州织造制作道教活动所用的法衣、道衣共60件。完全可以想见，在雍正帝的直接操办下，皇宫里的道教法事活动该是怎样的兴盛！

其五，雍正帝在寝宫安设道教供器的档案记录。

道教法器磬、木鱼、手铃

> 雍正十一年正月初三日，司库常保、首领太监马温良持来：果托八十六件、供花大小四百六十六枝、木墩一个、五色符绫五块、五色牌位绫七分〔份〕、旧伞二把。说宫监督领侍苏培盛传：果托彩画，供花见新，木墩糊

◀圆明园
——九州清宴图

黄绫，五色符绫并牌位绫俱托表〔裱〕，其伞亦粘补收拾；再做彩画合牌果罩九十件，合牌炉盖二十二个，铁八挂炉一座，铅条五根，神牌架三件，围屏隔断墙三面，内安水陆杆。记此。

于本月初七日，收拾得果托八十六件，供花大小四百六十六枝，木墩一个，五色符绫五块，五色牌位绫七分〔份〕，伞二把；并做得果罩九十件，炉盖二十二个，铁八挂炉一座，铅条五根，神牌架三件，交首领太监马温良持去。其围屏隔断墙三面，内安水陆栏杆。司库常保带领柏唐阿富拉他持进养心殿抱厦内安装讫。

这是一整套道务活动的羽坛供器。雍正帝在正月里忙着将其安设在寝宫养心殿的抱厦内，又从一个侧面表明了他对仙道的热衷。

这里所列举的几则档案实例，当然不足以概括雍正帝参与道教活动的全貌。但是，仅仅是这些“内务府活计档”就已向人们揭示：雍正帝不仅在大内的养心殿和御花园内安设了斗坛，另外在西郊离宫圆明园内的九州清宴佛楼、深柳读书堂和乐志山村，也都设置了斗坛。雍正九年（1731）八月，又在大内的乾清宫、养心殿、太和殿等处，设置了五方符板。综合这些档案记载，完全可以想见，在雍正八年到十年（1730—1732）间，雍正帝在紫禁城与圆明园内曾多次举行道教祝由驱邪的盛大活动，一时硫火飞花，香烟缭绕，金鼓齐鸣，法号冲天，好一番热闹景象。而这一出大闹剧的总导演，却正是雍正帝本人。

他对斗坛的形制，安置的地点，符板的样式，安设的方位，以及一应供器的制作，无一不是亲自定夺，许多道务器物的最后确定都出自雍正皇帝，而不取决于道教法官。雍正帝虽然没有像宋徽宗那样自称“道君”，但他的所作所为也差不多够得上是一个道教皇帝了。

雍正帝尊崇道教有个特点，就是并不贬斥佛教。他一贯倡导“三教合一”、“三教同源”，认为儒、佛、道三教有一个共同的目标，即教育百姓如何做人：“三教之觉民于海内也，理同出于一原，道并行而不悖。”

《龙虎山志》卷六载，雍正九年（1731）曾下发一道谕旨：

> 释氏之明心见性，道家之炼气凝神，亦于吾儒存心养气之旨不悖。且其教皆主于劝人为善，戒人为恶，亦有补于治化。道家所用经箓符章，能祈晴祷雨，治病驱邪，其济人利物之功验，人所共知。

道教炼丹炉

在这里，雍正帝强调的是，道与儒、佛的一致性，说道教有“济人利物”的独特功验。

本来，道与佛是矛盾重重的，历代帝王不是崇道抑佛，就是尊佛压道。雍正则以帝王之力，在佛道之间大搞调和。他说“性命无二途，仙佛无二道”。强把佛道捏合在一起。他收佛门弟子，却接受了妙应真人娄近垣；他编选佛家的语录，竟把道家紫阳真人张伯端的著述选了进去；他给沙门赐封号，没有忘记道家张伯端，也同样敕封。他认为张伯端的《悟真篇》尽管是道家的著作，可在佛学中也是最上乘的。

雍正帝熔儒、佛、道三教于一炉，是他统治思想的高明之处。雍正帝明确提出“以佛治心，以道治身，以儒治世”。对三教的利用，在雍正帝那里可谓绝妙极了！

（二）苦心寻访道家术士

在清宫档案中，有不少雍正帝寻访道家术士的原始文件。在雍正八年（1730）之前曾有两次——

一次是雍正七年（1729）二月十六日，雍正帝用朱笔在川陕总督岳钟琪的密折上作出批示，令他秘密查询终南山修行之士鹿皮仙，又名狗皮仙。岳钟琪查访后奏报说：此人实系疯痴，一无道行可言。对鹿皮仙，雍正帝就此作罢。

另一次，在雍正帝的《起居注册》和《清世宗实录》等官方档案文献中都提到过，雍正七年（1729），怡亲王允祥访得北京白云观道士贾士芳“精通医术”，遂推荐给皇兄。可是，雍正帝召见后，感到这个贾道士对心性之学并无所知，倒像个江湖浪人，因此没有留用，略加赏赐就打发出去了。贾士芳于是浪迹河南，在那一带竟很有名气。

在雍正八年（1730）春夏之际，雍正帝闹了一场大病。为治病保命，康复长寿，雍正帝大规模地征访名医和精于修炼之士。其中，他命四川巡抚宪德访求龚伦其人一事，很费周折。这年二月二十八日，宪德接到从北京发回的一件朱批奏折，里面夹有两张纸条，一张纸条上是雍正帝用朱砂笔亲自书写的密谕：

> 谕巡抚宪德：闻有此龚伦者，可访问之。得此人时，着实优礼荣待，作速以安车送至京中……不必声张招摇，令多人知之，到京可安置好寓所，一面便寻传奏事人转奏。特谕。

另一张纸条上是龚伦的简历，一看便知是推荐人所写的，上面说：

△岳钟琪

> 龚伦，四川成都府仁寿县人，年九十岁，善养生，强健如少壮，八十六岁犹有妾生子。精歧黄术，彼处有龚仙人之称。

四川巡抚宪德奉到谕令，立即派人查询，于三月二十四日写折子奏报说：袭伦生于崇祯戊寅年，于雍正六年十二月无疾而逝，有子4人，长者65岁，幼者仅4岁。

崇祯戊寅年是1638年，雍正六年是1728年，这样看来，龚伦“年90岁”的说法一点不差；幼子时年4岁，则是生于1726年，和“86岁犹有妾生子”之说也相符。因此，龚伦其人善养生有异术也应是可信的。只可惜，这个龚仙人此时已经升天死去了。

没能见到龚仙人，雍正帝自然十分惋惜。但他并不甘心，又命四川巡抚宪德秘密查访，看龚仙人的儿子是否从他的父亲那里得到什么“秘传”。宪德于是又去秘访，结果几个儿子都说“未曾领受其父秘传”。龚伦的后人或许是感到，此事干系重大，万一出点什么差错，身家性命就保不住了，所以未敢应召。后来的事实表明，龚伦的儿子是聪明的，河南道士贾士芳应召入宫就命丧黄泉了。

当时，雍正帝访求仙人的心情十分迫切，在密令四川巡抚宪德寻访龚伦的

▶雍正行乐图

同时，他给河东总督田文镜、浙江总督李卫、云贵广西总督鄂尔泰、川陕总督查郎阿、山西巡抚石麟、福建巡抚赵国麟等一大批地方高级官员，分别发去文字完全相同的一道手谕，内容如下：

可留心访问有内外科好医生与深达修养性命之人，或道士，或讲道之儒士俗家。倘遇缘访得时，必委曲开导，令其乐从方好，不可迫之以势。厚赠以安其家，一面奏闻，一面着人优待送至京城，朕有用处。竭力代朕访求之，不必预存疑难之怀，便荐送非人，朕亦不怪也，朕自有试用之道。如有闻他省之人，可速将姓名来历密奏以闻，朕再传谕该督抚访查。不可视为具文从事，可留神博问广访，以符朕

◀雍正帝朱谕，命宠臣秘密寻访深达修养性命之人。中国第一历史档案馆藏

意。慎密为之！

雍正帝的这道密谕，中心意思是，让封疆大吏们代皇上寻找会修养的道家术士。为此，雍正要求地方大员：第一，务必将此事当成要务，一定要“留神”，而绝不能视作可办可不办的事；第二，一旦访得“深达修养”的人，对其家属要优厚安排，对其本人要好好护送来京；第三，尽管打消顾虑，哪怕推荐的人不很合适，也不会怪罪；第四，本地没有的，若听说外省有，也要奏报上来；第五，雍正嘱咐，此事属于绝密，千万“慎密为之”。

这道非同一般的秘谕，雍正帝在当时总共写了多少份发给多少人，我们不得而知。不过，在今天中国第一历史档案馆藏有9份，台北故宫博物院保存着6份。这15份朱谕，每份内容都完全一样，一字不差。若在通常，发给各地官员的谕旨，如果内容文字相同，都是由亲密大臣代笔，唯独这道密谕，全是雍正帝用朱砂一笔一笔一份一份地书写，而且每行几个字、每张纸多少行，都完全相同，如同现今复印的一样，字迹十分工整，足见雍正帝对此事的缜密和重视。

皇帝既然要臣下“留神博问广访”，“不可视为具文”，接到密谕的封疆大吏们怎敢怠慢？他们立刻展开行动，其中雍正帝的宠臣浙江总督李卫反应最快，在接到谕令的第二天，他便密折上报说，民间传闻在河南的道士贾士芳有神仙之称，特推荐该人进京为皇上治病。

雍正帝接到浙江总督李卫的这一奏折，或许感到上年没有留用贾士芳是失策了，他立即传谕河东总督田文镜，速将贾士芳送京。贾士芳于这年七月间抵达宫禁，开始给雍正帝治病，竟大显身手，疗效很好。对此，雍正帝十分高兴，对他的另一个宠臣云贵广西总督鄂尔泰说："朕躬违和，适得异人贾士芳调治有效。"在九月初六日李卫的密折上，雍正帝又批道："朕安，已全愈矣。朕躬之安，皆得卿所荐贾文儒（即贾士芳）之力之所致。朕嘉卿之忠爱之怀，笔难批谕，特谕卿喜焉。"就这样，贾道士由一个被驱逐的江湖浪人，摇身一变成为备受宠信的"异人"，身价陡增百倍。

可是，伴君如伴虎，哪知就在这年九月间，雍正帝突然将贾士芳下狱议罪，这是怎么回事呢？

关于贾士芳的获罪，历来说法不一。有的史学家这样推断：有一天，贾道士给雍正帝治病，一面用手按摩，一面口诵经咒，只听他念道"天地听我主持，神鬼听我驱使"。雍正帝听到这里，勃然大怒，心想，我这个至尊的皇帝，也不过是老天的骄子，还听命于天地神祇，你一个外方的道士，居然要天地神鬼听你摆布，这不是亵渎神明吗？这道士不就是大逆不忠的反贼吗？这当然要捉拿问斩了。但是，这富有情节的心理描写，毕竟是一种推断。

现在，原始的皇宫档案为我们提供了有力的新证。在清宫档案中，有一件经雍正亲笔修改过的上谕，据考证是雍正八年九月间发的，在这道谕旨中，雍正帝很直白地说：贾士芳的"按摩之术"、"秘咒之法"，起初确实是"见效奏功"。可是，"一月以来，朕躬虽已大愈，然起居寝食之间，伊（指贾士芳）欲令安则安，伊欲令不安则果觉不适。""其调治朕躬也，安与不安，伊竟欲手操其柄，若不能出其范围者。"雍正帝进而斥责贾士芳"公然以妖妄之技，谓可施于朕前"。读了这段谕旨，我们自然了解到贾士芳获罪的真相，原来这个道士利用"按摩"、"秘咒"等方术，逐渐控制了雍正帝的健康，让他舒适便舒适，让他难受便果然难受。贵为天子，怎能受他人摆布？雍正帝一旦察觉到自己的安康被贾道士操纵，顿感问题严重，遂刻不容缓地处理此事，立即下令将贾道士处斩，罪名是：贾士芳在朕的面前使用妖术。道士贾士芳的小命就这样断送在雍正帝的手中。

贾士芳的案子发生后，雍正帝曾极力为李卫开脱，说李卫当初推荐时已经声明不知道贾某的底细，只是将所见所闻奏报上来，尽无隐之忠诚，因此只可嘉奖而无过错，李卫不必抱歉内疚，天下之人也不得拿此说事。这就给那些已经和将要推荐道士的大臣们吃了定心丸。

贾士芳因为耍"妖妄之技"而被斩，雍正帝并没有由此不信任道家，更没有从此将道士杜绝于门外。相反，雍正帝要找个更为高明的道士来做他的"医药顾问"，这个人便是龙虎山高道娄近垣。

娄近垣是江西人，年轻时登龙虎山为道。雍正四年（1726），应朝廷召请入值京师。他的得宠，是以贾士芳的丧命为开端的。雍正八年（1730）九月，贾士芳被处斩后，雍正帝疾患未安，以为是贾士芳阴魂缠绕，便召娄近垣进入大内，设坛礼斗，以符水治疗，不久果然病愈。《起居注册》记载，雍正九年

（1731）正月二十四日，雍正帝就这件事曾颁发一道谕旨：

> 江西贵溪县龙虎山，汉代张道陵炼丹成道于其地。尝得秘书，通神变化，驱除妖异。其经箓符章印剑以授子孙……其弟子法官转相师授，往往能阐教演法，如元之张留孙、明之邵元节，皆赐号“真人”，宣扬其祖师之道术者也……昨岁朕躬偶尔违和，贾士芳逞其邪术，假托“祝由”以治病，朕觉其邪妄，立时诛之，而余邪缠绕，经旬未能净退。有法官娄近垣者……为朕设坛礼斗……又以符水解退，余邪涣然冰释，朕躬悦豫，举体安和。娄近垣一片忠悃，深属可嘉，因赐以四品龙虎山提点、司钦安殿住持。

北京故宫御花园钦安殿内景

殿内供奉真武大帝（也作为水神），每年立春、立夏、立秋、立冬等节令，皇帝都要到此殿拈香行礼，祈祷真武大帝保佑皇宫，消除火灾之患。

雍正帝的上谕清楚地谈到，龙虎山的道士讲究符箓、丹药。谕中还讲到张留孙、邵元节这些龙虎山的前代高道，并把娄近垣看作是他们的继承者。在雍正帝眼中，贾士芳是个反派妖人，娄近垣则是除妖真人。

娄近垣因为用道教作法治退雍正帝身上的“邪祟”，雍正帝不仅赐给他四品衔统领龙虎山道务，还委任他做御花园内钦安殿的住持，掌管皇宫里的道教活动，并且还封为“妙应真人”。

清宫档案还记载，雍正帝专门指令为娄近垣特制举行道务活动时穿的法衣。内务府造办处的《活计档》载：

> 雍正八年十月二十八日，太监张玉柱传旨：着照府内持来大红道衣做一件，再将黄纱心、绿纱边做一件，赏娄金〔近〕垣；再照法衣式样，其花样问娄金〔近〕垣指花样绣一件，赏娄金〔近〕垣。钦此。
>
> 于九年六月初一日，做得绣黄缎法衣一件，绣黄纱边绿纱心法衣一件，司库常保交太监张玉柱收讫。
>
> 于十一月初一日，做得绣红缎九龙法衣一件，司库常保持出，赏法官娄金〔近〕垣讫。

这里，根据雍正帝的旨令，从雍正八年十月开始，为道士娄近垣精心制作了一件又一件的法衣，说明娄近垣进宫一个月左右，其“法术”大见成效，受到格外的恩宠。而且，前面提到的雍正帝在大内御花园玉翠亭以东建造专门房舍“给法官住”，经考证，这“法官”就是娄近垣，也就是说，道士娄近垣住进了紫禁城内的御花园。

雍正帝身边几位有名的道家术士，娄近垣是唯一善终的。这大概有两个原因：

一是娄近垣的说教与雍正帝的主张很合拍。雍正帝强调，三教同源，儒、佛、道一体。娄近垣便用儒学中“万物皆备于我”的思想和禅宗“即心是佛”的思想，来解释道教中的“道”，“无心于道，故处处是道体”，这样就和雍正三教一体的思想取得了一致。雍正帝曾亲自主持编纂《御选语录》19卷，其中选入了他所欣赏的当时的王公大臣、禅师、羽士的一部分语录偈颂，道士中入御选语录的仅有娄近垣一人，足见娄近垣的仙道思想完全迎合了雍正帝。

二是娄近垣虽以符箓道术致贵，但他很识时务，从不炫言道教法术炼养之事。《啸亭杂录》卷九载，娄近垣“虽嗣道教，颇不喜言炼气修真之法，云此皆妖妄之人借以谋生理耳，岂有真仙肯向红尘中度世也？”一次，恭王将娄近垣请到府邸，询问养生方术，娄近垣对他说：“王今锦衣玉食，即真神仙中人。”当时饭桌上恰有烧猪，娄近垣于是又笑着说道：“今日食烧猪，即绝好养生术，又何必外求哉？”恭王对他的话很信服。可见，娄近垣是很精于世故的。

就这样，道士娄近垣不仅博得雍正帝的欢心，而且一直没有失宠，在清宫一直待到乾隆年间。

圆明园——长春仙馆

圆明园——慈云普护

圆明园——日天琳宇

圆明园——月地云居

（三）炼丹圆明园

在谈雍正帝炼丹这个问题之前，有必要先说一说雍正帝的死给后人留下的谜团。

关于雍正帝的死，我们查看到的清宫档案《起居注册》，记载了他死前几天的情况：那是雍正十三年（1735）的八月，时年58岁的雍正皇帝住在圆明园，十八日与办理少数民族事务的大臣议事，二十日召见宁古塔的几位地方官员，二十一日仍照常办公，说明这时他的身体还挺好。二十二日，雍正帝突然得病，当天晚上朝中重臣被匆忙召入寝宫，已是奄奄一息的雍正宣布传位给乾隆。第二天，58岁的雍正帝便在圆明园咽下了最后一口气。

大清朝廷的官方档案只是如此简要地记下了雍正帝的突然死亡，而没有说明任何原因。这就很容易引起人们的猜测，于是雍正帝不得好死的种种说法便产生了，我们先看看野史传闻中的四种说法。

第一种，吕四娘刺杀说。这是民间最为流行的说法，传说当时有一位刚烈女子叫吕四娘，她的父亲吕留良因为文字狱而被雍正帝斩杀了。为了报这杀父之仇，吕四娘练了一身好武艺，成为远近闻名的侠女。她寻找机会潜入皇宫，挥剑砍去了雍正帝的头颅。因此，安葬雍正时，只好铸造了一颗金头来替代。吕四娘刺杀雍正帝这种说法是站不住的，要知道，皇宫戒备是何等的森严，怎么可能让一个女子随便混入？而雍正帝实际是死在圆明园，也不是皇宫。更重要的是，根据清宫档案记载，吕留良一家的后人，男女老少都算上，到了乾隆的时候还被严格地看管在北大荒的宁古塔一带，不能自由活动，没有哪个奏折说漏网了一个女的。

第二种，太监宫女勒死说。野史传闻中讲，是太监与宫女串通一气，乘雍正帝熟睡之机，用绳子把他勒死了。这大概是民间弄混了，把明世宗嘉靖的事安到了清世宗雍正的身上。

第三种，死于荒淫说。这主要是当时朝鲜人的一种说法，说雍正帝沉迷于女色，病入膏肓，身体自腰部以下都不能活动了，最终暴亡。很明显，这是雍正朝《大义觉迷录》中攻击雍正“淫乱”的罪名。从常识上说，即便雍正帝是由于淫乱体弱多病，也不至于出现突然暴亡的现象呀！

第四种，曹雪芹暗害说。这个说法更让人吃惊，说是《红楼梦》的作者曹雪芹有个恋人叫竺香玉，是林黛玉的化身。这竺香玉后来被雍正强占，成为皇后。曹雪芹想念恋人，便想方设法找了一个差事混入宫中，最终与竺香玉合谋，用毒药将雍正帝害死。且不说雍正帝根本就没有这样一个皇后。要知道，雍正帝死的时候，曹雪芹还是一个刚刚十来岁的孩子，哪里会有什么恋人，更哪有可能去找雍正帝算账报仇？很显然，这是小说家们编造的故事。

这里，关于雍正帝死因的种种说法，都很有传奇色彩。正因为传奇，人们在茶余饭后谈起来，总是津津乐道，再添油加醋，又演绎出不少其他的版本。不过，这些只能算是民间传说，是野史传闻，而不是历史事实。

严肃的历史学家曾提出，雍正帝是突然中风死去的。雍正帝死得很突然，说他中风暴亡，推论有一定的道理，但只是推论，而没有什么证据。

那么，雍正帝究竟是怎么死的？还有一种说法，就是有不少研究雍正帝的史学家们认为，雍正帝一直和道士们打得火热，很可能是道士的丹药害了他。接下来，便让我们看看，道家的炼丹炉能不能揭开雍正帝暴亡这个谜。

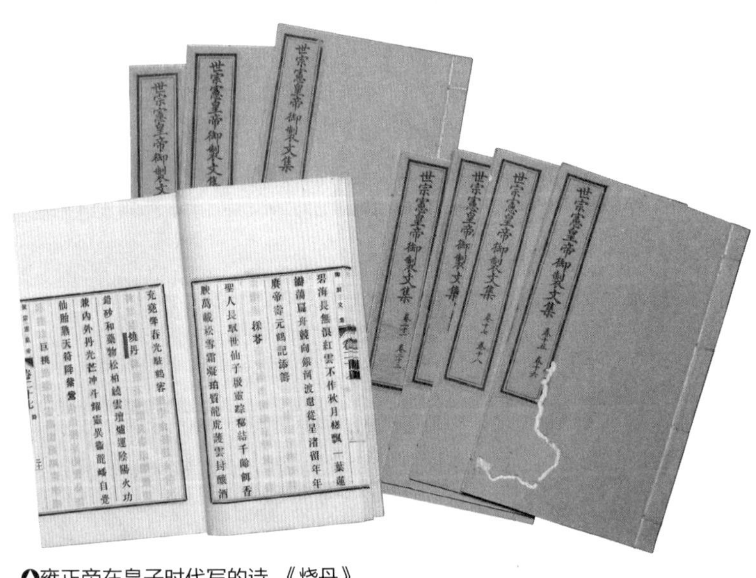

雍正帝在皇子时代写的诗 《烧丹》

雍正帝喜好炼丹，由来已久。他在做皇子时，就对丹药产生了兴趣，那时他曾写过一首题目就叫《烧丹》的诗：

铅砂和药物，松柏绕云坛。
炉运阴阳火，功兼内外丹。

这首诗中，又是铅砂，又是炉火，烟雾缭绕，功兼内外，就好像一幅活灵活现的炼丹写真图。从中可以看出，雍

🔺雍正帝在圆明园秀清村炼丹的档案记录

正帝早年就对炼丹有所认识并有些研究了。

登上皇帝宝座之后，至迟从雍正四年（1726）开始，雍正皇帝就经常吃一种叫“既济丹”的丹药。他感觉服后有效，还作为特殊礼品赏赐给云贵广西总督鄂尔泰、河东总督田文镜等一些宠臣。在田文镜的一件奏折上，雍正帝用朱砂笔写道：“此丹修合精工，奏效殊异，放胆服之，莫稍怀疑，乃有益无损良药也。朕知之最确。”雍正帝劝自己的宠臣，对御赐丹药，放开胆子吃，丝毫不用怀疑，因为他对这种丹药“知之最确”。这表明，雍正帝很注意研究丹药的药性，并且对他所服用的丹药已是确信不疑了。

需要说明的是，雍正帝这时吃的“既济丹”，当是方家术士们在外炼制的，清朝皇宫在这一时期还没有直接的炼丹活动。雍正帝直接操办炼丹，是在雍正八年（1730）他闹了一场大病之后。重病期间，雍正帝为了保命，为了康复长寿，他大规模地征访名医、道士，同时也开始在皇家园林圆明园生火炼丹了！

皇帝炼丹，这当然是绝密事件，在官书正史上不可能有记载。可是，在清宫秘档中仍透露出一些蛛丝马迹。记载皇宫日用物品的内务府账本《活计档》，就披露了雍正帝炼丹的一些情况。最早出现的有关记载，是在雍正八年（1730）冬天的《活计档》，其中十一月有一条，十二月有三条。这四则档案向人们透露，雍正八年年末，在圆明园东南角的秀清村，在内务府总管海望和太医院院使刘胜芳的主持操办下，先后运入四千余斤木柴煤炭，利用矿银等物开始为雍正帝炼丹。现在，就让我们来看看，这几则有关雍正炼丹的档案究竟记载了哪些内容：

其一：

十一月十七日，内务府总管海望，太医院院使刘胜芳同传：圆明园秀清村处用桑柴一千五百斤，白炭上百斤。记此。

其二：

十二月初七日，内务府总管海望，太医院院使刘胜芳传：圆明园秀清村处用铁火盆罩，口径一尺八寸，高一尺五寸一件；红炉炭二百斤。记此。

其三：

十二月十五日，内务府总管海望、太医院院使刘胜芳、四执事执事侍李进忠同传：圆明园秀清村处用矿银十两，黑炭一百斤，好煤二百斤。记此。

其四：

十二月二十二日，内务府总管海望、四执事执事侍李进忠传：圆明园秀清村处化银用白炭一千斤，渣煤一千斤。记此。

▲雍正行乐图

这里披露的雍正朝《活计档》中的几则档案，能不能说明雍正帝确实是炼丹了呢？为了回答这个问题，我们对这四件档案再作一些具体分析：

第一，传用物品的地点在秀清村，这里位于圆明园的东南角，前面是水，后面是山，十分僻静，是个进行秘事活动的好地方。

第二，在一个多月的时间里，往这个小地方运送木柴、煤炭4400多斤，干什么用？是用来做饭，还是取暖？这些都不可能。因为在清代，皇家宫苑取暖备膳所用的木柴煤炭，一直是定量供应，并设有专门的账本，从来不记入《活计档》这种秘密档册的。

第三，值得注意的是，操办这件事的官员，除了雍正帝的心腹内务府总管海望外，还有一位是刘胜芳，他是主管皇帝医疗保健的太医院院使。

第四，更重要的是，运往秀清村的物品中，明确出现了“矿银”、“化银”等字眼。

凡此种种，当可推断，从雍正八年（1730）年末，雍正帝在圆明园的秀清

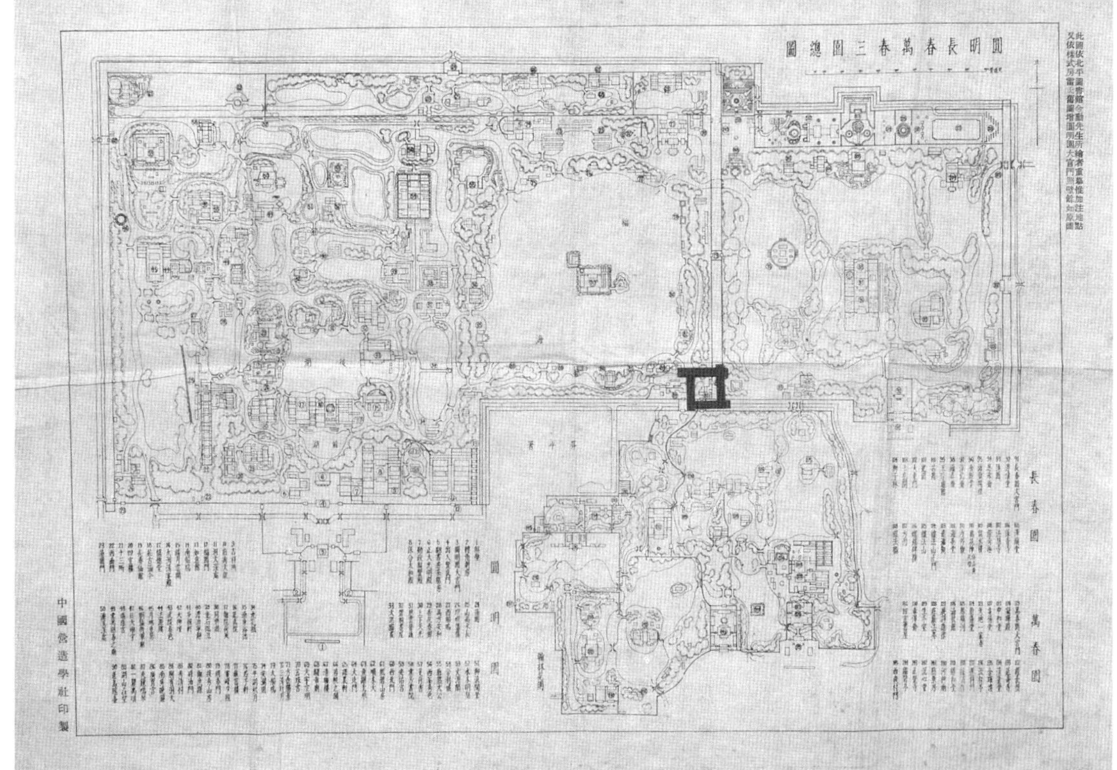

△雍正炼丹处所——圆明园秀清村

村开始炼丹了。

雍正帝丹炉一开，烧炼之火便没有再灭。在雍正九年到十三年（1731—1735年）的内务府《活计档》中，有关雍正帝炼丹的记载越来越多地出现了。如雍正九年的“六所档”，雍正十年的“南薰殿并圆明园头所、四所、六所、接秀山房总档”，雍正十一年的“四所等处档”，雍正十二年、十三年的“六所档”，都有这类内容。根据清宫内务府造办处这些档案记载，自雍正八年十一月至雍正十三年八月，在这5年间，雍正帝下旨向圆明园运送炼丹所需物品157次，平均每个月有两三次。累计算来，共有黑煤192吨，木炭42吨；此外还有大量的铁、铜、铅制器皿，以及矿银、红铜、黑铅、硫黄等矿产品，并有大量的杉木架黄纸牌位、糊黄绢木盘、黄布（绢）桌围、黄布（绢）空单等物件。所有这些物品，都是炼丹活动所必不可少的。可以想见，在雍正帝的旨意下，成百吨的煤炭被运进皇家宫苑，在长达几年的时间里，炉火不灭，炼丹不止，把个山清水秀的圆明园搞得何等得乌烟瘴气！

在圆明园为雍正帝炼丹的道士，主要有张太虚、王定乾等人。他们都会一套“修炼养生”方术，对“炼火之说”更有一番研究。这些道士们没有辜负雍正帝的期望，真的炼出了一炉又一炉的金丹大药。

雍正帝吃了道士炼制的丹药，感觉良好，还拿出一些赏给出征打仗的将帅和一些大臣。“丹药”二字，明白无误地载入了清宫秘档。据清宫《活计档》载，雍正十二年三、四月间，雍正帝曾两次赏发“丹药”。有关详细情况，是这样分别记载的——

一则：

三月二十一日，圆明园送出的帖子说，内务府总管大臣海望交来丹药四匣，并传达雍正帝的旨意：将丹药配上好看的匣子，分头赏给署理大将军查郎阿、副将张广泗、参赞穆登、提督樊廷四人。据此，四天后，也就是当月二十五日，四份丹药分别配上了杉木匣，黑毡包裹，棉花塞垫，由领催赵牙图交给柏唐阿巴兰太拿去。

二则：

四月初一，圆明园送出的帖子说，委署主事宝善传话，内务府总管大臣海望交来丹药一匣，雍正的旨意是：配上精致些的匣子，赏给散秩大臣达奈。于是，在当月初四日，便做好杉木匣一个，外包黑毡，交柏唐阿巴兰太拿去。

这两份档案，都直接使用了“丹药”二字。而且，雍正帝传旨的时间，这丹药赏给谁，又怎样包装，都写得清清楚楚。特别要注意的是，这两次赏赐的旨意都是从圆明园发出的帖子传达的，又是内务府总管海望亲手交出。由此可知，这些御赐“丹药”，就是圆明园御用炼丹点炼制的。

《古诗十九首》说“服食求神仙，多为药所误”。纵观古代历史，服丹丧命的悲剧在帝王之家屡屡重演。正是本想要长生，反而中毒早死，古代中国先后有十五六位帝王死于丹药中毒，像晋哀帝、唐太宗、明仁宗都是吃长生丹药中毒丧命的。雍正帝也没有逃脱丹毒丧生的厄运。

值得我们注意的是，据清宫《活计档》记载，就在雍正帝死前的12天，又有200斤黑铅运入圆明园。档案这样记载：

> 八月初九日，总管太监陈久卿、首领太监王守贵一同传话，圆明园二所用牛舌头黑铅二百斤。

这200斤黑铅被包裹得严严实实，当天夜里，就神不知鬼不觉运入了圆明园。黑铅是炼丹常用的原料，更是有毒的。八月初九，200斤黑铅运入圆明园，12天后，雍正帝就在这个园子里暴亡。这是偶然的巧合，还是有着因果关系的丹药中毒事件？人们不禁在脑子里又要打上一个大大的问号。

（四）处理炼丹道士的破绽

说雍正帝死于丹药中毒，还因为乾隆帝在处理炼丹道士的问题上，有许多破绽。雍正皇帝是在雍正十三年八月二十三日死去的。八月二十五日，刚刚即位的乾隆皇帝便发布了一道上谕，处理为雍正炼丹的道士。《清高宗实录》卷一载有乾隆帝的这一谕令。乾隆帝的这道谕旨，可以说是破绽百出，疑点重重。有哪些破绽和疑点呢？

疑点之一：就是这道谕旨颁发的时间，雍正帝死去刚刚两天，匆匆忙忙即位的乾隆帝可以说是万机待理。如果不是几个道士惹下什么弥天大祸，哪至于

在这个时候大发肝火，并且专门发布一道上谕？

疑点之二：乾隆帝在这道谕旨中，这样解释雍正帝为什么炼丹——

> 皇考万机余暇，闻外间有修炼炉火之说，圣心深知其非耶，欲试观其术，以为游戏消闲之具。

乾隆帝在这里承认，雍正帝炼丹确有其事，只是苍白无力地辩解说，雍正帝这只是为了消遣，是一种游戏。大家看看，雍正帝作为一个十分勤政日夜操劳的皇帝，批阅大臣的奏折都常常到深夜，而在长达几年的时间里炼丹，却只是为了做游戏，这种说法能解释得通吗？

疑点之三：乾隆帝在谕旨中特别强调，雍正帝对炼丹道士——

> 未曾听其一言，未曾用其一药。

如果雍正帝真的没听道士的一句话，没吃道士的一粒药，又何必在这里费劲地辩解？这不是此地无银三百两吗？

疑点之四：乾隆帝在谕旨中说，对张太虚、王定乾这两个炼丹道士，雍正帝早就烦透了——

▲采芝图轴（清）郎世宁

图中一青年身穿汉族衣冠，右手持如意，左手扶一只梅花鹿；而一个少年，亦着便装，右肩扛一小锄，左手提一花篮。从两人的面貌看，好像画的都是乾隆帝弘历，一是青年时，一是少年时。这幅图是弘历即皇帝位之前所画的，即作于雍正时期。

> 深知其为市井无赖之徒，最好造言生事……伊等平时不安本分，狂妄乖张，惑世欺民，有干法纪，久为皇考之所洞鉴。

乾隆帝在这里说，雍正帝早就知道，几个炼丹道士像无赖一样，游手好闲，不是吹牛，就是骗人，干的都是目无王法的事。那么，人们是不是要问，既然几个小小的道士，是这样无法无天的恶棍，而且雍正帝早就发现了，干吗还要把他们养在圆明园里那么多年？难道雍正大帝要处理几个小道士还费劲吗？这里说道士们狂妄，若是没有雍正帝的特别宠信和器重，道士们敢狂妄吗？

疑点之五：对炼丹道士张太虚、王定乾的处理发落，乾隆帝的谕旨说——

雍正帝的泰陵

今朕将伊等驱出，各回本籍……若伊等因内廷行走数年，捏称在大行皇帝御前一言一字，以及在外招摇煽惑，断无不败露之理，一经访闻，定严行拿究，立即正法，决不宽贷。

乾隆帝在将炼丹道士赶回老家的同时，特别强调，这些道士若是因为在雍正皇帝身边待了几年，出去管不住嘴，乱说一个字，都是要立即砍头的。想用这条谕令封住道士的嘴。那么，雍正帝究竟有什么隐秘的事情，怕道士们出去乱说？而且，说了就是杀头之罪？

泰陵石像生

疑点之六：在下令赶走炼丹道士的同一天，乾隆帝还告诫宫内的太监、宫女，不许乱传“闲话”，免得让皇太后“心烦”。雍正帝刚死，究竟有什么“闲话”？皇太后为什么会听了“心烦”？

所有这些，让我们不能不感到，雍正帝的死与炼丹道士有着密切的关系。不能不让人推测：雍正帝就是死于丹药中毒，死于炼丹道士之手。

喜欢刨根问底的人可能要问，雍正帝若果真是吃丹药丧命的，那么炼丹道士本来应该是杀头的，可是乾隆为什么仅仅是把他们赶走就算完事了？这该怎么解释呢？

乾隆没有杀给雍正炼丹的道士。对这个问题，有的历史学家曾解释说，乾隆帝这样做，主要是因为雍正帝刚死，皇家大丧期间不宜杀人。这种解释有几分道理，但总让人感到有些勉强。

翻阅典籍，历史上竟然有几乎是一样的事件发生过，或许能说明一些问题，给我们一些启示，我们一起来看看。

据《旧唐书》记载：唐太宗李世民——

（唐太宗李世民）服胡僧长生药，遂致暴疾不救。时议者归罪于

胡人，将申显戮，又恐取笑夷狄，法遂不行。

这里是说，唐太宗吃了一个外国方士的长生药，结果突然暴病身亡了。当时，朝中大臣要把那个外国方士处斩，但刚刚登基的唐高宗担心，一旦杀了炼丹方士，事情肯定会闹得沸沸扬扬，大唐天子吃丹致死这件事便会传出去，这是要让世人耻笑的。因此，唐高宗最终把那个方士“放还本国”，打发走了事。

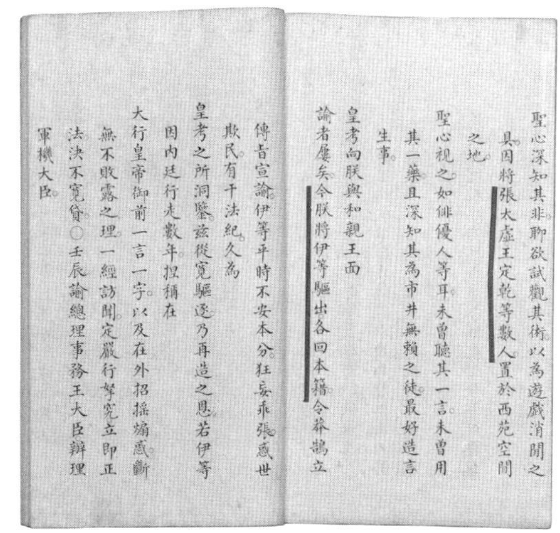

聖心深知其非。聊欲試觀其術。以為遊戲消閒之
具。因將張太虛王定乾等數人。置於西苑空閒
之地。
聖心視之如俳優人等耳。未曾聽其一言。未曾用
其一藥。且深知其為市井無賴之徒。最好造言
生事。
皇考向朕與和親王面
諭者屢矣。今朕將伊等驅出。各回本籍。令莽鵠立
傳旨宣諭。伊等平時不安本分。狂妄乖張。惑世
欺民。有干法紀。久為
皇考之所洞鑒。茲從寬驅逐。乃再造之恩。若伊等
因內廷行走數年。捏稱在
大行皇帝御前一言一字。以及在外招搖煽惑。斷
無不敗露之理。一經訪聞。定嚴行拏究。立即正
法。決不寬貸。○壬辰。諭總理事務王大臣。辦理
軍機大臣。

乾隆帝驱逐炼丹道士的谕令

我们不知道乾隆帝是否看过这段唐史并从中受到启发，但他对为雍正帝炼丹的道士的“驱出”，与唐代将害死太宗的印度方士的“放还”竟如同一辙。这种历史巧合实在是太有意思了！怎么解释这种历史现象？细细品味，应该说是，人同此心，心同此理。在这件事上都是这样：老皇帝吃丹药死了，新皇帝不愿把事情张扬闹大，因而将炼丹方士赶走了事。在为父皇遮丑这一点上，乾隆帝也好，唐高宗也好，做法是一模一样的。而这一重复的历史现象，是否又可以反过来“证明”，雍正帝恰恰就像唐太宗一样，是服丹丧命的呢？

说到这里，通过一件件深藏皇宫大内的秘档，我们看到，雍正皇帝喜好炼丹，在长达八九年时间里不停地吃丹药，那么，丹药的有毒成分在他的身体里面长期积累，最终发作，导致暴亡，这确实是极有可能的。而雍正帝死前12天运入圆明园的那200斤黑铅，更有可能是直接导致雍正帝丹毒暴亡的罪魁。至于乾隆帝在处理炼丹道士过程中所露出的种种破绽，更从一个侧面证实，雍正帝就是死于丹药中毒。雍正当是中国古代史上最后一位死于道家丹药中毒的皇帝。

九、衰微的清室与衰落的道教

乾隆以后，清政府对道教的态度可说是与日俱下，一日不如一日，道教地位不断下降。乾隆皇帝一方面推崇理学，全面提升儒学的地位；另一方面，又宣布黄教——藏传佛教为国教，大张旗鼓地崇奉佛教；相反的，对道教兴趣却不是很大，他认为道教是汉人的宗教，对道士的信用程度也就大大不如其父雍正了。由于乾隆帝的冷遇，道教开始走下坡路了。

乾隆帝对道教首领的地位一再贬降，对道教活动的限制不断强化，使道教的处境日趋艰难。乾隆五年（1740），第五十六代正一天师派人到礼部投送信函，希望能随朝臣一起叩贺皇帝生日庆典。就此，鸿胪寺卿梅瑴成上奏，认为不应让道士上朝。乾隆帝敕命礼部商议，最终规定，此后正一教的“真人”不

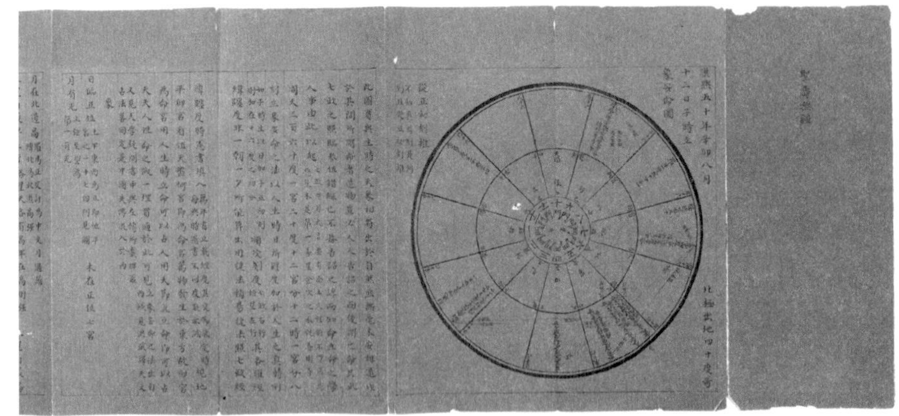

弘历（即乾隆帝）生辰立象安命图说，采用中国传统推命方法绘制。中国第一历史档案馆藏

许再进入朝臣的班列，并且禁止正一教到各省开坛传度。就这样，乾隆帝把道士张天师赶出了随朝臣叩贺的队列。这个变化对道教的打击是极大的，因为从道教开创以来，千余年间一直受到皇权的礼遇，道教的存在和发展同皇权对它的态度密切相关，从某种程度上讲，道教几乎将自己的命运完全交给了历代的皇权。乾隆帝不再召见道教首领张天师，自然是给道教泼了一盆冷水。

乾隆十七年（1752），经都察院左都御史梅珏成上奏，乾隆帝又将道教“真人”张天师由二品降为五品。

乾隆三十一年（1766），第五十七代正一天师进京，乾隆帝因其祈雨有功，升为正三品，并赐给御书匾额。到乾隆三十六年（1771），将正一天师授职通议大夫，但品级仍低于以前的二品。

乾隆帝还责令充当乐官的道士改业。清朝初年，沿袭明朝旧例，太常寺的乐官用道士充任。到乾隆时，颁布敕谕：“二氏异乐，不宜用之。”命令另选儒士为乐官，下令辞退这些道士。

不过，乾隆帝对北京白云观似乎还有些好感。乾隆三十年（1765），乾隆帝敕命动拨内务府银库的银两，葺修龙门祖庭白云观，并亲自行幸瞻礼。乾隆五十三年（1788），乾隆帝再度来到白云观拜谒致礼，还挥笔为安葬在这里的元代高道丘处机御书楹联，称赞丘处机：

万古长生，不用餐霞求秘诀；
一言止杀，始知济世有奇功。

字里行间，流露出乾隆帝对丘处机的仰慕。但乾隆帝也仅是如此而已，他对白云观的在世道士并没有多大的宠用。

乾隆之后，清朝皇室逐渐走向衰微，道教也日趋衰落，清朝皇帝与道士的往来明显减少了。到道光年间，干脆取消了正一“真人”的称号，敕令正一“真人”停止朝觐，不准来京，从而关闭了皇室与道教之间往来的大门。自南

北朝以来，道教作为官方宗教的地位从此不复存在。

不过，清朝末年，倒是有慈禧太后宠用过道士，值得一提。据《清朝野史大观》记载，慈禧梦想长生，白云观第二十代住持高仁峒便"以神仙之术惑慈禧，时入宫数日不出……慈禧又封仁峒为总道教司，与龙虎山正乙真人并行。"白云观道士高仁峒因深得慈禧的宠信，势倾京师，"交通宫禁，卖官鬻爵"，常常出入皇宫，竟荣耀一时。

而且，据白云观道士常赴昆回忆，高仁峒还参与了晚清的卖国签约活动，与国际间谍沙俄璞科第有密切的关系。八国联军进占北京时，慈禧逃往西安，后由高仁峒去接驾才放心回京。此后有关卖国条约的谈判，实际是在北京白云观后花园中进行的，与联军联系者是俄国的璞科第，与宫内联系者为李莲英，高仁峒则往来穿梭，斡旋其中。晚清与帝俄所签订的西尼密约，表面上看是李鸿章操办的，其实在李鸿章的背后还有两个关键人物，一个是李莲英，一个是璞科第，而他们之间的联系人就是道士高仁峒，每次都是由高仁峒约他们二人会晤，然后转达慈禧太后裁定。

一个道士，竟有如此广大神通！若不是慈禧太后欣赏高仁峒的神仙方术而被宠用，这些当然是根本不可能的。从慈禧太后信用白云观道士高仁峒这件事上，我们可以看到，直到最后一个封建王朝的最后几年，道士的身影和方术的魔力仍然没有完全退出宫廷。

最后要说的是，在明清皇宫里渐渐失宠的道教，与唐宋时期相比，以更大的程度渗透社会，更注重靠近民众，逐渐走上了世俗化的道路，由此进一步加强了民间多神崇拜的风气，使民间宗教更多地摄取道教的元素。于是，道教人物、道教故事、道教丹术、道教法术和道教思想等，常常成为明清时期文学创作的题材，如《封神演义》、《西游记》、《聊斋志异》、《红楼梦》等一大批为民众喜闻乐见的文学作品，都不同程度地有着仙道的踪影。

道教，这个在中国大地上土生土长的宗教，历经一朝朝一代代帝王变幻莫测的恩宠怨怒，终于逐渐淡出社会政治舞台，又从庙堂隐退山林了！

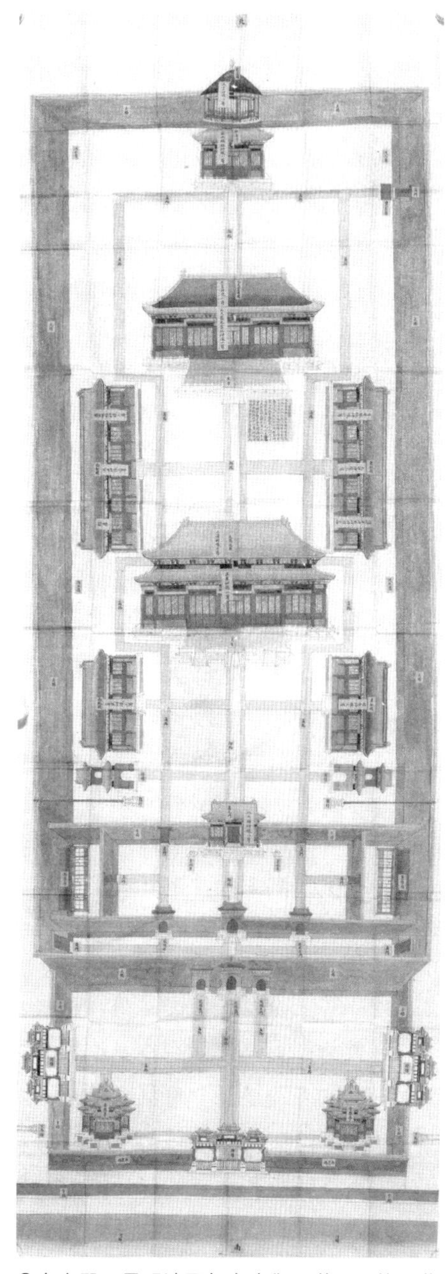

大高殿，是明清两朝皇家御用道观，位于紫禁城护城河北侧。1900年八国联军侵华时，大高殿遭到破坏，这是劫后清廷对大高殿进行修补的图样。中国第一历史档案馆藏

后 记

《帝王与佛教》《帝王与道教》这两本书，是本人探研中国古代帝王与佛道二教历史渊源的姊妹之作。两部书分别从皇家文化视角透析佛道二教，如果说前者是缕陈发生在佛门与宫门之间的炎凉实况，那么，后者则是寻索黄老仙道在皇家宫苑的神幻踪影。

《帝王与佛教》《帝王与道教》的写作和出版，大致有这样四个特点：

其一，这两本书是本人二十余年不时笔耕的累积，具有一点学术性。1990年代，本人曾写过《佛光下的帝王》《帝王与炼丹》二书。两个小册子出版后，本人一直继续关注这一领域的学术研究，陆续撰写了一些考证论文。现在推出的两部新著，就是在原作基础上经年累月探研的结果。应该说，二十年前的旧作，较为偏重佛道二教与帝王关系的个案论述，新著则更注重揭示佛道二教在皇权掌控下时长时消的历史走向，以及隐藏在这些历史事件背后的真相与成因。

其二，这两本书依据翔实的历史典籍，具有相应的资料性。作为文史读物，该二书是根据大量文献资料和明清皇宫档案撰著而成的。特别是近世以来有关文献整理和考古发现，提供了不少确凿凭据，有的填补了历史空白，有的解决了历史疑难，本人在写作过程中充分利用了这些第一手的珍贵资料。正是基于原始文献的挖掘，书稿写作力图走出戏说，走近真实。

其三，这两本书配有不少历史图片，具有形象了解佛道沧桑的知识性。沿着历史长廊铺陈的数百幅画面，对释老二教长久发展历程中的著名人物和重要遗迹，对两千年岁月中古代帝王针对佛道二教的崇与毁，做了一个个历史片断的定格展现。在此要说明的是，两部书的插图选编和版式设计，均由北京观识文化发展有限公司承担，汪俊宇先生负责完成。其图片选配至为考究，其创意设计独具匠心，令我由衷感佩。

其四，这两本书作为姊妹篇，具有解读历史的配套性。佛道二教，一个是流播广袤的外来宗教，一个是根深蒂固的本土宗教，在千百年的悠悠岁月中，或此消彼长，或相互融合，都曾极力借助帝王之力，也都在中国历史的年轮上留下了层层烙印。本人在勾勒和写作这两本书的过程中，一直作为套书选题进行考量。正因如此，该二书不仅结构相同，风格也互为一致。人民出版社历史编辑室王怡石女士作为责编，从出版角度对这两部书精心策划，竭诚助力，本人不胜感激。

由于本人对佛道二教研究不深，对释老之学的理解也还肤浅，所述所论难免存在欠妥乃至舛误之处，恳请读者批评指正。

2017年春日 北京石室